VERLAG
FRITZ
MOLDEN

Prof. Dr. Andrej D. Sacharow, 1921 in Moskau geboren, nach seinem Studium Ingenieur in einem Rüstungsbetrieb, wurde 1948 einer Forschungsgruppe für thermonukleare Waffen zugeteilt, bald deren Leiter sowie Mitglied der Sowjetischen Akademie der Wissenschaften, dreifacher Held der sozialistischen Arbeit, zweifacher Lenin-Orden-Träger, ausgezeichnet mit dem Stalin-Preis, „Vater der Wasserstoffbombe“, kämpft seit den sechziger Jahren für „Fortschritt, die friedliche Koexistenz und die geistige Freiheit“ (Memorandum von 1968). Im November 1970 gründete er ein „Komitee für Menschenrechte“, deren Ziel es ist, die Prinzipien der Deklaration für Menschenrechte in der UdSSR durchzusetzen. 1973 erhielt er von der Internationalen Menschenrechtsliga den Preis für Menschenrechte, 1975 wurde Andrej D. Sacharow der Friedensnobelpreis verliehen.

Am 22. Januar 1980 wurde er auf offener Straße in Moskau verhaftet und unter Aberkennung aller Orden und Auszeichnungen in die für Ausländer gesperrte Industriestadt Gorki verbannt.

Andrej Dimitrijewitsch Sacharow

FURCHT UND HOFFNUNG

Neue Schriften bis Gorki 1980

Mit einer Einleitung von
Prof. Michael S. Voslensky

VERLAG FRITZ MOLDEN
WIEN-MÜNCHEN-ZÜRICH-INNSBRUCK

Die Übersetzung von GUNTHER MARTIN basiert zum Teil auf der bei Alfred Knopf, New York, erschienenen amerikanischen Ausgabe, zum Teil auf den Originaldokumenten.

1. Auflage 1980

Verlegt beim Verlag Fritz Molden München GmbH
Umschlag: Hans Schaumberger, Wien
Lektor: Gotthard v. Manteuffel-Szoege
Gesamtherstellung: Presse-Druck, Augsburg
ISBN 3-217-01047-7

Inhaltsverzeichnis

Vorwort von Andrej D. Sacharow		7
Einleitung von Prof. Michael S. Voslensky		9
I.	Frieden, Fortschritt und Menschenrechte	16
II.	Der Fall Sergej Kowalew	38
III.	Für Freiheit und gegen Verfolgung	50
IV.	Der Briefwechsel mit Carter	70
V.	Die Bombe in der U-Bahn	88
VI.	Im engsten Kreis	119
VII.	Furcht und Hoffnung	143
VIII.	Die Welt draußen	160
IX.	Amtliche Brutalität	183
X.	Der Geist von Helsinki	196
XI.	Politik und Menschenrechte	234
XII.	Was uns allen gemeinsam ist	253
XIII.	Gorki	267
Biographischer Anhang		275
Register		300

„Andrej Sacharow – dieser Name wurde zum Synonym für Edelmut, Heldenhaftigkeit und Menschlichkeit. Als berühmter Wissenschaftler, Denker und Weltbürger verkörpert er die besten Eigenschaften des russischen Nationalgeistes: Güte, Opferbereitschaft, Anteilnahme an Leiden und Unduldsamkeit gegenüber Lügen und Willkür. Die Beleidigten und Erniedrigten finden bei ihm immer Verständnis und Unterstützung. Wo auf unserem Planeten Gewalt ausgeübt wird, ist Sacharow stets gegen die Verfolger und für die Verfolgten. Als uneigennütziger Mensch stiftete er das Geld aus allen seinen Preisen – Lenin- und Staatspreise – für den Bau eines ökologischen Zentrums. Erinnern sich jene, die ihm jetzt seine Auszeichnungen aberkannten, noch daran?

Andrej Dimitrijewitsch Sacharow der ‚Eitelkeit‘ und der ‚zersetzenden Aktivitäten‘ zu bezichtigen, ist eine frevelhafte Lüge. Wem nützen die Hetze und die Verfolgung des ersten russischen Friedensnobelpreisträgers, eines Menschen, der in den Augen von Hunderten von Millionen Menschen aller Erdteile das Ansehen unserer Heimat gesteigert hat und es jetzt aufrechterhält und ihre Würde und Ehre verkörpert? Nur jenen, die die finstere Stalin-Zeit zurückwünschen. Laßt uns Vernunft annehmen. Wenn man heute Andrej Sacharow verfolgen darf, wird es morgen dem ganzen Volk schlecht ergehen.“

Wassili Aksjonow, Sara Babjonischewa, Inna Warlamowa, Georgi Wladimow, Wladimir Woinowitsch, Lew Kopelew, Wladimir Kornilow, Raissa Orlowa, Alexej Semjonow, Feli Swetow, Lidia Tschukowskaja, Boris Birger, Jewgeni Gnedin, Grigori Pomeranz, Raissa Lert, Sergej Scheludkow.

Moskau, 28. Januar 1980

Vorwort zur ersten, russischen Ausgabe

Diese Dokumentensammlung stellte Jefrem Jankelewitsch zusammen, mein Schwiegersohn, enger Vertrauter und aktiver Mitstreiter im Kampf für die Menschenrechte in der Sowjetunion. Behandelt ist der Zeitraum von etwas mehr als einem Jahr, bis zum 1. August 1977.[1] Die Sammlung umfaßt alle meine öffentlichen Erklärungen während jener Monate, Appelle an Persönlichkeiten und Organisationen des öffentlichen Lebens in der Sowjetunion und im Ausland, schriftlich oder auf Tonband festgehaltene Interviews und einen Aufsatz, den ich für eine Essaysammlung der Friedens-Nobelpreisträger schrieb.

Infolge unserer besonderen Lebens- und Arbeitsbedingungen war die Herausgebertätigkeit im Fall dieses Buches kein leichtes Unterfangen. Jankelewitschs außerordentliche Gewissenhaftigkeit, seine persönlichen Erfahrungen und seine genaue Kenntnis vieler der geschilderten Personen und Geschehnisse waren bei dieser Aufgabe von unschätzbarem Wert.

Das Buch beleuchtet eine kritische Phase des internationalen Kampfes für die Menschenrechte. Ich glaube, daß das hier veröffentlichte Material in seiner Gesamtheit von zeitgeschichtlichem und gesellschaftspolitischem Interesse ist, das über die rein wissenschaftlichen Belange hinausgeht.

Andrej D. Sacharow
29. August 1977

[1] In die vorliegende Ausgabe wurden auch Texte aufgenommen, die vor- und nachher bis Februar 1980 entstanden.

Einleitung

Später wird man nach ihm Straßen und Plätze in russischen Städten nennen. Seine Bronzebüste, die nach sowjetischem Gesetz ihm als dem dreifachen Träger des Titels „Held der sozialistischen Arbeit“ in Moskau errichtet werden sollte, wird in der Tat entstehen. Professor Andrej Dimitrijewitsch Sacharow ist in die Geschichte Rußlands eingegangen, und nicht zu beneiden sind jene „Allmächtigen“, die gegen die Geschichte kämpfen.

Das wird alles später sein. Heute ist der Friedensnobelpreisträger in Verbannung, in Gorki, einer für Ausländer gesperrten Stadt. Die weitblickende Obrigkeit hat ihm eine Wohnung ohne Telefon vis-à-vis eines Polizeireviers zugewiesen.

Warum haben die Herrschenden in der Sowjetunion solche Angst vor dem fast 60jährigen Physiker? Den offiziellen Schreiberlingen fällt keine bessere Erklärung ein, als daß der Professor irgendwelche „Geheimnisse“ den Ausländern „verraten“ hätte. Dabei sagte Andrej Sacharow der Welt nur, daß in der Sowjetunion die Menschenrechtspakte nicht eingehalten werden, und das ist bei Gott kein Geheimnis mehr.

Wer ist Andrej Sacharow?

Einmal fragte ich den Nobelpreisträger, Akademiemitglied Kapiza: „Petr Leonidowitsch, Sie kennen Prof. Sacharow als Physiker, ist er ein hochtalentierter Mann?“ „Talentierter Mann?“ sagte Kapiza, „Nein, das ist er sicher nicht.

Er ist ein Genie." Dieser Meinung war auch Sacharows Doktorvater, einer der größten sowjetischen Atomphysiker, Akademiemitglied Igor Jevgenjewitsch Tamm. Er hatte Grund dazu. Als Prof. Tamm mit seinen Mitarbeitern nicht imstande war, mit der Konstruktion der großen Wasserstoffbomben fertig zu werden, bot Tamms junger Doktorand Sacharow seine Hilfe an – und löste das Problem. Sein fairer Lehrer überließ dann dem Doktoranden die Leitung des Projekts und wurde selbst Stellvertreter seines Schülers. Bald danach, 1953, wurde Sacharow in die Akademie der Wissenschaften der UdSSR gewählt als ihr jüngstes Vollmitglied – 32 Jahre alt.

In den Kreisen der Akademie wurde der Name Sacharow allgemein bekannt – aber kaum mehr als der Name: Sein Arbeitsgebiet war streng geheim, nicht einmal seine Adresse stand auf der Liste der Akademiemitglieder. Sacharow verschwand in der sorgfältig abgeschirmten Sphäre des sowjetischen militärindustriellen Komplexes, und man hörte nur ab und zu akademieinterne Gerüchte, daß dem genialen Atomphysiker wieder durch Geheimerlaß ein Orden oder ein Leninpreis verliehen wurde. Niemand dachte, daß Sacharow irgendwann aus dieser hochprivilegierten, sehr beneideten Abgeschiedenheit heraustreten würde.

Wir wußten damals nicht, daß Sacharow schon 1957 an die Chruschtschow-Führung mit der Bitte herangetreten war, die neuen Kernwaffen nicht zu testen, um die Atmosphäre nicht zu verseuchen. 1961 protestierte Sacharow wieder gegen Experimentalexplosionen der von ihm konstruierten Wasserstoffbomben. Die Sowjetführung ließ ihm sagen, er möge sich nicht in die Politik einmischen. Im hohen Norden der Sowjetunion wurde eine 50-Megatonnenbombe zur Explosion gebracht. Nur wegen des gefährlich hohen Fallout und der riesigen Ozeanwelle an der sowjetischen Nordküste verzichtete der Kreml auf den Test mit der 100-Megatonnenbombe. „Das Gefühl der Ohnmacht und des Grauens, das mich an jenem Tag erfaßte, hat sich für mein ganzes Leben in mein Gedächtnis geprägt", schrieb Sacharow später. An jenem Tag begann er zu begreifen, wem er die schrecklichste Waffe unserer Zeit in die Hand gab.

Aus dieser Erkenntnis zog Sacharow Konsequenzen. 1965 war er Mitunterzeichner des Briefes prominenter Intellektueller an das ZK der KPdSU mit der Warnung, nach dem Sturz des Entstalinisierers Chruschtschow eine Rehabilitierung Stalins vorzunehmen. 1966 protestierte Sacharow bei den sowjetischen Behörden gegen ein Gesetz (§ 190 des Strafgesetzbuches der RSFSR) über die strafrechtliche Verfolgung der Gesinnungstäter, 1967 schickte er an Breschnew einen Protest gegen die Verhaftung von vier Dissidenten. Alles blieb ergebnislos. Dann trat Sacharow öffentlich auf.

Sein Memorandum 1968 „Gedanken über Fortschritt, friedliche Koexistenz und geistige Freiheit" kam wie ein Donnerschlag. Die Akademie der Wissenschaften der UdSSR war perplex: dermaßen widersprach dieser Schritt ihrem elitären Geist des taktvollen Konformismus, einer Mischung aus Liebedienerei vor der Obrigkeit und sorgfältig abgewogenem Verballiberalismus. Man fragte sich: Wie konnte ein leidenschaftlich beneideter, außerordentlich erfolgreicher Wissenschaftler, von Ehrungen, Orden und Geld überhäuft, plötzlich alles aufs Spiel setzen?

Zwar wurde das Sacharow-Memorandum nur einem engen Kreis ausgewählter Akademiemitglieder gezeigt, das Gerücht über seinen Inhalt verbreitete sich. Einige sagten, daß man gegen Sacharow nichts unternehmen würde, da sein Ausscheiden aus der Nuklearwaffenproduktion nur die Nomenklatura selbst bestrafen würde und nicht ihn. Die anderen waren der Meinung, daß dies dennoch geschehen würde, da die Führung es sich nicht nehmen lassen kann,

Maßnahmen gegen den Freidenker zu ergreifen. Die letzteren behielten recht: repressive Maßnahmen gegen Sacharow setzten ein, um eventuelle Nachahmungstäter abzuschrecken. In der Sowjetunion ist es überhaupt üblich, daß die Obrigkeit Menschen bestraft, um Exempel zu statuieren; der Fall Sacharow eignete sich besonders dazu, um den privilegierten Intellektuellen ihren Platz zu zeigen.

Vergeblich! Die Degradierung Sacharows von einem geheimnisumwitterten mächtigen Spitzenwissenschaftler zu einem gerade noch geduldeten wissenschaftlichen Mitarbeiter des Physikalischen Instituts schüchterte weder Sacharow noch seine Freunde ein. Es war Sacharow, der das Exempel statuierte: Nicht durch den Einsatz seiner Genialität für die Belange des sowjetischen militärindustriellen Komplexes, sondern durch seinen Kampf für Menschlichkeit und Menschenwürde gelangte er zum Weltruhm. Sacharow ist jetzt wahrscheinlich der bekannteste unter den Friedensnobelpreisträgern, weil er an der Vorderfront des Friedenskampfes steht.

Das Wort „Friedenskampf" ist seit Ende der 40er Jahre dermaßen strapaziert und zu den Zwecken verwendet worden, die mit dem wirklichen Frieden nichts gemein haben, daß es notwendig ist, diesem Begriff seine ursprüngliche Bedeutung wiederzugeben. Der Kampf für den Frieden ist nicht ein Kampf für eine Pax Sovietica oder eine Pax Americana, auch nicht ein Kampf für eine Neuauflage der alten Appeasement-Politik.

Der Kampf für den Frieden ist ein entschlossener und kompromißloser Kampf dafür, daß der potentielle Aggressor schon in dem Stadium gestoppt wird, als friedliche Mittel dazu reichen. Die Geschichte unseres harten Jahrhunderts lehrt: Nur so kann man den Kriegen vorbeugen. Das Zurückweichen vor dem totalitären Aggressor führte nicht zu dem von Neville Chamberlain und Edouard Daladier sicher ernst gewünschten Frieden, sondern nur dazu, daß Hitler sich wähnte, ungehindert weitergehen zu können, die Toleranzgrenze des Westens überschritt und die Welt in den Krieg stürzte. Der Kampf Sacharows ist darauf gerichtet, die sich anbahnende Wiederholung dieser Tragödie nicht zuzulassen.

Die Sowjetpresse wirft dem mutigen Gelehrten vor, daß er einige dem Kreml unangenehme Maßnahmen des Westens befürwortet habe und erklärt das zum „Verrat". Ein lächerlicher Vorwurf! Die Loyalität zu seinem Vaterland bedeutet nicht eine Komplizenschaft mit den Herrschenden in ihren friedensgefährdenden Abenteuern. Ganz im Gegenteil: Der wahre Patriotismus verlangt eine klare Absage an die Expansions- und Unterdrückungslust der Machthaber. Die deutsche Geschichte des XX. Jahrhunderts hat gezeigt, wie verhängnisvoll für die Schicksale einer Nation die unterwürfige Haltung sein kann: „Führer befiehl, wir folgen dir!".

Diese Geschichte hat noch ein wichtiges Zeugnis abgelegt: Die Aggression nach außen ist die Folge der Menschenrechtsmißachtung im Inneren der Gesellschaft. Jeder Angriff auf andere Völker wird durch den Angriff auf das eigene Volk vorbereitet. Es kann auch nicht anders sein: Kein Bürger will für die Abenteuergelüste seiner Herrscher sterben; man muß ihn seiner Freiheit und Rechte berauben, um ihn in ein stummes Instrument der Aggression verwandeln zu können. So war es im Nationalsozialismus, so ist es im Realsozialismus.

Deshalb ist es nur konsequent, daß gerade der Friedenskämpfer Sacharow besonders aktiv als Kämpfer für Menschenrechte auftritt, für Menschenrechte weltweit, aber vor allem in der Sowjetunion: da er Sowjetbürger ist und da die Politik des Sowjetstaates von einer steigenden Aggressivität zeugt.

In seiner Friedensnobelpreisrede 1975 sagte Sacharow: „... Ich bin überzeugt, daß ein internationales Vertrauensverhältnis, gegenseitiges Verständnis, Abrüstung und internationale Sicherheit unvorstellbar sind ohne offene Gesellschaftsformen mit Informations- und Meinungsfreiheit, dem Recht zu publizieren, zu reisen und das Land zu wählen, in dem man zu leben wünscht."

Das Engagement für Entspannung und Frieden bedeutet ein Engagement für Menschenrechte und Freiheit.

Dem Problem der Menschenrechte in der Sowjetunion ist der größte Teil der in diesem Buch veröffentlichten Werke Sacharows gewidmet. Einige davon betreffen die Fälle einzelner Verfolgter, die anderen stellen eine Analyse der Gesamtlage dar. Aber es wäre gut, wenn der Leser begriffe: Es handelt sich nicht nur um die Menschen in einem fernen (übrigens gar nicht so fernen!!) Land, sondern um des Lesers eigenes Schicksal. Solange die Herrschenden der Weltmacht Sowjetunion die Menschenrechte verachten und die Menschenrechtspakte nicht einhalten, wird über Europa das Damoklesschwert einer Aggression hängen. Keine Friedensparolen, keine Entspannungsbeteuerungen, keine Abrüstungsvorschläge werden dies ändern können. Zwischen der Sowjetunion und Afghanistan hatte es überhaupt nie Konflikte gegeben, und dennoch kam es zum sowjetischen Einmarsch. Nur die gesicherte Respektierung der Menschenrechte und der betreffenden internationalen Verpflichtungen in der Sowjetunion wird jedem Europäer die Angst nehmen, daß auch auf sein Land das Schicksal Afghanistans wartet. Erst dann wird jeder Europäer und auch Nicht-Europäer das wohltuende Gefühl der Sicherheit vor dem Krieg haben. Dafür kämpft Andrej Sacharow. Laßt uns diesem unbeugsamen Menschen und seinen Gesinnungsgenossen großen Erfolg in ihrem Friedenskampf wünschen!

... Später wird man nach ihm Straßen und Plätze in russischen Städten nennen. Wann? Das Prophetenmetier ist undankbar. Das Parteiprogramm der KPdSU verkündete feierlich im Jahre 1961: „Die heutige Generation der Sowjetmenschen wird im Kommunismus leben." Es versprach, daß bis 1980 eine klassenlose kommunistische Gesellschaft in der UdSSR aufgebaut worden sein wird, mit materiellem Überfluß, dem kürzesten Arbeitstag in der Welt, dem Verteilungsprinzip „Jedem nach seinen Bedürfnissen". Die gnadenlose Realität der Sowjetunion 1980 macht diese Prognose lächerlich und traurig zugleich.

Dennoch werde ich hier eine Prognose wagen: Menschen der heutigen Generation der Sowjetunion werden noch die Sacharow-Straßen in russischen Städten sehen.

München, im Februar 1980 *Prof. Michael S. Voslensky*

I

Frieden, Fortschritt und Menschenrechte

Die Rede zur Verleihung des Friedens-Nobelpreises 1975

Offizielle Zuerkennung des Friedens-Nobelpreises 1975:

„Das Nobel-Komitee des Norwegischen Stortings hat Andrej Sacharow den Friedens-Nobelpreis 1975 zuerkannt.

Sacharows unerschrockener persönlicher Einsatz für die grundlegenden Prinzipien des Friedens der Menschheit ist ein leuchtendes Beispiel für alle Bemühungen um den Frieden. Kompromißlos und energisch hat Sacharow gegen den Machtmißbrauch und alle Formen der Verletzung der Menschenwürde und mit gleicher Tatkraft für die Idee des Rechtsstaates gekämpft.

Auf überzeugende Weise hat Sacharow betont, daß die unverletzlichen Rechte des Menschen die einzige sichere Grundlage für eine ehrliche, dauerhafte Zusammenarbeit zwischen den Völkern sind. So gelang es ihm, sehr wirksam, unter schwierigen Bedingungen, der Achtung jener Werte, die alle wahren Friedensfreunde hochhalten, mehr Geltung zu verschaffen.

Andrej Dimitrijewitsch Sacharow richtet seine Botschaft des Friedens und der Gerechtigkeit an alle Völker der Welt.

Für ihn gilt der Grundsatz, daß der Weltfriede keinen dauernden Bestand haben kann, wenn er nicht auf der Achtung vor dem Einzelmenschen in der Gemeinschaft beruht. Diese Achtung fand in mehreren internationalen Erklärungen Ausdruck, zum Beispiel in der UN-Deklaration über die Menschenrechte. Sacharow hat von den Regierungen aller Staaten die praktische Erfüllung der Verpflichtungen gefordert, wie sie durch die Unterzeichnung dieser Deklaration übernommen wurden.

In den Vereinbarungen, in diesem Jahr auf der Sicherheitskonferenz von Helsinki von fünfunddreißig Staaten unterzeichnet, wird neuerlich betont, daß die Achtung der Menschenwürde eine Verpflichtung ist, welche diese Staaten freiwillig eingegangen sind. In dem Vertrag erkennen die Signatare an, daß die Beachtung der Menschenrechte und der grundlegenden Freiheiten ‚ein wesentlicher Faktor für Frieden, Gerechtigkeit und Wohlfahrt sei, wie sie für eine sichere Entwicklung von freundschaftlichen Beziehungen und Zusammenarbeit nicht nur zwischen ihnen, sondern zwischen allen Staaten notwendig ist'.

Eindringlicher als andere hat Sacharow davor gewarnt, dies auf die leichte Schulter zu nehmen und sich selbst in die vorderste Reihe jener gestellt, die an der Verwirklichung der Ideale arbeiten, die im Vertrag von Helsinki niedergelegt sind.

Andrej Sacharow glaubt fest an die Verbrüderung der Völker, an echte Koexistenz als den einzigen Weg zur Rettung der Menschheit. In eben diesem Streben nach der Verbrüderung der Völker auf der Basis der Wahrheit und Aufrichtigkeit, hat Alfred Nobel Möglichkeiten für eine sicherere Zukunft der Menschheit erblickt. Wenn Staaten fundamentale Menschenrechte verletzen, dann untergraben sie nach Sacharows Meinung die Bemühungen, über Landesgrenzen hinweg Vertrauen zu schaffen.

Sacharow hat vor den Gefahren in Verbindung mit einer Scheinentspannung gewarnt, die sich auf Wunschdenken und Illusionen gründet. Mit dem besonderen Einblick und Verantwortungsgefühl des Kernphysikers konnte er sich gegen die Gefahren aussprechen, die dem Wettrüsten der Staaten innewohnen. Seine Ziele heißen Abrüstung, Demokratisierung der Gesellschaftsordnungen in allen Ländern und rascherer sozialer Fortschritt.

Sacharows Wahrheitsliebe und sein fester Glaube an die Unantastbarkeit der Person, sein Kampf gegen Gewalt und Brutalität, sein mutiges Eintreten für die Freiheit des Geistes, seine Selbstlosigkeit und seine überzeugend gefestigte Menschlichkeit machten ihn zur Stimme des Menschheitsgewissens, zu einem Rufer, den die Welt heute so dringend braucht. Sein Streben nach Gerechtigkeit, Wahrheit und Liebe wendet sich an alle Menschen auf Erden.“

Frieden, Fortschritt, Menschenrechte – diese drei Ziele sind untrennbar miteinander verbunden; es ist unmöglich, eines von ihnen zu erreichen, wenn man den beiden anderen keine Beachtung schenkt. Dieser Grundgedanke bildet das Hauptthema meiner Rede.

Ich bin zutiefst dankbar, daß mir diese hohe und bedeutsame Auszeichnung, der Friedens-Nobelpreis, verliehen wurde und daß ich Gelegenheit habe, heute hier vor Ihnen zu sprechen. Besondere Genugtuung bot mir die Würdigung durch das Komitee, in der die Verteidigung der Menschenrechte als die einzige sichere Basis echter und dauerhafter internationaler Zusammenarbeit hervorgehoben wird. Dieser Idee messe ich große Wichtigkeit bei. Ich bin überzeugt, daß ein internationales Vertrauensverhältnis, Abrüstung und internationale Sicherheit unvorstellbar sind ohne offene Gesellschaftsformen mit Informations- und Meinungsfreiheit, dem Recht zu publizieren, zu reisen und das Land zu wählen, in dem man zu leben wünscht. Ich bin auch überzeugt, daß die Meinungsfreiheit in Verbindung mit anderen Bürgerrechten die Grundlage wissenschaftlichen Fortschritts bietet und zugleich eine Garantie gegen dessen Mißbrauch zum Schaden der Menschheit, ebenso auch die Basis wirtschaftlichen und sozialen Fortschritts, der seinerseits eine politische Garantie ist, die ein wirksames Eintreten für soziale Rechte ermöglicht. Gleichzeitig möchte ich die These von der eigenständigen, entscheidenden Bedeutung der Bürger- und politischen Rechte für die Gestaltung des Schicksals der Menschheit verteidigen. Diese Anschauung differiert wesentlich von der gängigen marxistischen Theorie und der technokratischen Auffassung, die beide darin übereinstimmen, daß nur materielle Faktoren sowie soziale und ökonomische Bedingungen den Ausschlag geben – womit ich natürlich nicht die Wichtigkeit des materiellen Wohlstands der Menschen bestreiten möchte!

Ich möchte all diese Thesen in meiner Rede zum Ausdruck bringen und insbesondere auf eine Reihe besonderer Probleme im Zusammenhang mit Verletzungen der Menschenrechte näher eingehen. Die Lösung dieser Probleme ist unumgänglich, die uns zur Verfügung stehende Zeit aber knapp bemessen.

Aus diesem Grund gab ich meiner Rede das Thema „Frieden, Fortschritt und Menschenrechte“ in bewußter Parallele zum Titel meines Essays aus dem Jahr 1968 „Gedanken über Fortschritt, friedliche Koexistenz und geistige Freiheit“, mit dem meine Rede, sowohl inhaltlich als auch in den Folgerungen, in sehr enger Beziehung steht.

Sehr viele Anzeichen deuten darauf hin, daß die Menschheit an der Schwelle der zweiten Hälfte des 20. Jahrhunderts in eine entscheidende und kritische Geschichtsepoche eingetreten ist.

Es gibt Nuklearraketen, die im Prinzip dazu in der Lage sind, die gesamte Menschheit auszurotten. Dies ist die größte Gefahr, die unserem Zeitalter droht. Infolge der wirtschaftlichen, industriellen und wissenschaftlichen Entwicklung sind auch die sogenannten „konventionellen" Waffen ungleich gefährlicher geworden, ganz zu schweigen von chemischen und bakteriologischen Kampfmitteln.

Zweifellos ist der industrielle und technische Fortschritt der wichtigste Faktor zur Überwindung von Armut, Hunger und Krankheit. Aber dieser Fortschritt führt zugleich zu unheilvollen Veränderungen unserer Umwelt und zur Erschöpfung unserer Rohstoffquellen, so daß sich die Menschheit mit großen ökologischen Gefahren konfrontiert sieht.

Rapide Wandlungen herkömmlicher Lebensformen hatten eine unkontrollierte Bevölkerungsexplosion zur Folge, namentlich in den Entwicklungsländern der Dritten Welt. Solches Bevölkerungswachstum hat bereits außerordentlich schwierige wirtschaftliche, soziale und psychologische Probleme geschaffen und wird künftig unweigerlich noch ernstere Probleme mit sich bringen. In vielen Ländern, vor allem in Asien, Afrika und Lateinamerika, wird der Mangel an Nahrungsmitteln der dominierende Faktor im Leben hunderter Millionen Menschen werden, die von Geburt an zu elendem Vegetieren am Rand des Hungertodes verdammt sind. Mehr noch, die Zukunftsaussichten sind bedrohlich und nach Meinung vieler Fachleute äußerst düster, trotz des unbestrittenen Erfolges der „grünen Revolution".

Doch sogar in den entwickelten Ländern stehen die Menschen vor ernsten Problemen. Dazu zählen die Belastungen infolge exzessiver Verstädterung, durch all die Umwälzungen, die das vordem feste soziale und psychische Gemeinschaftsgefüge zerstören, die ständige Jagd nach Moden und „Trends", die Überproduktion, das hektische, rasante Lebenstempo, das Ansteigen nervlicher und geistiger Zerrüttungen, die wachsende Zahl von Menschen, die den Kontakt mit Natur und normalen menschlichen Daseinsformen verloren haben, die Auflösung der Familie und das Schwinden der einfachen menschlichen Freuden, der Verfall der moralischen und ethischen Prinzipien der Gesellschaft und der Verlust des Glaubens an den Sinn des Lebens. Auf diesem Hintergrund geht eine Drachensaat übler Erscheinungen auf: ein Ansteigen der Kriminalität, des Alkoholismus, der Rauschgiftsucht, des Terrors und so weiter. Das akut drohende Versiegen der Rohstoffquellen, die Gefahr der Überbevölkerung, die permanenten, tiefgreifenden übernationalen politischen und sozialen Streitfragen – all dies wirkt sich immer stärker auch auf die entwickelten Länder aus und wird sehr viele, die an Überfluß und den Alltagskomfort der Zivilisation gewöhnt sind, zum Verzicht zwingen oder zumindest sie mit der Drohung eines solchen zwangsweisen Verzichtes konfrontieren.

Doch eine entscheidende Rolle in der Rangordnung der heutigen Weltprobleme spielt die globale politische Polarisation der in die sogenannte Erste – als westliche bezeichnete – Welt, die Zweite – sozialistische – und die Dritte Welt – die Entwicklungsländer – geteilte Menschheit. Zwei riesige sozialistische Staaten sind faktisch zu rivalisierenden totalitären Imperien geworden, in denen jeweils eine einzige Partei und der Staatsapparat in allen Lebensbereichen maßlose Machtfülle genießt. Beide besitzen ein enormes Potential für Expansion und suchen ihre Einflußsphären auf immer größere Sektoren der Welt auszuweiten. Der eine dieser Staaten – die Chinesische Volksrepublik – hat erst ein relativ bescheidenes Stadium wirtschaftlicher Entwicklung erreicht, während der andere – die Sowjetunion – durch Ausbeutung seiner einzigartigen Bodenschätze und durch äußerste Beanspruchung seiner Bewohner und ihrer Fähigkeit, stetige Entbehrungen zu ertragen, ein ungeheures Militärpotential aufgebaut und es zu einem ziemlich hohen – wenngleich einseitigen – wirtschaftlichen Entwicklungsstand gebracht hat. Aber in der Sowjetunion ist der Lebensstandard niedrig und die Bürgerrechte sind härter eingeschränkt als in weniger sozialistisch orientierten Ländern. Von globaler Bedeutung ist auch die schwerwiegende Problematik der Dritten Welt, wo relative wirtschaftliche Stagnation mit wachsender, von außen gesteuerter politischer Aktivität Hand in Hand geht.

Schließlich steigert diese Polarisation noch die akuten Gefahren von nuklearer Vernichtung, Hungersnot, Umweltverschmutzung, Erschöpfung der Rohstoffquellen, Überbevölkerung und der Pervertierung der Humanität in ihr Gegenteil.

Wenn wir diesen Komplex vordringlicher Probleme und Widersprüchlichkeiten betrachten, muß zunächst die Feststellung getroffen werden, daß jeglicher Versuch, das Tempo des wissenschaftlichen und technischen Fortschritts zu drosseln, den Verstädterungsprozeß rückgängig zu machen, Isolationismus, patriarchalische Lebensformen und einem auf alten, nationalen Überlieferungen begründeten Neubeginn zu propagieren, unrealistisch wäre. Fortschritt ist unverzichtbar, und ihm Einhalt zu gebieten, würde zum Niedergang und Zusammenbruch unserer Zivilisation führen.

Vor gar nicht langer Zeit waren uns künstliche Düngemittel, technisierte Feldbestellung, chemische Pestizide und landwirtschaftliche Intensivmethoden noch unbekannt. Manche fordern nun die Rückkehr zu traditionelleren und vielleicht weniger bedenklichen Formen der Landwirtschaft. Aber ist dies auf einer Welt, wo hunderte Millionen Menschen hungern, überhaupt vertretbar? Im Gegenteil, zweifellos brauchen wir noch immer intensivere Landbaumethoden und müssen moderne Verfahren überall, auch in die Entwicklungsländer, verbreiten.

Wir können uns weder dem Gedanken weltweiter Verbreitung medizinischer Forschungsresultate nicht verschließen, noch daß diese Forschung selbst auf allen Gebieten voranzutreiben ist, einschließlich der Bakteriologie, der Virologie, der Neuro-Physiologie, der Humangenetik und der Genteilung, ganz gleich, welche Gefahren des potentiellen Mißbrauchs darin lauern und welche unerwünschten gesellschaftlichen Konsequenzen einige dieser Forschungen auch haben mögen. Dies gilt auch für die Entwicklung von Elektronengehirnen, für die Verhaltensforschung, für den Aufbau eines weltweit einheitlichen Kommunikationssystems, für die Kybernetik usw. Es ist völlig klar, daß all diese Forschungen sich in den Händen einer unkontrollierbaren, skrupellosen Bürokratie als außerordentlich gefährlich erweisen können, aber andererseits können sie unter öffentlicher Kontrolle für die Menschheit ungemein wichtig und notwendig werden, Diskussion und Analyse frei und offen geführt werden. Wir können den verstärkten Einsatz von Kunststoffen, von synthetischer Nahrung oder die Modernisierung aller Lebensbereiche nicht ablehnen, können nicht die wachsende Automation und industrielle Expansion behindern, ungeachtet der sozialen Probleme, die daraus vielleicht entstehen mögen.

Wir dürfen nicht gegen den Bau größerer Kernkraftwerke oder gegen die kernphysikalische Forschung zu Felde ziehen, da die Energieversorgung zu den Grundlagen unserer Zivilisation gehört. In diesem Zusammenhang möchte ich Sie daran erinnern, daß ich und mein Lehrer, der Nobelpreisträger für Physik Igor Jewgenjewitsch Tamm, vor fünfundzwanzig Jahren die Basis für die Kernforschung in unserem Land schufen. Sie hat ein ungeheures Ausmaß erreicht und sich in die verschiedensten Richtungen ausgebreitet, von den klassischen Methoden magnetischer Wärmeisolierung bis zur Lasertechnik.

Wir können die interplanetarische und intergalaktische Raumforschung einschließlich der Versuche, Signale von Zivilisationen außerhalb unserer Erde aufzufangen, nicht abbrechen. Die Chance, daß solche Experimente erfolgreich verlaufen, ist wahrscheinlich gering, doch eben deshalb könnten die Ergebnisse von umwälzender Bedeutung sein.

Ich habe nur einige Beispiele erwähnt. Faktisch sind alle wichtigen Aspekte des Fortschritts eng miteinander verbunden, man kann keinen davon ausklammern, ohne die Zerstörung unserer Zivilisationsstruktur zu riskieren. Der Fortschritt ist unteilbar, aber im Fortschrittsprozeß spielen geistige Faktoren eine besondere Rolle, die gerade in sozialistischen Ländern vielfach unterschätzt, wahrscheinlich infolge der vulgär-ideologischen Dogmen der offiziellen Denkweise, und dies kann sehr wohl Fehlentwicklungen oder sogar Stillstand verursachen.

Fortschritt ist nur dann möglich und unschädlich, wenn er der Kontrolle der Vernunft unterworfen ist. Der wichtige Problemkreis des Umweltschutzes ist ein Beispiel für die Funktion der öffentlichen Meinung, des offenen Gesellschaftssystems und der Meinungsfreiheit. Die teilweise Liberalisierung in unserem Land nach dem Tod Stalins ermöglichte Anfang der sechziger Jahre die öffentlichen Erörterungen dieses Problems, aber eine effektive Lösung erfordert noch straffere soziale und internationale Kontrolle. Die militärische Anwendung wissenschaftlicher Resultate und die kontrollierte Abrüstung sind ein gleichermaßen heikles Gebiet, bei dem das internationale Vertrauensverhältnis von der öffentlichen Meinung und einer offenen Gesellschaftsordnung abhängt.

Meinungsfreiheit, eine informierte Öffentlichkeit, ein

pluralistisches Bildungssystem, Freiheit der Presse und des Informationsflusses – all dies gibt es in sozialistischen Ländern kaum, was ein Resultat der für die betreffenden Staaten kennzeichnenden wirtschaftlichen, politischen und ideologischen Eingleisigkeit ist. Andererseits sind die oben aufgeführten Voraussetzungen von entscheidender Wichtigkeit, nicht nur um jeglichen bewußten oder unbewußten Mißbrauch des Fortschritts zu vermeiden, sondern auch um diesen selbst zu fördern.

Ein gut funktionierendes Bildungssystem und ein schöpferischer Traditionalismus sind nur in einer Atmosphäre geistiger Freiheit möglich. Umgekehrt wirken geistige Knechtung, die Macht und der Konformismus einer trostlosen Bürokratie von vorneherein auf allen humanistischen Wissensgebieten, in Literatur und Kunst wie ein Gifthauch; die Folgen sind letztlich allgemeiner geistiger Verfall, Bürokratisierung und Formalismus des gesamten Bildungswesens, Niedergang der Forschung, Lähmung jeglichen schöpferischen Ansporns, Stillstand und Auflösung.

In der polarisierten Welt genießen die totalitären Staaten heute, dank der Entspannung, eine besondere Form geistigen Parasitentums und es hat den Anschein, daß sie, wenn die inneren Aufschwünge, die wir alle als erforderlich betrachten, nicht erfolgen, bald diesen Weg beschreiten müssen. Dann wird die Gefahr eines Weltbrandes nur noch größer. Zusammenarbeit zwischen den westlichen, den sozialistischen und den Entwicklungsländern ist eine entscheidende Voraussetzung für den Frieden, und dies bedingt den Austausch wissenschaftlicher und technischer Erkenntnisse, Handel und wechselseitige Wirtschaftshilfe, namentlich auf dem Sektor der Ernährung. Aber solche Zusammenarbeit muß auf gegenseitigem Vertrauen zwischen offenen Gesellschaftssystemen beruhen, oder – anders ausgedrückt – „mit offener Seele“ begonnen werden, auf der Basis echter

Gleichberechtigung und nicht auf der Basis der Angst demokratischer Länder vor ihrem totalitären Nachbarn. In diesem Fall wäre Zusammenarbeit nichts als ein Versuch, sich mit einem furchterregenden Nachbarn gutzustellen. Solch eine Politik würde das Übel nur hinauszögern, das aber dennoch bald käme und dann zehnmal schlimmer. Dies wäre bloß eine veränderte Version der Entscheidung von München.[1] Die Entspannung kann nur dann gesichert werden, wenn sie vom ersten Moment an mit der ständigen Offenheit seitens aller Länder, der Wachsamkeit der öffentlichen Meinung, freiem Informationsaustausch und der absoluten Achtung vor den politischen und Bürgerrechten in allen Ländern Hand in Hand geht. Kurzum: Neben der Entspannung im materiellen Bereich, mit Abrüstung und Handel, sollte auch eine geistige und ideologische Abrüstung erfolgen. Der französische Präsident Giscard d'Estaing hat dies während seines Staatsbesuches in Moskau in bewundenungswürdiger Weise zum Ausdruck gebracht. Wahrlich, dieses Eintreten für solch eine wichtige Grundsatzfrage verlohnte es, die dauernden Kritiken von kurzsichtigen Pragmatikern seines Landes in Kauf zu nehmen.

Bevor ich mich dem Problem der Abrüstung zuwende, möchte ich diese Gelegenheit ergreifen, um Sie an einige meiner generell gehaltenen Vorschläge zu erinnern. An allererster Stelle steht die Idee der Bildung eines internationalen Konsultativkomitees für Fragen der Abrüstung, der Menschenrechte und des Umweltschutzes unter der Oberaufsicht der UNO. Meiner Meinung nach sollte solch ein Komitee berechtigt sein, alle Staatsregierungen zur Beant-

[1] Das „Münchner Abkommen" vom 29. September 1938, durch das Großbritannien und Frankreich dem deutschen Einmarsch in die Sudetengebiete zustimmten. In diesem Sinn wurde „München" zum symbolischen Begriff für eine letzten Endes verderbliche Politik des Nachgebens im Umgang mit Diktatoren.

wortung von Anfragen und Empfehlungen zu verpflichten. Eine Körperschaft dieser Art könnte ein wichtiges Instrument werden, um internationale Erörterungen und Informationen über schwerstwiegende Zukunftsprobleme der Menschheit zu garantieren. Ich hoffe, daß dieser Gedanke Unterstützung findet und diskutiert wird.

Ich möchte auch betonen, daß ich den häufigeren Einsatz von UN-Kontingenten zur Eindämmung bewaffneter Konflikte zwischen Staaten und Volksgruppen als besonders wichtig betrachte. Ich habe hohe Achtung vor der Funktion der UNO und empfinde diese Institution als eine der größten Hoffnungen der Menschheit auf eine bessere Zukunft. Die letzten Jahre waren für diese Organisation schwierig und kritisch; dazu schrieb ich in „Mein Land und die Welt"[1], doch nach der Veröffentlichung ergab sich ein bedauerliches Ereignis: Die Vollversammlung nahm – ohne jede wirkliche Debatte – eine Resolution an, in welcher der Zionismus zu einer Form des Rassismus und rassischer Diskriminierung erklärt wurde. Der Zionismus ist die Ideologie nationaler Wiedergeburt des jüdischen Volkes nach zweitausendjähriger Diaspora und richtet sich gegen kein anderes Volk; die Annahme einer derartigen Resolution schädigte das Ansehen der UNO. Aber trotz solcher Vorgänge, die häufig auf das mangelnde Verantwortungsgefühl von Spitzenpolitikern einiger jüngerer UNO-Mitgliedsstaaten zurückgehen, glaube ich dennoch daran, daß diese Organisation früher oder später dazu befähigt sein könnte, im Leben der Menschheit die würdige Rolle zu spielen, die ihre Carta vorsieht.

Lassen Sie mich nun auf eine der zentralen Fragen unserer Zeit eingehen, auf das Problem der Abrüstung. Meine Einstellung dazu habe ich in „Mein Land und die Welt" im ein-

---

[1] Verlag Fritz Molden, Wien-München 1976.

zelnen dargelegt. Es ist ein vordringliches Erfordernis, das Vertrauen zwischen den Staaten zu festigen und mit Hilfe internationaler Überwachungsgruppen Kontrollmaßnahmen durchzuführen. Dies ist nur möglich, wenn die Entspannung auch auf ideologisches Gebiet ausgeweitet wird und setzt eine Lockerung der allgemeinen inneren Verhältnisse voraus. Ich betonte die Notwendigkeit internationaler Vereinbarungen über die Beschränkung von Waffenlieferungen an dritte Staaten, besonderer Abkommen über die Einstellung der Produktion neuer Waffensysteme, von Verträgen über das Verbot geheimer Aufrüstung, die Ausschaltung von Faktoren, die das strategische Gleichgewicht gefährden und besonders eines Verbotes von Nuklearraketen mit Mehrfachsprengköpfen.

Wie sollte ein idealer internationaler Abrüstungsvertrag rein technisch aussehen?

Ich glaube, zunächst muß offiziell – wenn auch im Anfangsstadium nicht unbedingt öffentlich – das Ausmaß des Militärpotentials klargelegt werden, von der Zahl der Nuklearsprengköpfe bis zu Prognosen der Zahlen künftiger Wehrpflichtiger, mit Angaben über „potentielle Konfrontationsgebiete". Der erste Schritt bestünde darin, daß für jeden einzelnen strategischen Bereich und für alle militärischen Kräfteverhältnisse Regelungen getroffen würden, um die Überlegenheit eines der Vertragspartner auszugleichen. (Natürlich müßten solche Vereinbarungen Spielraum zur Anpassung an jeweilige Bedingungen bieten.) Dadurch würde erstens verhindert werden, daß ein Abkommen in einem Krisengebiet (z. B. Europa) zur Stärkung militärischer Positionen in einem anderen (z. B. an der sowjetisch-chinesischen Grenze) benutzt würde, und zweitens würde ein potentielles Übergewicht ausgeschlossen, das aus der Schwierigkeit entsteht, verschiedenartige Waffensysteme in Gleichung zu bringen. (Es wäre beispielsweise schwer zu sagen, wieviele ABM-Batterien etwa der Kampfkraft eines Kreuzers entsprechen usw.)

Der nächste Schritt der Abrüstung hätte für alle Länder und in allen strategischen Bereichen den proportionalen und gleichzeitigen Abbau militärischer Machtmittel zur Folge. Solch eine Formel der „ausgewogenen" Abrüstung in zwei Phasen würde für alle Staaten dauernde Sicherheit gewährleisten und das Gleichgewicht der Streitkräfte in den Zonen möglicher Konfrontation herstellen, während sie gleichzeitig die Möglichkeit einer radikalen Lösung wirtschaftlicher und sozialer Probleme böte, die durch die Militarisierung entstanden. Im Lauf der Zeit haben viele Experten und Politiker ähnliche Anschauungen geäußert, aber bisher noch ohne signifikante Wirkung. Jetzt allerdings, da die Menschheit vor der akuten Bedrohung der Vernichtung im Holocaust einer Kernexplosion steht, hege ich die Hoffnung, daß wir nicht zögern werden, diesen Schritt zu tun: Radikale, ausgewogene Abrüstung ist nötig und auch möglich, sie ist integraler Teil eines vielschichtigen, komplizierten Prozesses zur Lösung bedrohlicher, brennender Probleme, mit denen sich die Welt auseinanderzusetzen hat. Die neue, „Entspannung" genannte Phase internationaler Beziehungen, die ihren Höhepunkt in der Konferenz von Helsinki erreicht zu haben scheint, eröffnet im Prinzip gewisse Möglichkeiten in dieser Richtung.

Die dort unterzeichnete Schlußakte ist besonders bemerkenswert, denn darin finden erstmals die einzigen Bestrebungen ihren offiziellen Ausdruck, die als geeignet erscheinen, eine Lösung internationaler Sicherheitsprobleme herbeizuführen. Das Dokument enthält weitreichende Erklärungen über die Querverbindungen zwischen der internationalen Sicherheit und dem Schutz der Menschenrechte, der Informations- und Bewegungsfreiheit. Die Teilnehmerstaaten haben den Schutz dieser Rechte feierlich garantiert.

Es liegt auf der Hand, daß wir hier nicht von einem garantierten Ergebnis sprechen können, wohl aber von neuen Möglichkeiten, die nur als Resultat langfristig geplanter Aktivitäten zu verwirklichen wären, in denen die Signatarstaaten, vor allem die Demokratien, eine einmütige, konsequente Haltung wahren müßten.

Im Hinblick auf das Problem der Menschenrechte möchte ich in erster Linie von meinem eigenen Land sprechen. Während der Monate seit der Konferenz von Helsinki gab es keine wirkliche Besserung in dieser Richtung. Es kam sogar zu Versuchen von Verfechtern eines harten Kurses, beim internationalen Informationsaustausch und bei der Freizügigkeit, d. h. bei der freien Wahl des Aufenthaltsortes, bei Auslandsreisen zu Studienzwecken, aus beruflichen oder gesundheitlichen Gründen oder auch im Rahmen des üblichen Touristenverkehrs, „die Schraube noch schärfer anzuziehen". Um meine Feststellung zu erläutern, möchte ich Ihnen einige Beispiele nennen – willkürlich herausgegriffen, ohne jede Absicht, ein lückenloses Bild zu bieten.

Sie alle wissen, viel besser als ich, daß dänische Kinder auf ihren Rädern bis an die Adria fahren können, denn niemand würde die unsinnige Vermutung äußern, sie seien „halbwüchsige Spione". Aber sowjetische Kinder dürfen das nicht! Ich bin sicher, daß Ihnen gleichartige Beispiele geläufig sind.

Unter dem Einfluß der sozialistischen Staaten hat die UNO-Vollversammlung für die Verwendung von Satelliten zur Übertragung internationaler Fernsehsendungen Beschränkungen erlassen. Nun, nach der Konferenz von Helsinki besteht aller Grund, sich erneut mit diesem Problem zu beschäftigen. Für Millionen Sowjetbürger ist dies eine hochinteressante Frage.

In der Sowjetunion herrscht großer Mangel an Gliederprothesen und ähnlichen Hilfsmitteln für Invalide. Aber kein sowjetischer Invalide darf ausreisen, selbst wenn er eine formelle Einladung einer ausländischen Organisation vorweisen kann.

Sowjetische Zeitungsstände bieten nur selten nichtkommunistische Blätter und auch nicht alle Nummern kommunistischer Periodika sind erhältlich. Sogar Nachrichtenmagazine wie „Amerika"[1] sind sehr rar. Sie liegen nur an wenigen Ständen auf und sind sofort vergriffen.

Jeder, der aus der Sowjetunion emigrieren will, muß eine formelle Einladung von einem nahen Verwandten haben. Für viele ist das ein unlösbares Problem – für 300000 (Wolga-)Deutsche zum Beispiel, die nach Westdeutschland ausreisen wollen. (Die jährliche Emigrationsquote für Deutsche beträgt 5000, was bedeutet, daß man möglicherweise sechzig Jahre warten muß!) Besonders tragisch ist die Situation von Sowjetbürgern, die eine Zusammenführung mit Verwandten in anderen sozialistischen Ländern anstreben. Es gibt niemanden, der sich für sie einsetzen könnte, und unter solchen Umständen kennt die Willkür der Behörden keine Grenzen.

Die Freiheit zu reisen und selbst den Ort zu wählen, an dem man leben und arbeiten will, wird noch immer kraß mißachtet, davon sind Millionen Kolchosarbeiter ebenso betroffen wie Hunderttausende von Krimtataren, die vor dreißig Jahren grausam und brutal von der Krim deportiert wurden und denen bis zum heutigen Tag die Rückkehr in ihre Heimat verwehrt wird.

Das Abkommen von Helsinki unterstreicht erneut das Prinzip der Meinungsfreiheit. Doch um die Verwirklichung dieser Bestimmungen wird weiterhin unermüdlich gekämpft werden müssen. In der Sowjetunion werden heute viele tausend Menschen gerichtlich und außergerichtlich wegen ihrer

---

[1] In der Sowjetunion erscheinende Zeitschrift.

Überzeugungen verfolgt: wegen ihres Glaubens und des Wunsches, ihre Kinder in religiösem Geist zu erziehen, oder wegen der Lektüre und der Weitergabe – oft nur an einige Bekannte – von Schrifttum, das der Staat nicht billigt, das aber vom Standpunkt demokratischer Gepflogenheiten aus völlig legitim ist. Moralisch gesehen ist besonders die Verfolgung jener zu verurteilen, die für andere Opfer der Willkür eintreten und Informationen über die Racheakte und Prozesse gegen Abweichler sowie über die Zustände in den Strafanstalten veröffentlichen und vor allem verbreiten.

Es ist ein unerträglicher Gedanke, daß eben in diesem Moment, da wir aus feierlichem Anlaß in diesem Saal versammelt sind, hunderte und tausende Menschen wegen ihrer Überzeugungen in Gefangenschaft leiden: an Unterernährung infolge jahrelangen Hungerns und an Protein- und Vitaminmangel in ihrer Verpflegung, wegen knappster Versorgung mit Medikamenten (es ist verboten, Häftlingen Vitaminpräparate und Medikamente zu schicken), und an Überanstrengung. Vor Kälte, Nässe und Erschöpfung zitternd, vegetieren sie in düsteren Gelassen, wo sie einen ständigen Kampf um ihre Menschenwürde führen und ihre Überzeugungen gegen die „Indoktrinationsmaschine" verteidigen müssen, das heißt, gegen die seelische Vernichtung. Die Natur dieses KZ-Systems wird sorgfältig getarnt. Die Leiden, die eine Handvoll Menschen zu erdulden hatten, weil sie dessen schreckliche Verhältnisse aufdeckten, sind der beste Wahrheitsbeweis für ihre Feststellungen und Anschuldigungen. Unsere Auffassung von Menschenwürde erfordert sofortige Änderungen dieses Systems für alle Inhaftierten, ganz gleich, wie schuldig sie sein mögen. Doch wer weiß schon um die Qualen der Unschuldigen? Am Allerschlimmsten ist das Inferno in den psychiatrischen Spezialkliniken in Dnjepropetrowsk, Sitschewka, Blagoweschtschensk, Kasan, Tschernjachowsk, Orel, Leningrad und Taschkent...

Mir bleibt heute keine Zeit, bestimmte Prozesse oder die Schicksale einzelner Personen ausführlicher zu schildern. Es gibt bereits umfangreiche Literatur zu diesem Thema. Darf ich Ihre Aufmerksamkeit auf die Publikationen des Verlags „Chronika Press" in New York lenken, der sich auf Nachdrucke des sowjetischen Samisdat-Nachrichtendienstes „Chronik der Laufenden Ereignisse" spezialisiert und ähnliche aktuelle Informationsschriften herausbringt. Ich möchte die Namen einiger Internierter nennen, die ich kenne. Ich bitte Sie, zu bedenken, daß alle Häftlinge aus Überzeugungsgründen und alle politischen Häftlinge in meinem Land mit mir der Ehrung durch den Nobelpreis teilhaftig werden. Hier einige der Namen, die mir bekannt sind:[1]

Pljuschtsch, Bukowskij*, Glusman*, Moros*, Marija Semjonowa*, Nadjeschda Swetlitschnaja, Stefanija Schabatura, Irina Kolinez-Stasiw, Irina Senik, Nijola Sadunaite, Anait Karapetian, Osipow*, Kronid Ljubarskij*, Schumuk*, Wins*, Rumatschek, Chaustow*, Superfin*, Paulaitis*, Simutis, Karawanskij, Valeri Martschenko*, Schuchewitsch, Pawlenkow, Tschernoglas, Abankin, Suslenskij, Meschener, Swetlitschnij*, Sofronow, Rode, Schakirow, Heifetz, Afanasjew, Mo-Chun, Butman, Lukjanenko, Ogurzow*, Sergjenko*, Antonjuk, Lupinos, Ruban, Plachotnjuk, Kowgar, Bjelow, Igrunow, Soldatow*, Mjattik, Kiirend*, Juschkewitsch, Sdorowij, Towmasian, Schachwerdian, Sagrobian, Airikian*, Markosian, Arschakian, Mirauskas, Stus, Swerstjuk, Chandiba, Uboschtschko, Romanjuk*, Worobjow, Gelj, Pronjuk*, Prischljak, Sapeljak, Kolinez, Suprej, Waldman, Gladko, Maltschewskij, Grasch-

[1] Das Sternchen* neben dem Namen verweist auf biographische Angaben über die betreffende Person im Anhang dieses Buches.

tschis, Demidow, Bernitschuk, Schowkownij, Gorbatschow, Werchow, Turik, Schtschukauskas, Senjikin, Grinkuw, Nawasardian, Saarst, Juri Wudka, Puze, Dawidow, Bolonkin, Lisowoj, Petrow, Tschekalin, Gorodezkij, Tschornowil*, Balachonow, Bondar, Kalinitschenko, Kolomin, Plumpa, Jaugelis, Fedosejew, Osadtschij, Budulak-Scharigin, Makarenko*, Malkin, Stern*, Lasar Ljubarskij, Feldman, Rojtburt, Schkolnik, Murschtschenko, Fjodorow*, Dimschiz, Kusnezow*, Mendeljewitsch, Altman, Penson, Chnoch, Wulf Salmanson, Israel Salmanson und viele, viele andere. Unter den widerrechtlich Verbannten sind Anatoli Martschenko*, Naschpiz und Zitljonok.

Mustafa Dschemilew, Sergej Kowalew und Twerdochlebow haben ihre Gerichtsverfahren noch zu gewärtigen. Es bleibt keine Zeit, um alle Häftlinge zu nennen, von denen ich weiß, und es gibt viele, über die ich nichts oder zu wenig weiß. Aber sie alle meine ich mit dem, was ich zu sagen habe und ich bitte jene, deren Namen ich nicht bekanntgab, um Verzeihung. Jeder einzelne Name, ob genannt oder ungenannt, steht für ein schweres, heroisch ertragenes Schicksal, für Jahre des Leidens, Jahre des Kampfes für die Würde des Menschen.

Eine endgültige Lösung des Problems dieser Unterdrükkung kann nur auf der Grundlage internationaler Vereinbarungen erfolgen – Amnestie für politische und Überzeugungshäftlinge in Gefängnissen, Straflagern und psychiatrischen Spezialkliniken, wenn nötig auf Grund einer Resolution der UN-Vollversammlung. Dieser Vorschlag bedeutet keinen Eingriff in die inneren Angelegenheiten irgendeines Landes. Eine solche Regelung würde ohne Unterschied auf alle Staaten Anwendung finden – für die Sowjetunion, Indonesien, Chile, Südafrika, Spanien, Brasilien und jedes andere Land. Da sich die UNO in ihrer Deklaration ausdrücklich zum Schutz der Menschenrechte bekannt hat, entbehrt die Ansicht, diese Frage sei ausschließlich von internem Belang, jeglicher stichhaltiger Begründung. Für dieses Ziel können keine Anstrengungen zu groß sein, so weit der Weg auch scheinen mag; und daß der Weg weit ist zeigte sich deutlich während der letzten UNO-Sitzung, in deren Verlauf die USA einen Antrag auf Amnestie politischer Gefangener einbrachten, nur um ihn wieder zurückzuziehen, da eine Reihe von Staaten versucht hatte, das Ausmaß der Amnestie zu erweitern. Ich bedauere solche Vorgänge sehr! Ein Problem kann nicht einfach von der Tagesordnung gestrichen werden, und ich bin zutiefst überzeugt, daß es besser ist, einige Personen freizulassen, selbst wenn sie des einen oder anderen Deliktes schuldig sein mögen, als tausend Unschuldige hinter Gittern zu halten und Folterqualen preiszugeben.

Ohne eine Gesamtlösung dieser Art aus den Augen zu verlieren, müssen wir in jedem Einzelfall gegen Unrecht und gegen die Verletzung der Menschenrechte kämpfen. Davon hängt viel für unsere Zukunft ab.

Beim Einsatz für die Menschenrechte sollten wir, auch davon bin ich überzeugt, in erster Linie die unschuldigen Opfer der in verschiedenen Ländern herrschenden Regimes schützen, ohne die Ausmerzung oder die völlige Ächtung dieser Regimes zu fordern. Wir brauchen Reform und nicht Revolution, wir brauchen eine flexible, pluralistische, tolerante Gesellschaft, in der sich die Erfahrungen verschiedenster Gesellschaftssysteme selektiv und experimentell frei und undogmatisch entfalten können. Was heißt Entspannung? Was heißt Annäherung? Uns geht es nicht um Worte, sondern um die Bereitschaft, eine bessere, edlere Form des Zusammenlebens zu schaffen, eine bessere Weltordnung.

Vor tausenden Jahren litten menschliche Völkerschaften im Kampf ums Überleben große Entbehrungen. Damals kam es darauf an, nicht nur eine Keule schwingen zu können, sondern auch die Fähigkeit zu besitzen, zu denken, Überlegungen anzustellen, die vom Stamm gesammelten Erkenntnisse und Erfahrungen zu bewahren und Verbindungen anzuknüpfen, welche die Zusammenarbeit mit anderen Stämmen ermöglichten. Heute hat die menschliche Rasse eine ähnliche Bewährungsprobe zu bestehen. In der Unendlichkeit des Weltraums existieren sicherlich viele Zivilisationen, unter ihnen Gesellschaftssysteme, die klüger und „erfolgreicher" sein mögen als unsere. Ich bekenne mich zur kosmologischen Hypothese, daß die Entwicklung des Universums sich in ihren Grundzügen unzählige Male wiederholt und andere Zivilisationen, darunter „erfolgreichere", sollten unzählige Male auf den „vorhergehenden" und den „folgenden" Seiten im Buch des Universums existieren können. Dennoch sollten wir unsere heiligsten Bemühungen in dieser Welt nicht geringschätzen, wo wir, wie schwache Lichtfunken im Dunkel, für einen Augenblick aus dem Nichts völliger Bewußtlosigkeit in das leibliche Dasein emportauchten. Wir müssen den Forderungen der Vernunft entsprechen und ein Leben schaffen, das unserer und der Ziele würdig ist, die wir nur undeutlich wahrnehmen.

Die Nobelpreisrede wurde am 11. Dezember 1975 in Oslo verlesen, nicht von Sacharow selbst, sondern von seiner Frau, Jelena Bonner. Sacharow hatte am 20. Oktober ein Ausreisevisum beantragt, um an der Verleihungszeremonie teilzunehmen und seine Ansprache zu halten, aber das Ansuchen wurde abgelehnt und zwar laut des veröffentlichten Bescheides eines Beamten „... aus Sicherheitsgründen, denn A. Sacharow ist Träger außerordentlich wichtiger militärischer und Staatsgeheimnisse".

Der Physiker fügte sich ins Unvermeidliche und bestimmte in einem Brief an das Nobelkomitee des Norwegischen Stor-

tings seine Frau – die sich damals zwecks Behandlung eines fortgeschrittenen Glaukoms in Italien aufhielt – zu seiner Vertreterin. Er schrieb: „Im Lauf der letzten Jahre haben in wesentlichem Maß ihre selbstlose Unterstützung und Mithilfe, manchmal ihre Initiative und unser gegenseitiges Verständnis das öffentliche Wirken ermöglicht, für das Sie mir so hohe Ehren erweisen."

Statt nach Oslo zu fliegen, fuhr Sacharow mit einer Gruppe von Freunden, unter ihnen zwei, die er ursprünglich als seine Gäste zur Preisverleihung einladen lassen wollte, nach Wilna (Vilnius), der Hauptstadt der Sowjetrepublik Litauen, zum Prozeß gegen einen bewährten Kameraden aus der Menschenrechtsbewegung, den Biologen Sergej Kowalew.

II

Der Fall Sergej Kowalew

Der Tag, an dem Sacharow formell der Friedens-Nobelpreis verliehen wurde, war für ihn auch der zweite Tag der „Vigilie" vor dem Litauischen Obersten Gerichtshof. Inmitten seiner Freunde aus Moskau – außer drei Frauen, welche die Polizei in der Hauptstadt nach Versuchen, einen Zug nach Wilna (Vilnius) zu erreichen, unter Hausarrest gestellt hatte – und neuen Bekannten aus Litauen, wie z. B. dem katholischen Aktivisten Viktoras Petkus, stand er vor der Tür des Gerichtssaales, in dem gegen Sergej Kowalew wegen dessen Verbindung zu der „Chronik der Laufenden Ereignisse" verhandelt wurde.*

Zwischen dem Sommer 1972 und dem Frühjahr 1974 zirkulierten keine neuen Nummern dieser „Chronik", des Informationsorgans der Dissidenten, das erstmals im April 1968 als „Samisdat" (Selbstverlagsdruck) in Moskau erschienen war. Die Verhaftungen und Verurteilungen jener Personen, welche den Menschenrechtsbericht verbreitet (Kronid Ljubarsky) oder daran redaktionell mitgearbeitet hatten (Gabriel Superfin*), hatten die Sympathisanten offenbar bewogen zu schweigen und sich passiv zu verhalten. Doch am 7. Mai 1974 übergaben Sergej Kowalew und dessen Kolleginnen aus der „Initiativgruppe zum Schutz der Menschenrechte in der Sowjetunion", Tatjana Welikanowa und Tatjana Chodorowitsch, westlichen Korrespondenten in Moskau drei* *neue Nummern der „Chronik" (28, 29 und 30), in denen über Vorfälle während des Zeitraums der Unterbrechung berichtet wurde. Zur Begründung des neuerlichen Erscheinens gaben sie folgende Erklärung ab:*

„Entgegen der oft geäußerten Behauptung des KGB und sowjetischer Gerichte betrachten wir die ‚Chronik der Laufenden Ereignisse' nicht als illegale oder defaitistische Publikation, und wir halten es für unsere Pflicht, für ihre größtmögliche Verbreitung zu sorgen. Wir sind überzeugt, daß genaue Informationen über Verletzungen fundamentaler Menschenrechte in der Sowjetunion allen Interessierten zugänglich sein sollten."

Am 27. Dezember 1974 wurde Kowalew verhaftet und knapp ein Jahr später unter der Beschuldigung „antisowjetischer Agitation und Propaganda mit subversiver Absicht" vor Gericht gestellt.

Während des vier Tage dauernden Verfahrens wurden Sacharow und anderen der Zutritt zum Verhandlungssaal verwehrt. Einige bullige junge KGB-Agenten mit den roten Armbinden der Hilfsmiliz[1] versperrten ihnen den Weg mit dem energischen Hinweis, alle Plätze seien bereits besetzt. In einer Ecke der Vorhalle stand ein namentlich bekannter KGB-Oberst, der die „vorbeugende Aktion" leitete. Als er einen ihm bekannten Kowalew-Sympathisanten erblickte, forderte er ihn auf, das Gerichtsgebäude zu verlassen, widrigenfalls riskiere er, seinen Posten als Theaterfeuerwehrmann zu verlieren. Bereits vor Beginn des Prozesses hatten die Behör-

---

[1] „Miliz" ist die in der Sowjetunion und den übrigen Ostblockstaaten gebräuchliche Bezeichnung für die Schutzpolizei.

den einer Anzahl von Wilnaer Juden mitgeteilt, daß ihre bisher abschlägig beschiedenen Emigrationsanträge neuerlich erwogen würden – und zwar offenbar günstig –, wenn sie sich dem Gerichtsgebäude fernhielten. Einer von ihnen, Alexander Drot, ging am ersten Tag trotzdem hin; noch am selben Abend wurde ihm sein Ausreisevisum ins Haus zugestellt mit der Bedingung, keinen weiteren Verhandlungen mehr beizuwohnen.

Nach anderen Versuchen, sich zu unter Ausschluß der Öffentlichkeit ablaufenden Prozessen Zutritt zu verschaffen, wußte Sacharow, was zu erwarten stand und war diesen Schwierigkeiten mit einem Brief zuvorgekommen, den er im September 1975 an den Vorsitzenden des sowjetischen Obersten Gerichtshofes, Lew Nikolajewitsch Smirnow, geschrieben hatte:

Ich ersuche Sie Anweisungen zu geben, den Prozeß gegen Kowalew, ein Verfahren, das in unserem Land und in der übrigen Welt soviel Aufmerksamkeit erregt, in Räumlichkeiten abzuhalten, die groß genug sind, um Kowalews Freunden (zu denen zu zählen ich die Ehre habe) sowie Vertretern der internationalen Presse und der Organisation Amnesty International, der Kowalew angehört, ausreichend Platz zu bieten, ohne daß der Gerichtssaal bereits von vornherein mit eigens gesiebten Zuhörern gefüllt ist, die entweder gegen den Angeklagten voreingenommen sind oder seinem Fall gleichgültig gegenüberstehen. Ich erwarte Ihre Antwort.

Die Antwort blieb aus. Doch als Sacharow und Kowalews Freunde am 9. Dezember um 8.30 Uhr morgens das Gerichtsgebäude betraten, war der Verhandlungssaal geschlos-

sen und schon gefüllt mit einem Publikum, das mit speziellen Passierscheinen durch eine Hintertür eingelassen worden war. Daraufhin ging Sacharow in das Büro des Richters Ignotas im 3. Stock, der die Verhandlung gegen Kowalew leiten sollte, und wollte ihm eine Erklärung übergeben, doch Ignotas sagte lächelnd: „Nein, nein, ich kann nichts entgegennehmen", und verließ rasch den Raum. Deshalb deponierte Sacharow das Schriftstück im Büro des Richters. Hier der Wortlaut:

„Ich stelle den Antrag, im Fall Sergej Kowalew als Zeuge aufgerufen zu werden (gemäß § 70 des Strafgesetzbuches der Sowjetunion), denn ich habe vor dem Tribunal wichtige Aussagen zu diesem Fall zu machen.

Da ich Kowalew seit vielen Jahren kenne, wünsche ich in diesem Verfahren Zeugnis abzulegen für seine außerordentliche Redlichkeit und Gewissenhaftigkeit, seine Gesetzestreue, seinen Gerechtigkeitssinn und sein Eintreten für die Menschenrechte und freie Entfaltung. Ich habe meine Hochachtung vor S. A. Kowalew dadurch zum Ausdruck gebracht, daß ich ihn als Ehrengast zu der Nobelpreisverleihung in Oslo am 10. Dezember 1975 eingeladen hatte.

Ich weiß, daß Kowalew kriminellen Verhaltens beschuldigt wird wegen der Weitergabe von Material über politische Gefangene an Auslandskorrespondenten auf einer Pressekonferenz am 30. Oktober 1974, bei der ich den Vorsitz führte. In Wahrheit war ich es, der diese Informationen ausfolgte. Ich übernehme die volle Verantwortung dafür und möchte diese Tatsache vor Gericht bestätigen.

Ich bin auch der Mitverfasser des als belastendes Beweisstück vorliegenden Briefes an den Leiter des KGB, in dem dieser aufgefordert wird, das Buch ‚Der Archipel Gulag‘ von Alexander Solschenizyn dem Besitzer Kowalew zurückzuerstatten.

Ich bitte diese meine Erklärung vor Gericht zu verlesen und den Prozeßakten beizufügen.

P.S. Ich war ebenso an der Abfassung vieler gemeinsamer Deklarationen und Appelle beteiligt, die in der Anklage gegen S. A. Kowalew als ‚Verleumdungen‘ angeführt werden. Es erscheint mir unrichtig, diese Bezeichnung auf unsere Appelle anzuwenden und wünsche meinen Standpunkt vor dem Tribunal zu vertreten.“

Der Antrag wurde abgelehnt, aber an jenem Tag gelang es Sacharow, an einem brüllenden KGB-Oberst und einem Sekretär vorbei bis ins Büro des Vorsitzenden des Litauischen Obersten Gerichtshofes vorzudringen, um einen formellen Protest gegen die Verletzung des Rechtes allgemeinen Zugangs zu Verhandlungen zu Protokoll zu geben. Nicht gelang ihm allerdings, während der vier Tage des Verfahrens auch nur ein einzigesmal mit seiner Frau in Oslo Telefonverbindung aufzunehmen, da ihm die Fernvermittlungsbeamten auf dem Wilnaer Hauptpostamt mitteilten, das große Hotel, in dem sie wohnte, melde sich nicht, oder die Leitung sei ausgefallen.

Mittlerweile ging der Prozeß mit der Einvernahme von zweiundzwanzig Zeugen der Anklage weiter, was zwei Tage dauerte, während deren Sacharow die Sendungen der Voice of America über die Osloer Nobelpreisverleihung hörte – bis zum Morgen des 11. Dezember, an dem Kowalew zum zweitenmal dagegen protestierte, daß der Richter Zeugen aus dem Saal wies und ihm das Recht verweigerte, Entlastungszeugen, einschließlich jener, die in der Vorhalle warteten, aufzurufen. Kowalew drohte seinen Hungerstreik fortzusetzen und den Verhandlungen fernzubleiben, wenn seinen Forderungen nicht entsprochen würde. Dies geschah nicht. Er wurde aus dem Gerichtssaal abgeführt, noch während der Staatsanwalt sein Schlußplädoyer hielt und den Strafantrag stellte: Sieben Jahre verschärfte Lagerhaft und drei Jahre Verbannung.

In der Nacht verfaßten Kowalews Freunde – insgesamt vierzehn Personen, unter ihnen Sacharow – eine Erklärung, die sie am nächsten Morgen, dem des 12. Dezember, zur Weiterleitung an ausländische Korrespondenten telefonisch nach Moskau durchgaben. Daraus einige Exzerpte:

(Kowalew) wird beschuldigt, sieben Nummern der angeblich verleumderischen Samisdat-Publikation „Chronik der Laufenden Ereignisse" mit Beiträgen versorgt, redigiert und verbreitet zu haben ... Zum Beweis dieser Beschuldigung versuchte die Ermittlungsbehörde einige Textstellen im einzelnen zu überprüfen. Wir geben diese Passagen wieder, da es sich dabei um einen der wenigen uns bekannten Fälle einer Inhaltsanalyse vorgeblich verleumderischer Schriften handelt.

In ihrer Nr. 32 berichtet die „Chronik", daß im Verlauf einer Hausdurchsuchung bei dem Arbeiter Gudas, einem Katholiken, 2500 Gebetbücher beschlagnahmt wurden und er selbst brutal geschlagen wurde. Vor Gericht bestätigte Gudas die Tatsache der Konfiskation, bestritt aber die Mißhandlungen.

In der Nr. 33 der „Chronik" waren die Namen von 47 Personen angeführt, die in Litauen wegen ihrer religiösen Überzeugung verhaftet worden waren. Die Anklageschrift besagte, daß vielen von ihnen eigentlich Beteiligung an Massenmorden während der deutschen Besetzung und terroristische Tätigkeit in der Nachkriegszeit zur Last gelegt werde. Aber zur Erhärtung dieser Beschuldigungen wurden vor Gericht keine Beweise erbracht oder Zeugen vernommen. *(In Wahrheit druckte die „Chronik" die Liste mit dem Vermerk, Einzelheiten der gegen die Häftlinge erhobenen Beschuldigungen seien nicht bekannt. – Hg.)*

Die „Chronik der Laufenden Ereignisse" befaßte sich besonders mit der Psychiatrie als Mittel der Repression. Das Tribunal vernahm Psychiater der Nervenklinik in Dnjepropetrowsk, wo Leonid Pljuschtsch festgehalten wird, und sie bestätigten die offizielle Version seiner geistigen Zerrüttung. In ihren Aussagen versuchten sie den „Chronik"-Bericht über die schlechten Bedingungen seiner Unterbringung zu widerlegen, aber bei den Einzelheiten verwickelten sie sich in Widersprüche. Außerdem lehnte der Richter Kowalews Antrag ab, Frau Pljuschtsch – eine der wichtigsten Gewährspersonen der „Chronik" – in den Zeugenstand zu rufen. *(Einige Wochen nach dem Prozeß gegen Kowalew wurde Pljuschtsch freigelassen und durfte emigrieren. Westliche Psychiater erklärten ihn für normal. – Hg.)*

Am 12. Dezember um 2 Uhr nachmitttags wurde Kowalew in allen Punkten der Anklage für schuldig befunden und gemäß Antrag des Staatsanwaltes zu sieben Jahren Lagerhaft und drei Jahren Verbannung verurteilt. Sacharow kehrte nach Moskau zurück und setzte für den 18. Dezember eine Pressekonferenz an, um folgende Stellungnahme abzugeben:

... vor allem möchte ich sagen, daß Kowalew vor Gericht gestellt wurde, weil er dem Gebot seines Gewissens gehorchte, andere Menschen zu verteidigen, die, wie er fest überzeugt war, Opfer der Ungerechtigkeit wurden. Bei den Anschuldigungen gegen ihn wurde nicht bewiesen, daß er darauf abzielte, die Sowjetmacht zu untergraben, oder daß seine Tätigkeit auf Verleumdung hinauslief. Sein Prozeß sprach allen Rechtsbegriffen Hohn: Er fand unter Ausschluß der Öffentlichkeit statt, und der Angeklagte war ihm zustehender Rechte beraubt, auch des Rechtes, sich selbst zu verteidigen und selbst eine abschließende Erklärung abzugeben.

Kowalew hat viel Zeit und Mühe auf die Vorbereitung seiner Widerlegung verwendet, besonders der Beschuldigungen im Zusammenhang mit der „Chronik der Laufenden Ereignisse". In den sieben Nummern, die als belastendes Material dienten, waren 694 Fälle angeführt. Die Anklage stützte sich auf 172 von ihnen. Kowalew schloß in elf Fällen die Möglichkeit eines Irrtums nicht aus, versuchte aber nachzuweisen, daß keiner dieser Irrtümer als vorsätzliche Diffamierung gelten könne. Sogar die Untersuchungsbehörde gab zu, daß 89 Berichte den Tatsachen entsprächen, und Kowalew bemühte sich den Nachweis zu erbringen, daß die übrigen 72 Berichte der „Chronik" keine fehlerhaften Angaben enthielten. Aber ihm wurde jede Möglichkeit verwehrt, sein Vorhaben auch nur zu beginnen! Zweifellos wird es lange dauern, bis wir seine wohldurchdachten, überzeugenden Argumente kennenlernen.

Im Verlauf des Prozesses versuchte die Anklagevertretung anhand von sieben Vorfällen den Tatbestand der Verleumdung nachzuweisen. Heute können wir feststellen, daß die sachliche Richtigkeit der Berichte nur in einem oder zwei unwesentlichen Punkten in der „Chronik" angezweifelt werden könnte.

Die Verhaftung und Verurteilung Kowalews ist eine Herausforderung an die öffentliche Meinung in der Sowjetunion und in der übrigen Welt. Nach *(dem Abkommen von)* Helsinki und während der Verleihung des Nobelpreises wollte die Staatsgewalt eindeutig ihre Stärke oder vielmehr ihren

Starrsinn zeigen, selbst auf die Gefahr hin, ihre eigenen Gesetze zur Farce herabzuwürdigen. Auf eine solche Herausforderung nicht zu reagieren, hieße eine ungewöhnliche Persönlichkeit und jene wichtigsten Prinzipien zu verraten, von denen soviel abhängt. Die einzig mögliche Antwort ist die Forderung nach einer Aufhebung des Urteils gegen Kowalew.

Doch das Urteil wurde aufrechterhalten. Nun konzentrierte sich Sacharows Sorge auf den Gesundheitszustand seines Freundes Kowalew. Am 31. Oktober 1976 schrieb Sacharow zum zweiten Mal an den Innenminister und ersuchte dringend um Überstellung des Häftlings in ein Leningrader Gefängnishospital, damit eine notwendige Operation vorgenommen werden könne. Er erhielt keine Antwort, und nach Meldungen aus dem Lager in Perm war Kowalew ständigen Schikanen ausgesetzt. Während seines ersten Haftjahres verbrachte er insgesamt fast einen Monat in Strafzellen.

In einem Interview mit einem „Newsweek"-Korrespondenten am 24. Februar 1977 stellte Sacharow die Zusammenhänge zwischen der Entspannung und den Menschenrechten am Falle Kowalew dar:

Frage: Wie wirksam ist der Einfluß der Weltmeinung? Reicht er aus? Oder sollte der Westen andere Maßnahmen ergreifen – Ablehnung von Getreidelieferungen, Restriktion von Krediten, Verzögerung von Abrüstungsvereinbarungen –, bis sich die Sowjetunion entschließt, die Menschenrechtsbestimmungen des Abkommens von Helsinki zu respektieren?

Sacharow: Erklärungen zum Schutz der Menschenrechte in der Sowjetunion und in osteuropäischen Ländern sind immer und überall wichtig. Die Tatsache, daß es weiterhin zu Verletzungen dieser Rechte kommt, unterstreicht nur die Notwendigkeit eines langfristig geplanten, beharrlichen, geduldigen Kampfes mit einer stetig wachsenden Vielfalt von Methoden, so auch verschiedener Taktiken, um Druck auszuüben. Ich möchte an einem Beispiel aufzeigen, wie wichtig Beharrlichkeit ist.

Im Sommer 1976 richtete die Vereinigung Amerikanischer Naturwissenschaftler einen brieflichen Appell an den sowjetischen Innenminister Schtschekolow, Kowalew zwecks Untersuchung und Operation in ein Gefängnisspital in Leningrad zu überstellen. Die Vereinigung erhielt nie eine Antwort und, soviel ich weiß, reagierte sie überhaupt nicht auf diesen Verstoß gegen allgemein geltende Anstandsregeln im internationalen Briefverkehr. Nun ist Kowalews Situation noch bedenklicher als vor einem halben Jahr.

Unter diesen Umständen würde ich es für vertretbar erachten, durch partiellen Boykott wissenschaftlicher und kultureller Beziehungen oder Beschränkung der Lieferungen bestimmter technischer Ausrüstungen Druck auszuüben. Aber Maßnahmen wie die totale Verweigerung von Krediten, die Stornierung von Getreidelieferungen oder die Ablehnung von Abrüstungsgesprächen würde ich nicht billigen.

Ich betrachte die Handhabung von Nahrungsmittellieferungen für politische Zwecke als moralisch unvertretbar, und es ist völlig inakzeptabel – selbst für ein so wichtiges Ziel wie die Respektierung der Menschenrechte –, ein Wohlverhalten in diesem Punkt zur Vorbedingung für Abrüstungsverhandlungen zu machen. Die Abrüstung muß Priorität haben.

Ich möchte aber mit Nachdruck wiederholen, daß legislative Schritte, wie die Jackson-Vanik-Zusatzklausel – bezogen auf den Schutz der Menschenrechte und von anderen Aspekten der Entspannung getrennt –, äußerst wichtig und gerechtfertigt sind. Dies ist ein Exempel für eine moralische Betrachtungsweise politischer Probleme in Übereinstimmung mit den geistigen Grundlagen der amerikanischen Demokratie. Größere Einmütigkeit der westlichen Staaten wäre wesentlich für einen vollen Erfolg solcher legislativer Maßnahmen.

In Kowalews Fall zeitigten Sacharows Beharrlichkeit – so z.B., daß er in einem Brief an Präsident Carter (siehe IV. Kap.) den Namen des Freundes an die Spitze der Liste sowjetischer Strafgefangener setzte – und westliche Unterstützung einige positive Ergebnisse: Binnen einer Woche nach seinem Gespräch mit dem „Newsweek"-Korrespondenten erfuhr Sacharow, daß Kowalew, der seit Anfang Februar – aus Protest, weil die Lagerleitung die ihm zustehende Besuchserlaubnis für seine Frau und seinen Sohn einschränkte – einen Hungerstreik durchführte, ins Leningrader Gefängnishospital eingeliefert worden sei. Am 2. März 1977 schrieb Sacharow einen Dankbrief an A. M. Rosenthal, den Herausgeber der „New York Times":

Mittels Ihres Blattes möchte ich all jenen Menschen in Amerika, Europa und der Sowjetunion danken, welche mithalfen, die Überstellung meines sehr kranken Freundes Sergej Kowalew aus einem Lager in Perm in das Leningrader Gefängnishospital zu erwirken und dadurch vielleicht sein Leben zu retten.

Andrej Sacharow
Friedens-Nobelpreisträger

Kowalews eigene entschlossene Haltung trug sicherlich auch zu der Überstellung bei. Selbst danach setzte er sein Fasten bis zum 11. März fort, insgesamt fünfunddreißig Tage lang, wodurch sich sein Gewicht auf 117 Pfund verringerte. Am 24. März wurde ihm der Besuch seiner Frau gestattet, für den er das alles auf sich genommen hatte, und am nächsten Tag wurde er mit Erfolg operiert. Die Chirurgen konstatierten nicht den von den Lagerärzten vermuteten bösartigen Tumor. Am 15. April war Sergej Kowalew wieder im Straflager jenseits des Urals. Dort verlief sein Häftlingsleben nach der Krankenhausbehandlung etwa ein halbes Jahr lang relativ „friedlich".

Im Herbst 1977 verzichtete er auf das Recht zur Korrespondenz, nachdem fünf seiner Briefe (die erlaubte Anzahl für zwei Monate), alle bereits zensiert, nacheinander auf dem Postweg „in Verlust geraten" waren. Im Mai 1978 wurde er für sechs Monate in das Lagergefängnis gesperrt, wegen „systematischer Mißachtung der Verwaltungsvorschriften und vorsätzlicher Nichterfüllung des Solls". Kowalew hatte „nur" 80% der geforderten Arbeitsleistung bewältigt ...

III

Für Freiheit und gegen Verfolgung

Den folgenden Appell unterschrieben Sacharow, Valentin Turtschin und Professor Juri Orlow und sandten ihn am 28. Juni 1976 aus Moskau an die Konferenz der Europäischen Kommunistischen Parteien, die nach langwierigen Auseinandersetzungen zwischen kremlhörigen und rumänischen, jugoslawischen, französischen, italienischen und spanischen Spitzenfunktionären im Streit über unbedingte Gefolgschaft oder eurokommunistische Autonomie in Ost-Berlin stattfand.*

Turtschin, ein Kyberntiker, der 1977 zur Emigration gezwungen wurde, hatte Sacharow seit 1973 öffentlich unterstützt, als er selbst gemeinsam mit anderen die Moskauer Gruppe von Amnesty International aufbaute. Orlow, ein Physiker von Rang, gründete im Mai 1976 die sowjetische Helsinki-Beobachtergruppe, die er bis zu seiner Verhaftung im Februar 1977 tatkräftig leitete. Nach einem viertägigen Prozeß unter Ausschluß der Öffentlichkeit wurde er am 18. Mai 1978 wegen antisowjetischer Agitation und Propaganda zu sieben Jahren Haft und fünf Jahren Verbannung verurteilt.

Sehr geehrte Delegierte der Konferenz Europäischer Kommunistischer Parteien!

Wir regen an, das Problem der Menschenrechte in kommunistischen Staaten auf Ihre Tagesordnung zu setzen und auch Ihre prinzipielle Einstellung zu dieser Frage klarzulegen. Das Erfordernis, die fundamentalen Menschenrechte zu wahren, wie sie in der UNO-Deklaration der Menschenrechte formuliert und teilweise in den Internationalen Menschenrechtskonventionen verankert sind, wird heute weitgehend anerkannt.

Die Führer der kommunistischen Parteien Europas haben wiederholt ihr Festhalten an der Idee der Menschenrechte und den demokratischen Staatsformen betont. Man kann solche Erklärungen nur begrüßen.

Doch es ist klar, daß die Menschen jetzt und auch künftig die Theorie und die Praxis kommunistischer Parteien an den Lebensbedingungen in jenen Ländern messen, in denen Kommunisten an der Macht sind, vor allem an den Verhältnissen in der Sowjetunion. Obwohl sich die Situation in unserem Land im Vergleich zur Stalinära radikal gebessert hat, ist sie noch immer durch systematische häufige Verletzung der elementaren bürgerlichen und politischen Rechte des Individuums, durch eine undemokratische Struktur des Staatsapparates und die Willkürherrschaft der Behörden gekennzeichnet.

Wir möchten Ihre Aufmerksamkeit besonders auf zwei Aspekte dieses Problems lenken.

1. Die Maßnahmen der KPdSU gegen Bürgerorganisationen

§ 126 der Verfassung der Sowjetunion *(aus dem Jahr 1936 – Hg.)* unterstellt alle Bürgerorganisationen der Entscheidungsgewalt der KPdSU. Diese Bestimmung bietet den Behörden die formelle Handhabe, jedwede öffentliche Organisation, die ohne Billigung von Partei- oder Regierungsorganen gebildet wird und tätig ist, für verfassungswidrig zu erklären. Im Besonderen gilt diese Restriktion für kulturelle und humanitäre Organisationen, wie etwa die Initiativgruppe zum Schutz der Menschenrechte, die sowjetische Zweigorganisation von Amnesty International, die Öffentlichen Gruppen für die Einhaltung des Helsinki-Abkommens in der Sowjetunion *(in diesem Buch als „Helsinkigruppen" oder „Helsinki-Beobachtergruppen" bezeichnet. – Hg. und Übers.),* den Rat der Verwandten von evangelisch-baptistischen Häftlingen und andere.

Unter diesen Gesichtspunkten erbitten wir die Beantwortung folgender konkreter Fragen:

Wie steht die Konferenz zu der oben erörterten Linie der Partei? Sehen Sie darin nicht eine Verletzung fundamentaler Bürgerrechte?

Ist in einem kommunistischen Staat die Existenz unabhängiger öffentlicher Organisationen möglich? Wenn ja, in welcher Art? Welche Einschränkungen für öffentliche Organisationen sind in einem kommunistischen Land zulässig? Wie denkt die Konferenz über die Gründung unabhängiger kultureller und humanitärer Organisationen in der Sowjetunion, namentlich die obengenannten. Betrachten Sie Repressalien gegen Bürger, die sich in solchen Organisationen betätigen, als gerechtfertigt?

2. Das Recht des Informationsaustausches sowie der Gedanken- und der Meinungsfreiheit

Die §§ 70 und 190/1 des Strafgesetzbuches der RSFSR *(Russische Föderative Sozialistische Sowjetrepublik)* und die entsprechenden Gesetze in anderen Republiken der Union sehen für die Verbreitung verleumderischer Erfindungen, die das Staats- und Gesellschaftssystem diffamieren, lange Haftstrafen vor. Diese Gesetze werden angewendet, um Menschen wegen bloßen Informationsaustausches, wegen der Äußerung von Ideen, welche die KPdSU nicht billigt, sowie wegen der Lektüre und des Besitzes unerlaubter Bücher und Manuskripte, in Gefängnisse, Arbeitslager und psychiatrische Spezialkliniken zu schicken. Besonders streng wird verfolgt, wer Informationsschriften wie die „Chronik der Laufenden Ereignisse", die „Brüderlichen Nachrichten des Rates der Evangelisch-Christlich-Baptistischen Kirchen", die „Chronik der Katholischen Kirche Litauens" und ähnliches verbreitet.

Wir bitten die Konferenz(teilnehmer), folgende Fragen zu diskutieren und zu beantworten:

Welche Garantien sollten für die Freiheit des Informationsaustausches und die Gedanken- und Meinungsfreiheit in von kommunistischen Parteien regierten Ländern geboten werden? Welche Garantien für ein unabhängiges Gerichtswesen sollte es in solchen Staaten geben? Findet die Konferenz nicht, daß das Fehlen einer unabhängigen Presse in der Sowjetunion auch einen Mangel an freier Meinungsäußerung beweist? Betrachtet die Konferenz die Repressalien gegen Personen wegen der Verbreitung von Samisdat-Informationsbulletins und anderer Periodica, vor allem der „Chronik der Laufenden Ereignisse", als gerechtfertigt? Wie stellt sich die Konferenz zu der Verurteilung von Sergej Kowalew zu sieben Jahren Lagerhaft und drei Jahren Verbannung? Wie denkt die Konferenz über andere politische Prozesse, die in den letzten Monaten überall große Aufmerksamkeit erregt haben? Wie beurteilt die Konferenz insbesondere das Verfahren gegen Mitglieder der Estnischen Demokratischen Bewegung sowie die Prozesse gegen Wladimir Osipow*, Mustafa Dschemilew und den Sekretär der sowjetischen

Zweigorganisation von Amnesty International, Andrej Twerdochlebow?

Bei diesem Appell an die Konferenz der Spitzenfunktionäre der Kommunistischen Parteien erachten wir es als geboten, neuerlich zu einer Amnestie für alle politischen Häftlinge aufzurufen.

Im Prozeß gegen die Estnische Demokratische Bewegung im Oktober 1975 verurteilte der Oberste Gerichtshof der Estnischen Sowjetrepublik Sergej Soldatow und Kalja Mjattik zu sechs Jahren, Mati Kiirend* und Artem Juschkewitsch zu fünf Jahren verschärfter Lagerhaft. In Heft 38 berichtete die „Chronik der Laufenden Ereignisse": „Den Angeklagten wurde die Sammlung, Vervielfältigung und Verbreitung von über vierzig Dokumenten zur Last gelegt, vor allem der ‚Programme der Estnischen Demokratischen Bewegung', der ‚Programme der Estnischen Nationalen Front', der Zeitschriften ‚Der Estnische Demokrat' und der ‚Stimme der Estnischen Nation' in estnischer, sowie der Zeitschriften ‚Demokrat' und ‚Lichtstrahl der Freiheit' in russischer Sprache, eines ‚Memorandums an die Generalversammlung der UNO', eines ‚Briefes an den UN-Generalsekretär Kurt Waldheim' ..."*

Wladimir Osipow, Herausgeber der Samisdat-Zeitschrift „Wetsche", wurde im September 1975 zu acht Jahren verschärfter Lagerhaft verurteilt, seine zweite Strafe gemäß § 70. „Wetsche" ist das mittelalterliche russische Wort für eine Volksversammlung; die neun Nummern des Blattes, die Osipow redigierte, waren wegen ihrer deutlichen Ausrichtung auf Themen der russischen Kultur und nationalen Traditionen bemerkenswert.

Mustafa Dschemilew (Abduldschemil) wurde 1943 geboren und 1944 mit seinem Volksstamm von der Krim depor-

tiert. Er ist einer der Führer der krimtatarischen Bewegung für die Rückkehr in die Heimat. 1966 wurde er wegen seiner Tätigkeit in dieser Bewegung von der Schule verwiesen und wegen Wehrdienstverweigerung zu eineinhalb Jahren Gefängnis verurteilt. 1969 trat er der „Initiativgruppe zum Schutz der Menschenrechte in der Sowjetunion" bei, 1970 wurde er unter der Beschuldigung „der Verbreitung von offenkundigen Lügen zur Diffamierung des sowjetischen Regierungs- und Gesellschaftssystems" gemäß § 190/1 zu drei Jahren Haft verurteilt und 1974 neuerlich zum gleichen Strafmaß, diesmal, weil er sich geweigert hatte, der Einberufung Folge zu leisten. Doch drei Tage vor der fälligen Entlassung aus dem Lager wurde er in das Gefängnis von Omsk überstellt und zwar aufgrund einer weiteren Anklage wegen Verleumdung des Staates. Während er hinter Gittern die Eröffnung des Verfahrens erwartete, führte er aus Protest einen achtmonatigen Hungerstreik durch, wurde aber im April 1976 zu zweieinhalb Jahren verschärfter Lagerhaft verurteilt. Der Schuldspruch stützte sich auf die bei der Voruntersuchung von Dschemilews Zellengenossen Wladimir Dworjansky gemachten Aussagen, die dieser während des Prozesses allerdings mit der Erklärung widerrief, er sei durch Drohungen gegen ihn und seine Familie und durch die Zusicherung, ihm selber werde ein Teil seiner Strafe erlassen, zu dieser Aussage gezwungen worden. In der Folge wurde Dworjansky wegen dieses Widerrufs der falschen Zeugenaussage angeklagt. Zur Begründung des Urteils gegen Dschemilew dienten auch einige Briefe des Sprechers der Tataren und eine von ihm konzipierte „Grundsatzdeklaration der Krimtatarischen Bewegung". Drei Fassungen dieser Deklaration, auf Englisch, Tatarisch und Arabisch, wurden ihm während einer Zellendurchsuchung abgenommen und das Tribunal kam zu dem Schluß, er habe sie mit der Absicht der Verbreitung geschrieben.

Der Physiker Andrej Twerdochlebow war Gründungsmitglied des Moskauer Menschenrechtskomitees. Ein Jahr lang mußte er im Gefängnis auf den Beginn seines Prozesses warten, im April 1976 wurde er zu fünf Jahren Verbannung verurteilt – verkürzt, da jeder Tag in Untersuchungshaft für drei Tage Verbannung zählt –, die er bis zu seiner Entlassung im Januar 1978 in dem Dorf Njurbatschan in der Autonomen Republik Komi zubrachte. Ihm war die Urheberschaft der Flugschrift „Über die Existenzbedingungen politischer Gefangener" und mehrerer Briefe (darunter ein Schreiben an die Internationale Liga für Menschenrechte und ein Appell an den Präsidenten von Südvietnam um Freilassung südvietnamesischer politischer Häftlinge) zur Last gelegt worden, ferner die Beteiligung an gemeinsamen Aufrufen und die Verbreitung von Artikeln Sacharows und Solschenizyns.

Am 25. September 1976 übersandte Sacharow folgende Adresse an eine Versammlung der Internationalen Liga für Menschenrechte:

Ich bin sehr dankbar für die Auszeichnung, die Sie mir durch die Wahl zum Ehren-Vizepräsidenten der Internationalen Liga für Menschenrechte zuteil werden ließen. Mit allen in diesem Saal Versammelten verbindet mich jenes gemeinsame so wichtige Prinzip, das den Kernpunkt der Tätigkeit der Liga bildet – der Vorrang der Menschenrechte vor allen Problemen, mit denen die Menschheit konfrontiert ist.

Ich hoffe, daß ich trotz der Schwierigkeiten für eine Kampagne zum Schutz der Menschenrechte in der Sowjetunion in der Lage sein werde, eng mit der Liga zusammenzuarbeiten. Aber solch eine Zusammenarbeit wird nur dann möglich sein, wenn die Sperre meiner Auslandspost und meiner Telefonverbindungen, welche die sowjetischen Behörden –

mit kurzen Unterbrechungen – seit nun zwei Jahren über mich verhängten, aufgehoben wird.

Heute will ich nicht über all die politischen Gefangenen in der Sowjetunion sprechen, die wegen religiöser Betätigung verurteilt wurden, wegen ihrer Versuche, das Land zu verlassen, wegen der Lektüre und des Besitzes offiziell nicht sanktionierten Schrifttums, die des sogenannten „Nationalismus" beschuldigt wurden und andere. Ich möchte dieses Gremium vielmehr an das Schicksal von Männern erinnern, deren Wirken der Verteidigung der Rechte ihrer Mitmenschen gewidmet war, an jene, die sich damit befaßten, Informationen über Menschenrechtsverletzungen in der Sowjetunion zu sammeln und zu verbreiten. Das sind keine politischen Aktivisten; sie haben keine Aussicht, daß ihre Tätigkeit die politische Struktur unseres Landes verändern kann oder wird; sie streben keinen persönlichen Lohn an, im Gegenteil, ihre Tätigkeit erschwert ihnen und ihren Nächsten das Leben unglaublich, oft bis zum Absinken ins Elend. Dennoch betrachten sie die Leiden jedes unschuldig Verurteilten als ihr eigenes, persönliches Unglück.

Es sind Männer wie Sergej Kowalew, Andrej Twerdochlebow, Wladimir Bukowskij*, Semjon Glusman*, Kronid Ljubarskij*, Gabriel Superfin*, Viktor Chaustow* und Anatoli Martschenko*. Ihr Einsatz und ihre Aktivität machte Bürgern unseres Landes die Menschenrechtsfrage bewußt. Gesundheit und Leben vieler dieser Männer sind nun durch Hunger und Kälte, oft unerträgliche Fronarbeit und andere Härten in den Lagern und in der Verbannung in Gefahr. Genaue Angaben über die Situation jedes einzelnen dieser Männer kann man den Publikationen von Amnesty International, der Chronika Press und anderen entnehmen.

Ich bin überzeugt, daß es unter diesen Umständen – da Einsatz zur Verteidigung der Menschenrechte in zahlreichen Staaten grausam unterdrückt wird – unsere Pflicht ist, die Pflicht der Liga, Freiheit und Leben unserer Freunde und Gefährten im weltweiten Kampf für die Menschenrechte zu schützen.

Anatoli Martschenko, den Sacharow erwähnte, deklarierte sich als Dissident erstmals 1960 durch einen Versuch, aus der Sowjetunion in den Iran zu flüchten; sechzehn Jahre später unternahm ein anderer Sowjetbürger namens Valentin Sosimow das gleiche Wagnis: Im Oktober 1976 gelang es ihm, in einer kleinen Maschine die iranische Grenze zu überfliegen, aber kurz darauf wurde er an die sowjetischen Behörden ausgeliefert. In einem Brief, den Sacharow und seine Frau Jelena Bonner am 29. Oktober 1976 an den Schah und an US-Präsident Ford schrieben – und fünf Tage später dem iranischen Konsul in Moskau übergaben –, riefen sie zu internationalen Bemühungen zur Rettung Sosimows auf:

Mit Bestürzung erfuhren wir, daß Valentin Sosimow, der Pilot, der in den Iran flog und um Asyl in den USA ansuchte, den Sowjetbehörden übergeben wurde. Wir sind sicher, daß Sie sich dem Gefühl der Verantwortung für das Los dieses Mannes nicht entziehen können, der auf humane Behandlung und das internationale Asylrecht gerechnet hatte.

Das Fehlen eines garantierten Rechtes auf Auswanderung trieb Sosimow zu diesem Verzweiflungsschritt, wie so viele vor ihm – jene, die in all den Jahren bei Versuchen, die sowjetische Grenze zu überschreiten, zugrundegingen, jene, die an der Berliner Mauer starben, Simas Kudirka, der litauische Matrose, der von amerikanischen Seeleuten ausgeliefert wurde, jene Juden, die 1970 ein Tribunal in Leningrad schuldig sprach.

Die beiden letztgenannten Fälle sind uns noch besonders lebhaft in Erinnerung. Kudirkas Auslieferung war eine nationale Schande für die USA und nur die darauffolgenden beharrlichen Bemühungen der amerikanischen Behörden tilgten diesen Makel. Die Leningrader Affäre offenbarte deutlich die unheilvollen Charakteristiken sowjetischer Justiz, die nun Sosimow bedrohen. In ähnlichen Prozessen wurde „Flucht über die Grenze" als „Hochverrat" bewertet, obgleich diese Beschuldigung der Logik, ja sogar anderen Paragraphen des Strafrechtes widerspricht. Mit dieser Begründung (des Hochverrats) wurden über die Hauptangeklagten des Leningrader Verfahrens Todesurteile verhängt und nur die Intervention der Weltöffentlichkeit hat ihnen das Leben gerettet.

Sosimow hat nicht Hochverrat begangen, er fügte der Sowjetunion keinen Schaden zu. Er beging keinerlei Akte der Luftpiraterie, denn seine Handlungen gefährdeten kein Menschenleben. Dennoch befürchten wir, daß er in einem Geheimprozeß zum Tod verurteilt werden könnte.

Wir rufen Eure Majestät und Sie, Herr Präsident auf, all Ihren Einfluß geltend zu machen, um Valentin Sosimows Leben zu retten.

Meldungen zufolge wurde Sosimow nicht zum Tod verurteilt, sondern in Lager 37 des Lagerkomplexes für politische Häftlinge in Perm eingeliefert, was darauf hinweist, daß er, wie Kudirka und die Angeklagten des Leningrader Flugzeugentführungsprozesses von 1970, nach § 69 des Strafgesetzbuches der RSFSR (= Hochverrat) schuldig gesprochen wurde.

Im Oktober 1970 sprang Simas Kudirka von einem sowjetischen Fischdampfer auf ein Schiff der US-Coast-Guard, die „Vigilant". Sowjetischen Matrosen wurde es gestattet, an Bord der „Vigilant" zu kommen und Kudirka gewaltsam zu-

rückzuholen. Ein Gericht verurteilte ihn zu zehn Jahren verschärfter Lagerhaft. Doch im Sommer 1974 wurde er zum Bürger der USA erklärt. (Seine Mutter war in den USA geboren, hatte aber nach der Eingliederung Litauens die Sowjetbürgerschaft „erlangt".) Im August kam er frei und durfte in die USA emigrieren.

Am selben Tag, an dem Sacharow den Appell für Sosimow schrieb, verfaßte er auch den folgenden Aufruf, der einen Monat später bei einer dem Thema der politischen Gefangenen gewidmeten Versammlung von Amnesty International in London verlesen werden sollte. In diesem Schriftstück setzt sich Sacharow für zehn namentlich genannte „Gefangene aus Überzeugungsgründen" und für eine allgemeine Amnestie ein, eine Forderung, die er schon seit langem verfocht.

Ich rufe Sie auf, Ihre Stimmen zur Verteidigung von Gefangenen aus Überzeugungsgründen zu erheben. Ihre Leiden, ihr tapferer, gewaltloser Kampf für die edlen Grundsätze der Gerechtigkeit, der freien Entfaltung, des Mitgefühls, der Würde des Menschen und der Nation und für die Meinungsfreiheit verpflichtet uns alle, ihrer nicht zu vergessen und sie aus dem grausamen Würgegriff des Strafvollzugsapparates zu befreien.

Ich will nur einige der bekannteren Gefangenen aus Überzeugungsgründen in meinem Lande erwähnen, hinter jedem von ihnen stehen noch viele andere. Es sind Wladimir Bukowskij, Semjon Glusman, Sergej Kowalew, Mustafa Dschemilew, Valentin Moros*, Petras Paulaitis*, Georgi Wins*, Wasili Romanjuk*, Danilo Schumuk* und Paruir Airikian*. Meine Freunde bei der Versammlung können Ihnen über deren Leben und Leistungen berichten, ich aber möchte nur eines hervorheben: die tragische Situation jedes einzelnen von ihnen.

Ich rufe Sie zum Einsatz für die Freiheit jedes der politischen Häftlinge auf, deren Namen Ihnen bekannt sind; für die Freilassung aller politischen Häftlinge in der Sowjetunion, in Osteuropa und auf der ganzen Welt.

Ich fordere Generalamnestie für politische Gefangene!

Ebenfalls am 29. Oktober übersandte Sacharow dem britischen Premierminister James Callaghan einen Appell zugunsten Wladimir Bukowskijs, einer der bekanntesten Häftlinge aus Überzeugungsgründen:

Hochverehrter Mr. Callaghan!
Ich appelliere an Sie, die in England und in vielen anderen Ländern angelaufene Campagne zur Verteidigung des sowjetischen politischen Gefangenen Wladimir Bukowskij zu unterstützen.

Wegen seines mutigen Eintretens für die Opfer psychiatrischer Zwangsmethoden wurde er zu sieben Jahren Haft und fünf Jahren Verbannung verurteilt. Nun, krank und erschöpft, verbüßt er seine Strafe im Gefängnis von Wladimir, das für seine barbarischen Haftbedingungen berüchtigt ist: für die Qualen in seinen feuchten Strafzellen, unerträgliche Kälte, Hunger und hermetisch abgeschlossene, stickige Gelasse.

Bukowskijs Geschick, sein edler, gewaltloser Kampf, verbindet ihn mit hunderten anderen Gefangenen aus Überzeugungsgründen in der Sowjetunion – mit Kowalew, Glusman, Dschemilew, Wins, Romanjuk, Schumuk und anderen. Wenn wir für Bukowskijs Freilassung kämpfen, dann kämpfen wir auch für sie alle.

In dieser Ära der Entspannung sollte es nun viel größere Berechtigung und Möglichkeiten geben, immer und überall einzuschreiten, wenn Menschenrechte – die Freiheit des Glaubens, der Bewegung und des Informationsaustausches – verletzt werden. Gleichzeitig und im gleichen Ausmaß mehrten sich auch auf der ganzen Welt die Menschenrechtsverletzungen und die allgemeine Verantwortung, gegen solche Übergriffe einzuschreiten. Diese Möglichkeit und Verpflichtung gilt besonders für Regierungschefs, die an Gipfeltreffen teilnehmen, denn im Verlauf solcher Kontakte kann jede Erwähnung eines bestimmten Namens oder eines bestimmten Falles entscheidende Auswirkungen haben.

Bei meinem heutigen Appell an Sie baue ich auf Ihr menschliches Mitgefühl und Ihre aktive Unterstützung der Bestrebungen, Wladimir Bukowskij und andere politische Häftlinge in der Sowjetunion, den Ländern Osteuropas und der ganzen Welt zu befreien.

Am nächsten Tag, dem 30. Oktober 1976, übergab Sacharow einem amerikanischen Korrespondenten in Moskau schriftliche Antworten auf Fragen über die Lage der sowjetischen politischen Gefangenen. Aus diesem „Interview" – es wurde niemals in den USA veröffentlicht, aber Teile erschienen in der norwegischen Presse – stammen folgende Absätze:

Frage: Das Sowjetregime erklärt, die Dissidenten Sergej Kowalew und Andrej Twerdochlebow seien des Verstoßes gegen sowjetische Gesetze für schuldig befunden worden. Können Sie etwas über die sowjetische Rechtslage sagen?

Sacharow: Was dem sowjetischen Rechtssystem in seiner Gesamtheit fehlt, ist die Tradition der Unparteilichkeit, der richterlichen Unabhängigkeit und der Wahrung des Rechtes als abstraktem Konzept. Das zeigt sich nicht nur bei der Behandlung von Dissidenten. Ich erhalte hunderte von Briefen von Verzweifelten oder von ihren Verwandten, die wegen krimineller (nicht politischer!) Delikte verurteilt wurden. Selbst wenn ich die subjektive Einstellung der Briefschreiber berücksichtige, erfüllt mich das Bild, das sie entwerfen, dennoch mit Entsetzen, denn es offenbart richterliche Willkür und Korruption, Grausamkeit und bei Amtsträgern den Mangel jeglicher Bereitschaft, dem Unrecht oder den Übergriffen zu steuern. Ohne sich die Mühe zu nehmen, stichhaltige Beweise zu sammeln, prügeln die Untersuchungsorgane (entweder selbst oder mit Hilfe anderer Häftlinge) einfach das erforderliche Geständnis aus dem Beschuldigten heraus. In fast jedem Brief, den ich bekomme, lese ich über solche Vorfälle. In Kasachstan starb auf diese Art ein Neunzehnjähriger namens Igor Brusnikin*. Zum Glück hören wir heute bei politischen Fällen nichts von solchen Methoden.

Manche Gerichte verfahren selbst bei schwerstwiegenden Delikten, wie etwa geplantem Mord, auf dem die Todesstrafe steht, äußerst oberflächlich, unter Mißachtung aller Gegenbeweise und Anträge der Verteidigung. Der Fall des tatarischen Arbeiters Rafkat Schaimuchamedow*, der im Januar 1976, nach zwei Jahren in der Todeszelle, von einem Erschießungskommando hingerichtet wurde, ist ein erschreckendes Beispiel dafür, wie erbarmungslos und rechtswidrig unser Justizapparat manchmal arbeitet. (Der Anklagevertreter und offensichtlich zugleich auch Initiator dieses Verfahrens hieß Bebkojew.)

Nehmen wir an, ein politischer Fall kommt vor ein *solches* Gericht – ein Fall, dessen Urteil bereits von höheren Instanzen des KGB gefällt wurde: Die Mitglieder des Tribunals wissen ganz genau, daß jede „freie Entscheidung“, die sie eventuell treffen, nur ihren Karrieren schaden würde. KGB-Agenten in Zivil schirmen den Verhandlungssaal gegen alle unerwünschten Beobachter dieser Justizfarce ab. Kann man unter solchen Umständen ein faires Urteil erwarten?

Wie so viele vor ihnen wurden Kowalew und Twerdochlebow nach §§ 70 und 190/1 des Strafgesetzbuches der RSFSR schuldig gesprochen. Der Inhalt dieser Paragraphen – „antisowjetische Agitation und Propaganda“, „verleumderische Erfindungen“, der Vorsatz, das sowjetische Staats- und Gesellschaftssystem zu schädigen oder zu schwächen“ – wurde niemals juristisch definiert. Die eventuelle Unrichtigkeit der Erklärungen oder Publikationen, die als Belastungsmaterial gegen den Angeklagten herangezogen werden, könnte vom Gericht gar nicht nachgewiesen werden, einfach deshalb, weil solche Dokumente sich mit eben jenen Verletzungen der Menschenrechte befassen, die in unserem Land ja an der Tagesordnung sind. Das Ergebnis: Wir haben reine Demagogie – das finden Sie in der sowjetischen Presse bestätigt, die berichtet, daß Kowalew und Twerdochlebow nicht wegen ihrer Überzeugung, sondern wegen „bestimmter krimineller Akte der Verleumdung“ verurteilt wurden.

Ebenso schwierig ist es, den Vorsatz subversiver Tätigkeit gegen das Sowjetsystem nachzuweisen. Die Ziele des gewaltlosen Kampfes für Menschenrechte, für freie Diskussion und Gerechtigkeit, für eine Öffnung der sowjetischen Gesellschaftsform, sind nicht subversiv, sondern konstruktiv, nicht politisch, sondern human und staatsbürgerlich. Die gesamte Menschheit hat ein Interesse an der Verwirklichung dieser Ziele.

Im selben „Interview“ vom 30. Oktober 1976 sprach Sacharow von anderen politischen Härten und – ein ständiges, besonderes Anliegen – von der mangelnden Abstimmung der westlichen Bemühungen, das Verhalten der Sowjets zu beeinflussen:

Frage: Hat Ihrer Ansicht nach die öffentliche Meinung des Westens nun größeren Einfluß auf die Sowjetunion als früher?

Sacharow: Der Ausbau der Kontakte mit dem Westen – wirtschaftlich, technisch, wissenschaftlich und kulturell – eröffnet ein ganzes Spektrum von Möglichkeiten. Dennoch sehen wir in der Praxis, daß trotz der Appelle Tausender für die Freilassung von Bukowskij, Wins, Moros, Glusman, Sergjenko*, Kusnezow*, Stern* und anderer politischer Häftlinge und für die Auswanderung von Slepak, Lerner und Lewitsch die sowjetischen Behörden in ihren Ablehnungen beharren.

Allem Anschein nach wird die Wirksamkeit dieser Kampagnen durch ungenügende organisatorische Koordination gemindert. Aber noch wesentlicher: Jene Personen und Organisationen, die direkte Kontakte mit der Sowjetunion pflegen – vor allem staatliche und legislative Stellen, Wirtschaftsverbände sowie wissenschaftliche, technische und kulturelle Organisationen –, sind nicht intensiv genug engagiert. Ich bin überzeugt, daß es von größter Wichtigkeit wäre, diese Kräfte zusammenzufassen und daß ihre Einigkeit konkrete Ergebnisse zeitigen wird.

Abgesehen von seinen Interventionen für einzelne trat Sacharow seit langem für eine Generalamnestie für Häftlinge ein, die wegen gewaltloser politischer Delikte abgeurteilt worden waren. In der Sowjetunion werden Amnestien häufig zu größeren Nationalfeiern erlassen – am Jahrestag der Oktoberrevolution oder des siegreichen Endes des „Gro-

ßen Vaterländischen Krieges" etwa – und kurz vor dem 60. Jubiläum der Revolution, im November 1977, richteten Sacharow, General Grigorenko und achtunddreißig andere ein Ersuchen an das Präsidium des Obersten Sowjets, in die erwartete Amnestie auch politische Gefangene einzubeziehen.*

Am 5. November wurde laut TASS-Meldung folgenden Personen Amnestie gewährt: Häftlingen mit Strafen bis zum Höchstmaß von fünf Jahren, ehemaligen Frontkämpfern, Inhabern sowjetischer Orden und Ehrenzeichen, Frauen und Minderjährigen. Außerdem Männern über Sechzig, Frauen über Fünfundfünzig, Müttern minderjähriger Kinder, Schwangeren und Invaliden. Ausdrücklich verweigert wurde die Amnestie hingegen gefährlichen Rückfalltätern, Kapitaltätern und „wegen besonders schwerwiegender staatsfeindlicher Aktionen Verurteilten". Dieser Ausschluß betraf alle Dissidenten (außer einer verbannten Frau), für die sich Sacharow so energisch eingesetzt hatte, und enttäuscht gab er folgende Erklärung ab:

Ich empfinde die Entlassung mehrerer tausend Menschen aus den Lagern und Gefängnissen als ermutigend, denn die Lebensbedingungen und die Zwangsarbeit in sowjetischen Strafanstalten sind ungemein hart, und ich freue mich sehr über die Amnestie, eine Entscheidung, die immer einen Akt der Menschlichkeit darstellt.

Leider enthält die heutige Amnestie, wie die früheren, ungerechtfertigte Einschränkungen. Besonders eng ist der Entscheidungsspielraum für Gefängnisbehörden, deren Bewertung eines Häftlings ja als Kriterium für Anwendung oder Verweigerung der Amnestie im Einzelfall gilt. Es scheint sogar, daß dieser Erlaß darauf zielt, jede wesentliche Verringerung des Potentials an Arbeitskräften für die Bauvorhaben und Industrie im Fernen Osten und im Hohen Norden zu verhindern.

Ich bin tief darüber enttäuscht, daß Gefangene aus Überzeugungsgründen, jene Menschen, die leiden, ohne irgendein Verbrechen begangen zu haben, von der Amnestie ausgeschlossen bleiben. Diese Menschen lehnten Gewalt ab, ihre einzige Waffe ist das freie Wort. Sie leiden für ihr Eintreten für die Menschenrechte, für ihr Streben nach Öffnung (des Gesellschaftssystems) und ihre religiöse Praxis.

Ebenso desillusionierend ist es, daß weder die Insassen psychiatrischer Spezialkliniken noch jene Personen erwähnt sind, die wegen des Versuchs verurteilt wurden, ein Land zu verlassen, das keine legale Auswanderung kennt, und ich bin bestürzt darüber, daß kein Erlaß zur Abschaffung der Todesstrafe erfolgte, was wesentlich und menschlich gewesen wäre.

Die Unterdrückung von Häftlingen aus Überzeugungsgründen in der Sowjetunion ist eine Herausforderung an die Weltöffentlichkeit. Ich bin sicher, daß früher oder später Gerechtigkeit und Vernunft triumphieren werden.

Das Jahr, das so enttäuschend endete, hatte mit Hoffnungen begonnen, die sich vielfach auf eine energische westliche Menschenrechtspolitik unter der Führung des neugewählten US-Präsidenten Jimmy Carter gründeten. Sacharow hatte Carters Wahl begrüßt und diesen bereits vor der Inauguration gebeten, bei einem besonders verwerflichen Willkürakt der Sowjetjustiz zu intervenieren.

Der Fall betraf einen völlig unbekannten ukrainischen Kunstschreiner namens Pjotr Wasiljewitsch Ruban. Am 29. Dezember 1976 verurteilte ihn das Oblast-Gericht in Tschernigow wegen Diebstahls von Staatseigentum in beson-

ders großen Mengen und wegen der Betätigung als Privatunternehmer zu acht Jahren Lagerhaft und fünf Jahren Verbannung. Ruban, der 1973 nach Verbüßung einer fünfjährigen Haftstrafe – offenbar für seine nationalistische Einstellung – aus einem Arbeitslager entlassen worden war, hatte ein Andenken zur 200-Jahr-Feier der USA gefertigt – eine hölzerne Buchkassette mit der Freiheitsstatue in Einlegearbeit. Dieses Stück verschwand aus seiner Werkstatt. Nach dem Diebstahl wurde Ruban selbst verhaftet und eines Verbrechens im Sinn der Veruntreuung bezichtigt, weil er kleine Holzteile verwendet hatte, die nach Ansicht des Gerichtes einen Wert von 772 Rubel hatten (was etwa fünf Monatslöhnen eines sowjetischen Durchschnittsarbeiters entspricht), um Souvenirs zum Verkauf in einem staatlichen Laden herzustellen.

Selbst die sowjetische Gerichtsbarkeit fand diese Strafbemessung kaum vertretbar. Nach einer Berufung wurde das erste Urteil aufgehoben, doch in einem neuerlichen, sieben Tage dauernden Verfahren, das am 20. April 1977 endete, wurde Ruban eines völlig anderen Deliktes beschuldigt und zwar der antisowjetischen Agitation. Als Beweismittel dienten Eintragungen in seinem Tagebuch aus der ersten Haftzeit. Ruban gab in einer Aussage vor dem Tribunal den Grund für seine Verfolgung an: „Mir wird der Prozeß gemacht, weil ich eine Loslösung der Ukraine von der Sowjetunion wollte und meine Ansichten nicht änderte, obwohl ich fünf Jahre dafür sitzen mußte.“

Er wurde schuldig gesprochen, aber die Strafe fiel etwas geringer aus: Sechs Jahre Haft und drei Jahre Verbannung. Es ist ungewöhnlich – wenn auch nicht gänzlich unbekannt –, daß sowjetische Gerichte einen Kriminalprozeß erneut aufrollen, aber bei einem politischen Verfahren kommt dies äußerst selten vor. Die logische Vermutung liegt nahe, daß diese „legale“ Entscheidung zum Teil auf die Publicity zurückging, die der Westen dem Fall Ruban widmete.

Dazu trug das Telegramm bei, das Sacharow am 3. Januar – also kurz nach dem ersten Urteilsspruch – an den designierten Präsidenten Jimmy Carter richtete:

Aufgrund einer konstruierten Anklage wurde der Künstler Pjotr Ruban zu acht Jahren Lagerhaft und fünf Jahren Verbannung verurteilt. Der wahre Grund ist, daß er eine Erinnerungsgabe für das amerikanische Volk zum 200. Jahrestag der Unabhängigkeitserklärung fertigte: eine hölzerne Buchkassette mit eingelegter Darstellung der Freiheitsstatue. Ich rufe Sie auf, sich für Pjotr Ruban einzusetzen, im Namen der Freundschaft zwischen den einfachen Menschen unserer Länder, der einzigen wahren Garantie für den Frieden.

IV

Der Briefwechsel mit Carter

Sacharows Telegramm in der Sache Pjotr Ruban an den designierten Präsidenten Jimmy Carter markierte nur eine Episode jener Entwicklung, die zu einer größeren politischen Bewährungsprobe der neuen US-Regierung führen sollte. Durch das Versprechen in seiner Antrittsrede, „nicht gleichgültig zu bleiben gegenüber dem Geschick der Freiheit anderswo", war der Präsident auf einen Kurs festgelegt, auf den Sacharow während des Wahlkampfes gedrängt hatte und dessen Verwirklichung er nun lebhaft begrüßte. Kommentatoren in Washington und sogar die Berater des Präsidenten waren allerdings geteilter Meinung über die politische Klugheit von Carters Haltung zur Frage der Menschenrechte und besonders darüber, wie solche Bestrebungen zu realisieren seien, und nur wenige wollten die Sowjetunion zum ersten Ziel der Kampagne oder zum Prüfstein dieser Politik machen. Wie aus den Texten dieses Kapitels hervorgeht, ließen die Ereignisse – viele davon zufällig – das Thema sowjetischer Menschenrechtspraktiken sehr bald in den Vordergrund treten. De facto drängte Sacharow die US-Regierung zur raschen Entscheidung einer damals wie heute brisanten Streitfrage zwischen Ost und West.

Sacharow begann seine Bemühungen während des Präsidentschaftswahlkampfes mit dem folgenden Appell an den amtierenden Präsidenten Gerald Ford und dessen Heraus-

forderer Jimmy Carter. Das Dokument mit der Unterschrift „Voller Hochachtung und Hoffnung – Andrej Sacharow, Träger des Friedensnobelpreises" wurde am 11. Oktober 1976 aus Moskau abgeschickt.

Nun, da die Kandidaten den Wahlkampf um das Amt des Präsidenten der USA führen, die Grundsätze ihrer künftigen Politik präzisieren und dem amerikanischen Volk vorlegen, erachte ich es als wichtig, wieder bestimmte Standpunkte, denen aus meiner Sicht vordringliche Bedeutung zukommt, öffentlich zu äußern.

Ich bin überzeugt, daß die weltweit gewährleisteten politischen und Bürgerrechte zugleich auch die Garantie für internationale Sicherheit, wirtschaftlichen und sozialen Fortschritt und Umweltschutz sind. Glaubens- und Meinungsfreiheit, freier Informationsaustausch, Bewegungsfreiheit und freie Wahl des Landes, in dem man leben möchte – solche Rechte können nicht von den elementaren Problemen getrennt werden, mit denen sich die Menschheit auseinanderzusetzen hat, und bei der Wahrung der Menschenrechte darf es keinen Isolationismus, keinen Eigennutz eines Staates geben.

Indem die Deklaration von Helsinki die Anerkennung dieser Prinzipien auf eine breitere Basis gestellt hat, hat sie damit auch neue Möglichkeiten für internationale Aktionen eröffnet. Hierzu zählt die Kampagne für eine generelle, weltweite Amnestie politischer Häftlinge. Sie wissen, daß es in unserem Land und in anderen Staaten Osteuropas, in China und in vielen Ländern der Dritten Welt und des Westens (gemeint ist: die westliche Hemisphäre) nun Tausende von Häftlingen aus Überzeugungsgründen gibt, in Gefängnissen, Lagern und psychiatrischen Spezialkliniken; verurteilt wegen ihrer Beteiligung am Informationsaustausch, wegen ihrer Überzeugungen, wegen religiöser Betätigung, wegen des Versuchs, das Land zu verlassen. Sie erdulden Kälte, Hunger, äußerste körperliche Anstrengungen, Schikanen und Demütigungen, die der zivilisierten Welt unwürdig sind. Ich rufe Sie auf, in Ihren Bemühungen für die Freiheit der Wahl des Aufenthaltsortes nicht nachzulassen. Ich betone nochmals die außerordentliche Bedeutung des freien, internationalen Verkehrs von Menschen und Informationen, einschließlich ungehinderter Rundfunksendungen.

Ich hege die Hoffnung, daß im traditionellen Geist der Freiheitsliebe und Humanität des amerikanischen Volkes die Verpflichtung, weltweit für die Menschenrechte einzutreten, in der Politik der USA einen noch wesentlicheren Platz einnehmen wird.

Am Tag nach Jimmy Carters Wahlsieg sandte ihm Sacharow ein kurzes, aber überschwengliches Glückwunschtelegramm:

... Ich freue mich sehr über Ihre Wahl. Ihre entschiedenen, unmißverständlichen Erklärungen zum weltweiten Schutz der Menschenrechte sind von enormer Bedeutung und wekken neue Hoffnungen. Ich bin sicher, daß die USA – erfüllt von Mut und Entschlossenheit, stark in ihren demokratischen und ethischen Traditionen, reich an wirtschaftlichen und militärischen Machtmitteln, das erste Land des Westens – ehrenvoll die Bürde tragen wird, welche die Geschichte ihren Bürgern und Führern auferlegt hat.

Als ein Mitglied der Moskauer Gruppe jüdischer „Refuseds-niks“ – denen, wie Benjamin Lewitsch, Alexander Lerner und Wladimir Slepak, die Emigration nach Israel verweigert wurde – am 21. Januar 1976 gemeinsam mit dem amerikani-

schen Anwalt Martin Garbus und dessen Frau Sacharow aufsuchte, trafen sie ihn sehr verstört an. Zweimal seit der Bombenexplosion in der Moskauer U-Bahn am 8. Januar hatte er energisch gewarnt, der KGB werde diesen Anschlag als Vorwand für neue Repressalien gegen Dissidenten benützen. Aber sensationell aufgemachte Andeutungen, es sei denkbar, daß die Regimekritiker in ihrer Enttäuschung von der Gewaltlosigkeit zum Terror übergingen, fanden im Westen mehr Beachtung als die nachdrücklichen Entgegnungen Sacharows und anderer, dies sei nicht der Fall und auch für die Zukunft ausgeschlossen.

Deshalb reagierte Sacharow sehr spontan, als Garbus sich erbötig machte, einen Brief an Präsident Carter zur Beförderung zu übernehmen. Der Amerikaner war nach Moskau gekommen, um mit sowjetischen Funktionären Gespräche über das Verfahren gegen den jungen „Refusednik" Amner Sawurow aus Usbekistan zu führen, der belangt wurde, weil er seinen Inlandpaß nicht vorweisen konnte, den ihm die Behörden bei Erteilung der Emigrationserlaubnis abgenommen hatten. Nun blieben Garbus vor dem Rückflug nach Amerika nur mehr eine oder zwei Stunden. Normalerweise macht Sacharow etwa ein halbes Dutzend Konzepte, ehe er die Endfassung eines Textes schreibt, doch diesmal arbeitete er unter Zeitdruck und Garbus' Begleiter, der „Refusednik", übersetzte das Manuskript sofort, ebenso gehetzt, ins Englische. Die so erstellten Fassungen stimmen weder in der Reihenfolge der Absätze noch inhaltlich völlig überein. Im russischen Original sind beispielsweise die Namen von nur fünfzehn Häftlingen genannt, für die Sacharow an den Präsidenten appellierte, aber in der englischen Übersetzung werden auch Gabriel Superfin und Wasili Fedorenko* erwähnt, was auf die ungewöhnliche Eile hindeutet, in welcher der Brief zustande kam.*

Eine Woche nach der Begegnung in Moskau übergab Garbus Sacharows Schreiben an Beamte des State Department sowie an Reporter der „New York Times" und der „Los Angeles Times". Ein Brief, der nach den Intentionen des Verfassers als private Mitteilung gedacht war, wurde plötzlich zum Ereignis des Tages, als er, geringfügig gekürzt, am 29. Januar in einer großen amerikanischen Zeitung erschien, gerade in dem Moment, als die Amerikaner zu begreifen begannen, welch ernste, schwierige Mission Jimmy Carter mit der Verpflichtung zum Schutz der Menschenrechte übernommen hatte. Hier der Wortlaut des Schreibens in einer redigierten Version aufgrund des russischen Originals und der in Moskau angefertigten englischen Übersetzung:

Sehr geehrter Mr. Carter!
Es ist sehr wichtig, diejenigen zu verteidigen, die leiden müssen wegen ihres gewaltlosen Kampfes für eine offene Gesellschaft, für Gerechtigkeit und für andere Menschen, deren Rechte verletzt wurden. Es ist unsere und Ihre Pflicht, für sie einzutreten. Ich glaube daran, daß sehr viel von diesem Einsatz abhängt: Vertrauen zwischen den Völkern, Vertrauen in idealistische Verheißungen und, letzten Endes, die internationale Sicherheit.

Unsere Lage ist schwer, fast unerträglich; nicht nur in der Sowjetunion, sondern auch in allen osteuropäischen Ländern. Eben jetzt, am Vorabend der Belgrader Konferenz, da das Ringen um die Menschenrechte in Osteuropa und in der Sowjetunion immer härter wird, verstärken die Machthaber ihre Repressionen und Versuche, die Dissidenten in Verruf zu bringen. Sie sind nicht bereit, irgendwelche Zugeständnisse selbst bei jenen Grundrechten zu machen, die für jede Gesellschaftsordnung die wichtigsten sind (Glaubens- und Informationsfreiheit, Meinungsfreiheit, freie Wahl des Aufenthaltsortes etc.), denn sie können sich nicht auf einen ehrlichen Wettstreit der Ideen einlassen.

Die Verfolgung von Mitgliedern der Helsinki-Gruppen in Moskau und der Ukraine und besonders die Provokation in der Moskauer U-Bahn, die wir nur dem Brand des *(Berliner)* Reichstagsgebäudes von 1933 und dem Mord an Kirow im Jahr 1934[1] gleichsetzen müssen, fordern zu schärfster Verurteilung heraus.

Kennen Sie die Wahrheit über die religiöse Situation in der Sowjetunion, die Demütigung der offiziell anerkannten Kirchen und die erbarmungslose Unterdrückung (Haft, Geldbußen, Trennung der Kinder von ihren gläubigen Eltern, sogar Mord, wie im Fall des Baptisten Biblenko*) jener Sekten – Baptisten, Uniaten, Pfingstbewegung, Wahre Orthodoxe Kirche und andere –, welche die Unabhängigkeit vom Staat anstreben? Der Fall Wins* ist das bekannteste Beispiel, und Terror wird auch gegen andere Dissidentengruppen angewandt. Im vergangenen Jahr erfuhren wir von Morden an Dissidenten – der Tod des Dichters und Übersetzers Konstantin Bogatyrew* wurde allgemein bekannt –, nach denen keinerlei Ermittlungen erfolgten.

Es ist sehr wichtig, daß der Präsident der USA seine Bemühungen fortsetzt, um die Freilassung jener Personen zu erwirken, die in Amerika bereits namentlich bekannt sind, und daß solche Anstrengungen nicht vergeblich bleiben. Besonders wichtig ist der unermüdliche Einsatz für die schwerkranken und die weiblichen Häftlinge.

Ich gebe Ihnen eine Liste jener, deren sofortige Freilassung erforderlich ist, aber man muß unbedingt bedenken, daß sich viele andere in ebenso schlimmer Lage befinden. Dies ist die Hauptliste. Es gibt noch sehr viele andere, welche die gleiche Hilfe benötigen, und wir haben kein sittliches

---

[1] Sergej Mironowitsch Kirow, Altkommunist, sowjetischer Politiker. Seine Ermordung war der Auftakt zu den stalinistischen „Säuberungen" der dreißiger Jahre.

Recht, irgendeinen Namen auszustreichen: Kowalew, Romanjuk*, Dschemilew, Swetlitschnij*, Glusman*, Ruban, Stern*, Juri Fjodorow*, Makarenko*, Sergjenko*, Ogurzow*, Pronjuk*, Marija Semjonowa*, Wins*, Moros*, Superfin*, Fedorenko*. (Fedorenko ist seit zwei Jahren im Hungerstreik. Er verbüßt eine dreizehnjährige Strafe wegen Hochverrates, da er, im Fahrgestell eines Zuges hängend, die Grenze zu überschreiten versuchte.) Ausführliche Informationen über jeden der Genannten sind beim Verlag „Chronika Press" zu bekommen; Edward Kline, der Verleger, kennt sämtliche Fälle.

Ich habe schwerwiegende Kommunikationsprobleme: Meine Telefonleitung nach dem Westen ist völlig blockiert, Anrufe erreichen mich nicht und es ist zwecklos, es auf dem Fernamt zu versuchen, da man mir dort immer sagt, der Teilnehmer melde sich nicht. (Ich werde ständig scharf überwacht.) Nachrichtenverbindungen sind eine Voraussetzung für meine öffentliche Tätigkeit und für die gesamte Menschenrechtsbewegung in diesem Land. Ich bitte Sie, in diesem Zusammenhang auf internationaler Ebene Schritte zu unternehmen.

Besonders bitte ich Sie auch, Ihre Stimme zur Verteidigung von Mihajlo Mihajlow *(jugoslawischer Schriftsteller)*, der tschechoslowakischen Gruppe „Charta 77" und des polnischen „Komitees zum Schutz der Arbeiter" zu erheben.

In tiefster Hochachtung
Andrej Sacharow

Am 2. Februar sagte Sacharow zu einem „Newsweek"-Interviewer, daß sein Brief an Präsident Carter nicht zur Veröffentlichung bestimmt gewesen sei. Dazu folgende Passage aus dem Gespräch:

Frage: Sind Sie verärgert, weil Ihr Appell an Präsident Carter publik wurde? Kann der Westen auf dem Weg diskreter Diplomatie mehr erreichen als durch öffentliche Erklärungen?

Sacharow: Ihre Frage berührt zwei völlig verschiedene Themen. Ich messe der Publicity große Bedeutung bei und bin überzeugt, daß der Schutz der Menschenrechte unmöglich ist, wenn die Welt von Verstößen gegen diese Rechte nichts erfährt. Aber, wie ich bereits sagte, halte ich mich nicht für berechtigt, irgendwelche Ratschläge oder Empfehlungen zu geben, welche speziellen Maßnahmen Regierungsinstanzen fremder Staaten ergreifen sollten.

Was meinen Brief an Mr. Carter betrifft, so wurde er während des Besuchs des amerikanischen Anwalts geschrieben, der kaum eine Stunde blieb, weil er sein Flugzeug erreichen mußte. Es war kein Appell, den ich zur Veröffentlichung bestimmt hatte. Ich weiß nicht, warum die „New York Times" ihn abgedruckt hat, doch wenn die Publikation dieses Briefes auch nur einem einzigen der im Text genannten siebzehn Menschen hilft, dann erfüllt mich das mit Genugtuung.

In einem Interview für die CBS am 10. Februar legte Sacharow Washington dringend nahe, in der Frage der Menschenrechte Festigkeit zu zeigen.

Frage: Wie beurteilen Sie die Einstellung der Regierung Carter Ihnen und den anderen Dissidenten gegenüber? Glauben Sie, daß die politischen Schachzüge Washingtons wirksam sind? Was sollte die Regierung Carter sagen oder tun?

Sacharow: Die moralische, mutige Haltung des neuen Präsidenten erfüllt mich mit Hochachtung und Hoffnung. Es bedeutet keine Einmischung in die inneren Angelegenheiten eines anderen Staates, wenn man entschlossen, beharrlich und grundsatztreu zur weltweiten Verteidigung der Menschenrechte antritt. Im Gegenteil, durch solches Vorgehen werden die sittlichen, demokratischen Werte des amerikanischen Volkes und der gesamten Menschheit bewahrt. Es geht um die Sicherung einer Zukunft in Freiheit; für die USA und die ganze Welt.

Ich habe weder das Recht, noch die Möglichkeit, der neuen Regierung Ratschläge zu erteilen, wie sie in bestimmten Situationen handeln soll. Ich kann mir nur erlauben zu sagen, daß jede (interne) Meinungsverschiedenheit, jede Unsicherheit oder jedes partielle Zurückweichen bei der Sowjetmacht den Eindruck erwecken wird, daß die neue Regierung bei Erpressung und Druck nachgibt. Ich bin zutiefst überzeugt, daß dies nicht wirklich eintreten wird, denn jeglicher Anschein von Schwäche wird sich negativ auf alle Aspekte der Ost-West-Beziehungen einschließlich der Verhandlungen über Rüstungsbeschränkungen auswirken. Leider vermittelte die jüngste Affäre um die vom State Department abgegebene Erklärung nach meiner Vorladung bei der Staatsanwaltschaft den sowjetischen Stellen tatsächlich solch einen irreführenden Eindruck der Schwäche oder des Schwankens der neuen US-Regierung. Vielleicht ist dies einer der Gründe für die Welle von Repressionen in letzter Zeit, obwohl völlig klar ist, daß diese Maßnahmen bereits vorher geplant waren. Ich wiederhole: Ich bin absolut überzeugt, daß die sowjetischen Behörden einen falschen Eindruck haben. Die neuesten Erklärungen des Präsidenten und des Außenministers bestärken mich in meinem Glauben und meinen Hoffnungen.

Ich habe oft über das Schlüsselproblem der Wahl des Aufenthaltslandes gesprochen, und Carters Telegramm an Wladimir Slepak während des Präsidentschaftswahlkampfes zeigt, daß der Präsident diese Meinung teilt. Das gibt mir die Hoffnung, daß er sich auch künftig unbeirrbar mit dieser Frage befassen wird.

Die „Affäre“ einer Sacharow betreffenden Erklärung des State Department, die Außenminister Cyrus Vance nicht zur Veröffentlichung freigegeben hatte, bewirkte in der Washingtoner Presse ausführliche Kommentare und auch ernstliche Befürchtungen um das weitere Schicksal des unerschrockenen Sprechers der sowjetischen Dissidenten. Diese Vorgänge sind im VI. Kapitel geschildert.

Die erwähnten Repressionen waren die Verhaftungen der Helsinki-Beobachter Mykola Rudenko und Olexej Tychy* in der Ukraine und Alexander Ginsburgs* in Moskau. Kurz darauf, am Tag des CBS-Interviews, wurde auch Professor Juri Orlow, der Gründer der sowjetischen Helsinki-Gruppen verhaftet. Auf diese Bewegung, ihre Tätigkeit und Sacharows Appelle für sie wird im X. Kapitel eingegangen.*

Am 17. Februar – eine Woche nach dem CBS-Interview – wurde Sacharow in die US-Botschaft in Moskau gebeten, um ein Antwortschreiben Präsident Carters vom 5. Februar in Empfang zu nehmen. Der Wortlaut:

Sehr geehrter Professor Sacharow!
Ich erhielt Ihren Brief vom 21. Januar und möchte Ihnen meine Wertschätzung dafür ausdrücken, daß Sie Ihre Gedanken mir persönlich mitteilten.

Die Menschenrechte sind ein Hauptanliegen meiner Regierung. In meiner Antrittsrede stellte ich fest: „Weil wir frei sind, können wir niemals gleichgültig bleiben gegenüber dem Schicksal der Freiheit anderswo.“ Sie dürfen versichert sein, daß das amerikanische Volk und unsere Regierung weiterhin unsere Verpflichtung wahrnehmen werden, die Wahrung der Menschenrechte nicht nur in unserem Land, sondern auch auswärts zu fördern.

Wir werden uns nach besten Kräften für die Freilassung von Häftlingen aus Überzeugungsgründen verwenden und unsere Bemühungen fortsetzen, eine den Hoffnungen der Menschen entsprechende Welt zu gestalten, in der Nationen verschiedener Kulturen und unterschiedlichen historischen Werdeganges in Frieden und Gerechtigkeit nebeneinander leben können.

Ich freue mich immer, von Ihnen zu hören und wünsche Ihnen alles Gute.

Herzlichst
Jimmy Carter

Hocherfreut gab Sacharow den Text dieses Briefes an westliche Journalisten in Moskau weiter und verfaßte noch am selben Tag sein Antwortschreiben an Carter:

Sehr geehrter Herr Präsident!
Ihr Brief vom 5. Februar, den ich heute erhielt, ist für mich sehr ehrend und eine Hilfe für die vereinte sowjetische und osteuropäische Menschenrechtsbewegung, als deren Teil wir uns betrachten. In Ihrem Brief, wie bereits früher in Ihrer Antrittsrede und in anderen öffentlichen Erklärungen, haben Sie das global gültige Bekenntnis der neuen amerikanischen Regierung zu den menschenrechtlichen Prinzipien bekräftigt. Ihre Bemühungen um die Befreiung politischer Häftlinge sind besonders bemerkenswert.

Anläßlich Ihrer Wahl schrieb ich in einem Glückwunschtelegramm über die Hochachtung, die Ihre Haltung in uns erweckt. Mehrmals äußerte ich schriftlich und mündlich, daß die Verteidigung fundamentaler Menschenrechte kein Eingriff in innere Angelegenheiten anderer Staaten, sondern vielmehr eines der wichtigsten internationalen Anliegen, untrennbar von den Grundfragen des Friedens und des Fortschritts sei. Heute, da ich im Besitz Ihres Briefes bin – und ich vermag das Außerordentliche daran voll zu ermessen –, kann ich dies nur abermals wiederholen.

Ich möchte diese Gelegenheit auch wahrnehmen, um einzelne Fälle zur Sprache zu bringen, einschließlich jener politischen Häftlinge, über die ich Ihnen im Januar schrieb. Einer von ihnen, Sergej Kowalew, leidet an einem bösartigen Tumor. Ich bitte Sie, für seine unverzügliche Einlieferung in das Leningrader Gefängniskrankenhaus zu intervenieren. Und wieder muß ich betonen, daß diese Namen nur willkürlich herausgegriffen sind, und eigentlich glaube ich, daß ich gar kein Recht habe, solch eine Auswahl zu treffen. Das Los vieler, vieler *(anderer)* politischer Gefangener erfordert die gleiche Aufmerksamkeit.

Im Februar wurden vier Mitglieder der Helsinki-Gruppen verhaftet: Alexander Ginsburg, Mykola Rudenko, Olexej Tychy und Juri Orlow, der Führer der Gruppe. Ihre Verhaftung ist eine Herausforderung aller Signatarstaaten des Abkommens von Helsinki und ich bitte Sie, sich dafür einzusetzen, daß Ginsburg und Rudenko, die beide krank sind, gegen Bürgschaft oder Kaution freigelassen werden. Wesentlich ist, daß die Regierungschefs aller Staaten, die den Vertrag von Helsinki unterzeichneten, konkrete Schritte zur Freilassung aller Mitglieder der Helsinki-Gruppe unternehmen, damit diese ihre so wichtige Tätigkeit fortsetzen kann.

Durch ausländische Rundfunksendungen erfuhr ich, daß Sie den Wunsch äußerten, mich zu empfangen, falls ich in die USA kommen sollte, und ich danke Ihnen herzlich für diese Einladung. Zweifellos hätte solch ein Besuch und der persönliche Kontakt für mich besondere Bedeutung, aber leider sehe ich zum gegenwärtigen Zeitpunkt keinerlei Chancen, demnächst eine derartige Reise antreten zu können.

Ich möchte der Hoffnung Ausdruck geben, daß die Bemühungen von Menschen guten Willens, ebenso wie Ihre persönlichen Anstrengungen, Herr Präsident, zu der Verwirklichung jener hohen Ziele beitragen, über die Sie mir schrieben.

Mit der größten Hochachtung

Ihr ergebener
Andrej Sacharow

Der Unterschrift fügte Dr. Sacharow auch seine Moskauer Adresse (Tschkalow-Straße 48 B, Tür 68) und seine Telefonnummer (227-27-20) bei. Am 23. Februar analysierte er in einem Interview für einen Korrespondenten des „France-Soir" die Bedeutung seines Briefwechsels mit dem US-Präsidenten und sprach über den begrenzten Radius seiner Position als Berater des Westens.

Frage: Was hat sich seit Carters Brief für Sie persönlich und für die Sache geändert?

Sacharow: Konkret? Nichts. Für mich persönlich? Nichts. Für unsere Sache? Nun, ich glaube, das ist eine Frage der Zeit. Jene moralischen Kriterien, die, wie Präsident Carter in seinem Brief erklärte, die Basis für die Bemühungen der neuen US-Regierung bilden werden, sind nicht nur im Moment sehr wichtig, sondern auch auf lange Sicht. Wenn der Präsident einer Großmacht davon spricht, kann das Interesse an den Menschenrechten nur wachsen, und das ist sehr günstig.

Aber mir ging es um faktische, rasche Lösungen jener

Probleme, bei denen es auf schnelles Handeln ankommt. In meiner Antwort bat ich den Präsidenten, sofort zu intervenieren, um die Überstellung des schwerkranken Sergej Kowalew in die Wege zu leiten. Doch Kowalew befindet sich noch immer im Lager 36 und hält noch immer seinen Hungerstreik durch, und nur bei sofortiger Einlieferung in eine Klinik kann sein Leben gerettet werden. Außerdem bat ich in meinem Brief um Hilfe für die Freilassung Alexander Ginsburgs und Mykola Rudenkos gegen Bürgschaft oder Kaution. Sieben Personen – unter ihnen meine Frau und ich – haben sich deswegen an die Staatsanwaltschaft gewandt, aber keinen Bescheid erhalten. Ich schrieb, daß die vier Mitglieder der sowjetischen Helsinki-Gruppen auf freien Fuß gesetzt werden sollten, damit die Gruppe ihre wichtige Tätigkeit weiterführen könne, aber alle vier sind noch in Haft. Ich bin sicher, daß diese drei offenen Fragen ohne Beeinträchtigung der SAL-Verhandlungen gelöst werden können und daß man sich so bald als möglich mit ihnen befassen muß.

Da dies leider noch nicht geschehen ist, kann ich nicht sagen, daß sich seit dem Brief des Präsidenten irgendetwas geändert habe.

Frage: Was kann der Westen tun?

Sacharow: Ich meine, daß ich da ebensowenig raten kann wie irgendjemand anderer in unserem Land oder in Osteuropa. Westliche Spitzenpolitiker, Männer des öffentlichen Lebens im Westen, sind einfach besser informiert als wir. Sie leben nicht unter Druck, unter dem Joch der Willkür, ohne freie Presse, ohne Post- oder Telefonverbindungen. Wir können keine Ratschläge geben. Wir sprechen offen aus – und zwar laut –, was hier vorgeht, und hier die Wahrheit zu sagen, ist schon an sich sehr problematisch. Unsere Stellungnahmen sind unser aktiver Einsatz für den Frieden und die Zukunft. Doch die Schlüsse daraus, was geschehen sollte, die muß der Westen selbst ziehen.

Einen Monat später, am 25. März 1976, fragte ein Korrespondent der amerikanischen Rundfunkgesellschaft ABC, ob nicht der Briefwechsel mit Carter, wie man vielfach im Westen höre, das Gegenteil der beabsichtigten Zwecke bewirke.

Frage: Seit Carters Wahl zum Präsidenten wurden einige Dissidenten verhaftet und Ihnen selbst drohte gerichtliche Verfolgung. Manche Leute sagen, Präsident Carters Haltung in der Frage der Menschenrechte habe die Sowjetregierung zu schärferer Unterdrückung der Dissidenten veranlaßt. Sind Sie auch dieser Meinung?

Sacharow: Ganz kategorisch – nein! Repressalien sind für uns etwas Alltägliches. Es gab sie zu Nixons und Fords Zeiten, vor Helsinki und nachher auch. Die neueste Unterdrükkungswelle setzte während der ersten Januartage ein; das heißt, bevor Carter sein Amt antrat. Natürlich, durch öffentliche Erklärungen zum Thema der Menschenrechte übernahm Carter wohl eine gewisse Verantwortung.

Aber wenn den allgemeinen Erklärungen keine gezielten Aktionen folgen, wenn die amerikanische und europäische Öffentlichkeit – gesetzgebende Versammlungen, Unternehmer, wissenschaftliche und kulturelle Organisationen mit Beziehungen und Gewerkschaften – diese Erklärungen und die darin formulierten Prinzipien nicht unterstützen, dann werden nicht nur die Gefangenen in Haft bleiben, sondern es kann auch zu einer weiteren Intensivierung der Repressionen kommen.

Frage: Sowjetische Kommentatoren sagen, Carters Brief an Sie sei eine Einmischung in die inneren Angelegenheiten der Sowjetunion. Stimmen Sie dieser Ansicht zu?

Sacharow: Ein persönlicher Brief, in dem die Sowjetunion nicht einmal erwähnt wird, kann keinesfalls eine Einmischung in innere Angelegenheiten sein.

Die Sowjetregierung teilte Sacharows subtile Differenzierungen hinsichtlich seiner Korrespondenz mit dem Präsidenten keineswegs. An dem Tag, als der Inhalt von Carters Brief in Moskau bekanntgegeben wurde, erschien Botschafter Anatoli Dobrynin im State Department, um einen, wie es die Presse bezeichnete, sehr heftigen Protest einzulegen; andere scharfe Reaktionen folgten in der Sowjetpresse, darunter ein längerer Kommentar im Parteiorgan „Prawda". In einer Rede am 22. März wandte sich Breschnew persönlich gegen „unverhohlene Versuche offizieller amerikanischer Stellen, sich in die inneren Angelegenheiten der Sowjetunion einzumischen". Er sagte, die Sowjetunion werde „Einmischungen niemals dulden ... von welchem Land und unter welchem Vorwand auch immer", aber am allerwenigsten unter dem Deckmantel eines „Klagegeschreis wegen sogenannter ‚Dissidenten' und wegen der ‚Verletzung der Menschenrechte' in sozialistischen Ländern".

In Washington führte der Briefwechsel dazu, daß der Regierungskurs in Fragen der Menschenrechte Schlagzeilen machte, daß aber zugleich ihre politische Klugheit und Realisierbarkeit öffentlich diskutiert wurden.

Diese Debatten setzten sich bis weit ins zweite Jahr der Amtsperiode fort, doch ihre Konturen waren vom ersten Monat an klar erkennbar. Sechs Tage nach der Amtseinsetzung drückte das State Department in einer Erklärung seine Besorgnis um die Verfechter der „Charta 77" aus, und am nächsten Tag folgte die „unautorisierte" Mahnung an Moskau, daß „jeder Versuch, Mr. Sacharow, den seit langem bewunderten, unerschrockenen Vorkämpfer der Menschenrechte, einzuschüchtern, ein Verstoß gegen die international geltenden Regeln wäre". Als die Korrespondenz zwischen dem Weißen Haus und der Tschkalow-Straße bekannt wurde, bezeichneten Carters Kritiker sein politisches Vorgehen sofort als Improvisation und warnten davor, den Kreml unnötig zu provozieren.

Arthur Schlesinger Jr. schrieb im „Wall Street Journal" vom 4. März 1976, das Verhalten des Präsidenten „muß bisher als ein beträchtlicher, sehr ernstzunehmender Erfolg gewertet werden. In seinem Brief an Sacharow sprach sich offensichtlich ehrliche persönliche Anteilnahme aus, und er (Carter) gab damit auch eine in den USA und anderswo weitverbreitete gefühlsmäßige Einstellung wieder, denn die Menschenrechte gehören eindeutig zu jenen Ideen, deren Zeit endlich gekommen ist". Aber der Historiker und einstige Berater des Weißen Hauses warnte sogleich, daß der Entschluß, an Sacharow zu schreiben, nicht als „Teil eines durchdachten politischen Konzepts erscheine", man möge mit solchen Schritten nicht den Eindruck erwecken, es sei „ein neuer Stock" gefunden worden, „um die Russen damit zu prügeln" und „offizielle Predigten an die Welt könnten uns in der Selbsttäuschung bestärken, wir seien allen anderen moralisch überlegen".

James Reston meinte in seiner Kolumne in der „New York Times" vom 19. Februar ironisch, der Brief an Sacharow habe „in der gesamten diplomatischen Bruderschaft höfliches Schaudern" erregt. „Das Beste, was man (dort) für Carter anführt ist, daß es vielleicht der harmlose Mißgriff eines Unerfahrenen gewesen ist." Reston ging auch auf die Erklärung des Sicherheitsberaters Zbigniew Brzezinski ein, die Antwort an Sacharow sei „wohlabgewogen" und „bedächtig". Brzezinski betrachtete den Brief als nicht so „scharf und herausfordernd" wie eine etwaige öffentliche Erwiderung und sagte, es sei notwendig gewesen, schriftlich direkt zu antworten, denn Sacharows Brief einfach zu ignorieren wäre „kaum vernünftig" gewesen. Voll Bewunderung schloß Reston mit der Feststellung, obgleich diese Korrespondenz „einige heikle Fragen aufwirft" ersähe man daraus die Erwägung des Präsidenten „wenn die Sowjetunion durch einen Brief an Sacharow von ihren Versuchen, die Kontrolle über den weltweiten

Waffenhandel zu erlangen, abgelenkt werden kann, dann wäre ein Rüstungsabkommen vielleicht gar nicht so bedeutsam".

Kritischer kommentierte Joseph Kraft in der „Washington Post" vom 24. Februar. Carter „scheint den Stellenwert der Menschenrechtsfrage in der kommunistischen Welt nicht voll erfaßt zu haben" und sei „auf eine energische Entgegnung" der Sowjets auf seine Aktionen und Erklärungen „nicht vorbereitet". „Der Menschenrechtsfaktor ist viel zu bedeutsam, als daß man damit nach der Taktik von Schnellschuß und Schlag-um-Schlag verfahren kann, ohne gründliche Untersuchung der möglichen direkten und peripheren Auswirkungen auf Fragen wie die Rüstungsbeschränkung ... Ein Präsident ist wahrscheinlich besser dran, wenn er den Ehrenschild (der USA) von Zeit zu Zeit unauffällig blank poliert, statt spontan drauflos zu reden."

Kurzum: Sacharows Brief – in Eile geschrieben und nicht zur Veröffentlichung bestimmt – wurde zum Katalysator einer Debatte über amerikanische Außenpolitik, eines noch immer andauernden Meinungsstreits darüber, ob der Einsatz für die Menschenrechte Ost-West-Beziehungen dient oder sie beeinträchtigt. Ein ungenannter Beamter des State Department, den Robert K. Kaiser in der „Washington Post" vom 27. Februar 1977 zitierte, kleidete seine Ansicht in den Vergleich: „Das Ganze ist gewachsen wie Topsy[1] *und regeneriert sich offenbar von selbst." Im Rückblick aber erscheint beides, Sacharows Initiative und Carters Reaktion darauf, als die natürliche, fast unvermeidliche Verbindung zweier Verfechter der Menschenrechte, denen es beschieden war, zusammenzukommen.*

---

[1] Bezieht sich auf eine Figur aus dem berühmten Roman „Onkel Toms Hütte" von Harriet Beecher-Stowe: die kleine Negersklavin Topsy, die auf die Frage nach ihrer Herkunft immer antwortete: „Ich bin einfach gewachsen."

V

Die Bombe in der U-Bahn

Wenn Kommentatoren in Washington und sowjetische Beobachter anfangs nicht recht wußten, was sie vom Bekenntnis der Carter-Regierung zu den Menschenrechten halten sollten, so waren Sacharow und dessen engster Kreis einige Zeit tief bestürzt. Der Grund für diese Befürchtungen war nicht jene Erklärung des State Department vom 27. Januar, in der Besorgnis um Sacharows Sicherheit geäußert wurde, sondern ein kurz darauf folgender Schritt, der wie ein Widerruf dieser Unterstützung auf höchster Ebene wirkte.

Diese Episode, die in diesem Kapitel ausführlich geschildert wird, begann mit einer Bombenexplosion in der Moskauer U-Bahn am 8. Januar 1976 und einem angeblich offiziellen Bericht, in dem der Anschlag mit der Tätigkeit der Dissidenten in Verbindung gebracht wurde. Auf diese Unterstellung konterte Sacharow, der KGB habe möglicherweise die Absicht, die Explosion als Vorwand für neue harte Aktionen gegen Regimekritiker zu benützen. Sein Wagemut, solche Erwägungen offen auszusprechen, trug ihm eine Vorladung in die Generalstaatsanwaltschaft ein, wo ihm eine formelle Rüge und eine Warnung vor möglichen gerichtlichen Nachspielen erteilt wurde.

Zu jenem Zeitpunkt gab das State Department – das gleichzeitig auch seine Beziehungen zur Presse auf eine neue Basis stellte und auch beim Thema Menschenrechte klarere rhetori-

sche Töne anschlug – am 27. Januar eine wie üblich schriftliche Antwort auf die am Vortag gestellte Frage eines Korrespondenten. (Am 26. Januar war nämlich in Washington die Nachricht von Sacharows Verwarnung veröffentlicht worden.) Die Erklärung des State Department lautete: „Wir bewundern Andrej Sacharow seit langem als einen unerschrokkenen Verfechter der Menschenrechte in der Sowjetunion. Er ist, wie Sie wissen, ein prominenter hochgeachteter Wissenschaftler und Nobelpreisträger, der mit beträchtlichem Risiko für die Respektierung der Menschenrechte in seiner Heimat arbeitete. Jeder Versuch der sowjetischen Behörden, Mr. Sacharow einzuschüchtern, wird die legitime Kritik in der Sowjetunion nicht zum Schweigen bringen und mit geltenden Normen der Menschenrechte in Konflikt geraten."

Am Abend desselben Tages beschwerte sich der sowjetische Botschafter Dobrynin telefonisch bei Außenminister Vance über diese Stellungnahme. Vance, der gerade einen Bescheid des Kreml zu seinem Angebot erwartete, nach Moskau zu kommen, um eine weitere SALT-Runde zu beginnen, gab tags darauf bekannt, er sei sehr ungehalten darüber, daß er mit einem Protest gegen eine Erklärung konfrontiert werde, die er nicht einmal nach ihrer Bekanntgabe gesehen, geschweige denn vorher gebilligt habe. In der Presse der USA erschienen prompt allerlei „Inside Stories" über den „Wakkelkontakt in unserem System", wie ein „höherer Beamter" einem Reporter gegenüber diese Panne bezeichnete.

Für Sacharow, der die Informationen bruchstückhaft durch den westlichen Rundfunk erhielt, hatte es den Anschein, daß sich die US-Regierung von ihm abwende. Dieser Eindruck und damit seine Spannung verstärkte sich noch, als Journalisten, die den Präsidenten auf einem Hubschrauberflug von Pitsburgh nach Washington begleiteten, am 30. Januar meldeten, Carter habe die Haltung des State Department gutgeheißen, sie entspreche „meiner Einstellung", doch, so habe er hinzugefügt „vielleicht hätte ich oder Minister Vance das selber sagen sollen". Laut „New York Times" erklärte er in einem informellen Gespräch: „Wir werden (in der Menschenrechtsfrage) nicht zurückstecken", aber zugleich tadelte er auch „Sensationsmache, die darauf abzielt, Regierungen in Zugzwang zu bringen" oder „ihnen zu predigen". Außerdem wurde Carters Ausspruch zitiert, es sei wichtig, daß die Sowjetunion sich über „unsere tiefe innere Bindung an die Menschenrechte und andererseits unser Bestreben, mit ihr (der Sowjetunion) in Frieden zu leben" völlig klar werden müsse.

Wenige Tage später war der Vorfall mehr oder weniger vergessen, die US-Regierung präzisierte ihren Standpunkt durch noch deutlichere Kommentare des Ministers und des Präsidenten und am 5. Februar sandte Carter seinen persönlichen Brief direkt an Sacharow. Doch bis zum Empfang dieses Schreibens lebte der Physiker in quälender Ungewißheit über die Auswirkungen der im Text folgenden Erklärung, mit der er einen Stein ins Rollen gebracht hatte. Sie stammte vom 12. Januar, also aus der Zeit, in der Sacharow noch unter dem Schock des Sprengstoffanschlags in der Moskauer U-Bahn stand und schlimmste Befürchtungen hegte.

Am 8. Januar ereignete sich in der Moskauer U-Bahn eine Explosion. TASS gab bekannt, der Schaden sei gering, einige Verletzte seien ärztlich versorgt worden, jedoch ist nun offenkundig, daß der Zwischenfall in Wahrheit ernstere Ausmaße hatte: Nach mündlichen Augenzeugenberichten, die in Moskau zirkulieren, wurden nicht weniger als vier Personen – möglicherweise sogar sieben oder acht – getötet, unter ihnen ein kleiner Junge, der die Ferien in Moskau verbrachte. Dutzende wurden schwer verletzt.

Aus den verschiedenen Schilderungen ergibt sich eine ziemlich übereinstimmende Darstellung des Vorfalls, im wesentlichen mit folgendem Ablauf: Fahrgäste in dem vom Anschlag betroffenen Wagen bemerkten, daß zwei junge Männer (nach einer anderen Version drei junge Männer und eine junge Frau), die in der Station Ismailowskaja ausstiegen, auf einem Sitz eine Aktenmappe zurückgelassen hatten. Einige Minuten später kam es zu der Explosion. Diese Angaben über den Hergang schließen Zufall oder Fahrlässigkeit aus und meiner Meinung nach ebenso die Möglichkeit, daß der Anschlag die Tat eines einzelnen Irren war, der allein oder ohne Sachkenntnis handelte.

Die TASS-Meldung über die Explosion erschien am 10. Januar, zwei Tage nach dem Ereignis. Ebenfalls am 10. Januar publizierte Victor Louis[1], bekannt für seine KGB-Kontakte, einen Artikel in den Londoner „Evening News“, in dem er ungenannten offiziellen sowjetischen Gewährsleuten die Behauptung zuschrieb, sowjetische Dissidenten seien für dieses grauenhafte Verbrechen verantwortlich. Leider wurde diese eindeutig provokante Darstellung dann von gewissen westlichen Presseagenturen übernommen.

Ich weiß nicht, was der KGB als nächstes plant, aber ich glaube, daß es jetzt wesentlich ist, die Aufmerksamkeit der Weltöffentlichkeit auf einige ausschlaggebende Fakten zu lenken, die in ihrer Gesamtheit keinen Zweifel darüber zulassen, wer in Wahrheit die Akte des Terrors, der Provokation, der Fälschung, der Einschüchterung und der Verleumdung zu verantworten hat.

In den letzten Jahren zeichnete sich ein gewisser Erfolg des Kampfes für die Menschenrechte in der Sowjetunion und in Osteuropa ab. Das Abkommen von Helsinki eröffnete neue Möglichkeiten in dieser Richtung. Nun erfährt die Welt mehr über Menschenrechtsverletzungen in diesem Teil

---

[1] Sowjetischer Korrespondent in London.

des Erdballs und begreift besser denn je, daß es ohne weltweite Verteidigung der Menschenrechte weder Vertrauen noch Sicherheit auf internationaler Ebene geben kann.

Da der Einsatz für die Menschenrechte in der Tschechoslowakei, der Sowjetunion, Polen und Ostdeutschland auf der Basis legaler, verfassungsgemäßer Vorstellungen erfolgt, wird zugleich die psychische Befreiung verfochten und auch das Fundament für dringend nötige demokratische Reformen gelegt. Besonders wichtig ist die Feststellung, daß die Tätigkeit jener, die man gemeinhin Dissidenten nennt und die in diesen Ländern für die Menschenrechte kämpfen, von einer totalen, prinzipiellen Ablehnung der Gewalt oder der Verhetzung getragen ist. Unser Hauptziel und zugleich unsere einzige Waffe ist die öffentliche Diskussion aufgrund genauer, möglichst lückenloser Informationen. Diese konsequente prinzipientreue Haltung ist der ausschlaggebende Faktor für den Erfolg und das moralische Gewicht der Dissidenten.

Eben aus diesen Gründen können jene staatlichen Machtapparate, welche die Freiheit des Denkens auszutilgen und den Totalitarismus zu festigen trachten, den Dissidenten auf legaler Ebene oder im offenen, ehrlichen Dialog nichts entgegensetzen. Ich bin überzeugt, daß diese Situation die Ursache für gesetzlose Prozesse unter Ausschluß der Öffentlichkeit, Willkürurteile, grausame Schikanen in Gefängnissen und Arbeitslagern, Verbannung, Mißbrauch der Psychiatrie und berufliche Entlassungen ist. Aber die moralische Autorität der Dissidenten wächst in unseren Ländern und auf der ganzen Welt. Angesichts dieser Bedingungen hat sich die repressive Staatsmacht – wie allzuviele Beweise zeigen – nun zunehmend auf immer krassere, rein kriminelle Methoden verlegt. Diese erinnern nicht nur an die Verhältnisse in Italien und Deutschland unter dem Faschismus, sondern auch an die unseres eigenen Landes während derselben Zeit.

Die Methoden sind Überfall, Mißhandlung, Fälschung, Provokation, Diffamierung, Morddrohung und offensichtlich sogar politischer Mord in höherem Auftrag. Im vergangenen Jahr starben mindestens fünf Personen unter verdächtigen Umständen: Biblenko*, der einer vom Staat verfolgten Baptistenkongregation angehörte; der arbeitslose Jurist Jewgeni Brunow, der wenige Stunden nach einem Besuch bei mir den Tod fand; der litauische Techniker Tamonis*, der vom KGB drangsaliert worden war, die Lehrerin und aktive litauische Katholikin Lukschaite* und der bekannte Dichter und Übersetzer Konstantin Bogatyrew*, ein ehemaliger Lagerhäftling der Stalin-Ära, der durch seine unbekümmert gepflegten freundschaftlichen Verbindungen zu Ausländern die Behörden verärgert hatte. In all diesen Fällen, wohlgemerkt, hörten wir nichts von Untersuchungen oder Ermittlungen über die Täter. Meiner Ansicht nach ist es unmöglich, diese Fälle einfach als gewöhnliche Verbrechen hinzustellen.

Die Verantwortlichkeit der Repressionsapparate wird noch deutlicher, wenn man bedenkt, wie oft zu Morddrohungen gegriffen wird. Nur einige Beispiele: Auf einer Neujahrskarte an Alexander Galitschs Mutter stand: „Es wurde beschlossen, Ihren Sohn zu töten." (Der Schriftsteller) Lew Kopelew wurde durch Drohungen geängstigt, als Konstantin Bogatyrew auf dem Totenbett lag. Drohungen richteten sich gegen die schwangere Frau des georgischen Dissidenten (Swiad) Gamsachurdia*. Meine nächsten Angehörigen und ich haben das gleiche unzählige Male erlebt. (Erst heute erhielten wir wieder ein Konvolut von zwölf ähnlichen Briefen, diesmal angeblich aus Norwegen, obwohl wir keinen einzigen Neujahrswunsch aus Norwegen oder irgendeinem anderen fremden Land bekommen hatten.)

Nicht weniger verabscheuenswert ist die Verleumdung, die darauf abzielt, Dissidenten in den Augen vertrauensvoller, uninformierter Menschen in der Sowjetunion und im Westen zu diskreditieren. Kürzlich beschuldigte die Sowjetpresse ohne jeden Grund Wladimir Bukowskij* der Formierung einer Terroristengruppe. Heute erkenne ich eine Querverbindung zwischen diesen Anwürfen und dem neuesten Artikel von Victor Louis. Alexander Ginsburg*, Juri Orlow* und die Helsinki-Gruppen wurden wiederholt verleumdet. Die Falschmeldungen, daß Hausdurchsuchungen bei Gruppenmitgliedern Beweise für deren Kontakte zum NTS (Emigrantenorganisation Narodno – trudowoj – sojus = Volksbund der Werktätigen) erbracht hätten, gab TASS schon heraus, bevor diese Polizeiaktionen überhaupt erfolgt waren. Im vergangenen Jahr war meine Frau das Opfer ungeheuerlicher Diffamierungen in TASS-Berichten, der Sowjetpresse, ausländischer pro-sowjetischer Zeitungen und in von Lügen strotzenden Briefen, die vorgeblich aus dem Ausland an hunderte Adressen geschickt wurden.

Die Taktik, Devisen, pornographische Schriften und ähnliches während der Hausdurchsuchungen zu unterschieben, ist ein neues Phänomen, aber bereits frühere derartige Aktionen trugen deutlich den Stempel einer Unterweltsmentalität. Es ist unmöglich, die genaue Zahl der Schreibmaschinen und Tonbandgeräte zu ermitteln, die ohne richterlichen Befehl konfisziert und ihren Besitzern niemals zurückerstattet wurden. Die letzte Hausdurchsuchung bei Alexander Ginsburg setzte einen neuen Rekord: Außer der Schreibmaschine und dem Tonbandgerät, wie üblich, beschlagnahmte die Polizei 5000 Rubel in bar, eine Summe, die als finanzielle Hilfe für Familien politischer Häftlinge bestimmt war, sowie Ginsburgs gesamte eigene Barschaft und ein Radio.

Westliche Leser haben sich an die Vorstellung gewöhnt, daß in ihren Ländern verschiedene Extremisten-Organisationen und Verbrecherbanden existieren, gleichzeitig aber auch staatliche Behörden, die – mit einigen traurigen Ausnahmen – Recht und Gesetz schützen, und diesen Lesern fällt es schwer zu glauben und zu begreifen, daß hier die Dinge völlig anders liegen, daß die Handvoll Menschen, die sich einmal alljährlich auf dem (Moskauer) Puschkin-Platz versammeln, um demonstrativ ihre Achtung vor dem Gesetz und der Verfassung zu bekunden, die Dissidenten sind und jene, von denen sie vertrieben werden, die Organe des Staates. Aus solchem mangelnden Verständnis resultiert die Verwirrung und die oft unkritische Einstellung, die abgekarteten Provokationen wie Victor Louis' Artikel eine gutgläubige Aufnahme sichern.

Ich kann mich des zwingenden Eindrucks nicht erwehren, daß der Sprengstoffanschlag in der Moskauer U-Bahn mit seinen tragischen Todesfällen eine neuerliche Provokation der Kräfte der Unterdrückung ist, die gefährlichste in den letzten Jahren. Eben diese Empfindung und damit auch die große Sorge, daß diese Provokation einen Wechsel des innenpolitischen Klimas im Lande bewirken könnte, haben mich zu diesem Artikel veranlaßt. Ich wäre überglücklich, wenn sich meine Befürchtungen als unbegründet erweisen sollten.

Auf jeden Fall hege ich die Hoffnung, daß diese verbrecherischen Akte der Unterdrückungsorgane weder Anzeichen einer neuen Taktik sind, die darauf abzielt, den „Volkszorn" gegen die Regimekritiker zu mobilisieren, noch darauf schließen lassen, daß diese Taktik von oben offiziell gebilligt wurde. Vielmehr würde ich gern glauben, daß dies nur die kriminelle Entgleisung gewisser Kreise war, die ihre eigene Macht und ihren Einfluß zu vergrößern sucht, aber unfähig ist, eine Kontroverse auf ehrliche Art argumentativ auszutragen.

Ich rufe die Weltöffentlichkeit auf, offizielle Nachforschungen über den Moskauer Sprengstoffanschlag vom 8. Januar unter Beiziehung ausländischer Experten und Juristen zu fordern und hoffe, daß weltweite Wachsamkeit, Verständnis für die Gegebenheiten unseres Systems und Solidarität aller redlichen Menschen der ganzen Welt dieser gefährlichen Entwicklung Einhalt gebieten werden. Ich appelliere an die Menschen, ihre Stimme gegen Verbrechen, Provokation und Verleumdung zu erheben, nicht nur zur Verteidigung der Dissidenten in der Sowjetunion, sondern auch im Namen der Entspannungspolitik, des Vertrauens zwischen den Staaten und der Zukunft der Menschheit.

Victor Louis bestritt zwar, in seinem Artikel oder sonst angedeutet zu haben, die Dissidenten könnten irgendwie bei dem Anschlag die Hand im Spiel gehabt haben, aber sie selbst teilten Sacharows tiefe Befürchtungen, daß sie als Schuldige eines Gewaltaktes angeprangert würden, obwohl sie Gewalt seit je verworfen hatten, und daß die westliche Presse leichtfertig diese Verleumdungskampagne begünstige. Wie in Nr. 44 der „Chronik der Laufenden Ereignisse“ berichtet wurde, hatte sich einen Tag bevor Sacharow die westlichen Massenmedien „extremer Verantwortlosigkeit“ bei der Weitergabe des Louis-Artikels bezichtigte, ein ehemaliger politischer Gefangener zu Wort gemeldet: Leonid Borodin, der wegen seiner Zugehörigkeit zu einer russischen christlich-nationalistischen Organisation verurteilt worden war. „Hätte sich jemand vorgenommen, alle Formen der Opposition in der Sowjetunion auszuschalten, dann wäre die Verübung von Terroranschlägen genau der richtige Weg dazu“, schrieb er. „Der Westen muß begreifen, daß das, was ihn momentan als Sensation fasziniert, uns im Kern unserer Existenz trifft.“

Zwei Tage nach Sacharows Appell hoben auch Sprecher der Helsinki-Gruppen und anderer Bewegungen eindringlich hervor, die Presse möge streng zwischen gewaltlosem Widerstand und Terrorismus unterscheiden. In einer gemeinsamen

Erklärung betonten Generalmajor Pjotr Grigorenko und Professor Juri Orlow warnend: „Die Situation erinnert bedenklich an den Reichstagsbrand (1933)." Und tatsächlich hatten Ermittlungsorgane kurz nach der Explosion drei außerhalb Moskaus lebende ehemalige politische Häftlinge und Wladimir Albrecht, den Sekretär der Amnesty International-Gruppe der Hauptstadt, laut der „Chronik", „unbegründeten Verhören" unterzogen. Außerdem wurde dem erst am 22. Januar aus dem Zuchthaus von Wladimir entlassenen Kronid Ljubarskij* bei seiner Meldung auf der lokalen Polizeistation mitgeteilt, wäre er etwas früher auf freien Fuß gesetzt worden, dann hätte er für den Tag des Sprengstoffanschlags ein Alibi erbringen müssen.*

Am meisten beunruhigte die Familie Sacharow das Verhör Wladimir Rubzows, eines guten Freundes von Jankelewitsch. In einer Pressekonferenz am 18. Januar schilderte Sacharow diese Vorgänge.

In meiner Erklärung vom 12. Januar äußerte ich meine Bestürzung darüber, daß der KGB den U-Bahn-Anschlag vom 8. Januar als Vorwand für verstärkten Druck auf Dissidenten benützen könnte.

Heute kann ich sagen, daß sich meine Befürchtungen bereits zu bewahrheiten beginnen.

Ich möchte Sie mit Wladimir Rubzow bekanntmachen, einem der besten Freunde meines Schwiegersohnes Jefrem Jankelewitsch und guten Freund meiner Familie. Rubzow ist Arbeiter, Elektriker, verheiratet, mit einem vierjährigen Sohn; er selbst ist achtunddreißig Jahre alt. Vier Tage nach der Explosion in der Moskauer U-Bahn, also zwei Tage nach der TASS-Meldung und der Veröffentlichung des Artikels von Victor Louis, kamen zwei KGB-Agenten in seine Wohnung und fragten ihn, wo er sich am Samstag – dem Tag der Explosion – aufgehalten habe. Sie sagten auch, er solle versuchen, sich genau zu erinnern, da dies wichtig sei. Sie gaben keinerlei Erklärungen, warum sie gerade daran interessiert waren, sondern sagten nur, es sei wichtig im Zusammenhang mit einem Unfall der öffentlichen Verkehrsmittel.

Rubzow antwortete, er sei zuhause gewesen, daraufhin sagten die beiden: „Ihr Bruder bestätigt das nicht."

Später wurde festgestellt, daß Rubzows Bruder sich aus ethischen Gründen geweigert hatte, Fragen zu beantworten, die nicht ihn betrafen, aber er keineswegs bestritten hatte, daß Wladimir Rubzow zuhause gewesen sei. Am 16. Januar kamen die Agenten wieder und stellten die gleichen Fragen, worauf ihnen Rubzows Bruder mitteilte, Wladimir habe den ganzen 8. Januar zuhause verbracht. Diese Gespräche mit Rubzow und seinem Bruder waren von kaum verhüllten Drohungen begleitet und voller Anspielungen auf Rubzows Beteiligung an gewissen, nicht näher bezeichneten Ereignissen.

Eineinhalb Monate vorher, am 30. November 1976, wurde das Wohnhaus von Rubzows Bruder im Dorf Kupawna im Oblast Moskau durchsucht. (Rubzow selbst ist dort nur gemeldet, er lebt die meiste Zeit bei seiner Frau in Moskau.) Rubzow war damals nicht dort, seinem Bruder wurde gesagt, die Hausdurchsuchung stehe im Zusammenhang mit dem Diebstahl einiger Waffen aus einer Schule des Ortes. Waffen fanden sich nicht, doch die Beamten forderten Zugang zu Rubzows Zimmer, und trotz der Weigerung des Bruders wurde der Raum durchstöbert.

Eine Reihe von Manuskripten und Samisdat-Texten wurden beschlagnahmt, darunter einige meiner Erklärungen und Interviews, die ich Rubzow zu verschiedenen Zeitpunkten übergeben hatte. Nach der Hausdurchsuchung wurden Rubzows Bruder und dessen Frau sowie Rubzow selbst und seine Frau Tatjana Postnikowa mehrmals zu Verhören vorgeladen. Rubzow wurde vor allem über das konfiszierte Material befragt: von wem er es erhalten und wem er es zur Lektüre weitergegeben habe. Die anderen wurden über Rubzows Bekanntenkreis einvernommen. Rubzows Frau sagte man, ihr Gatte habe den Weg des Verbrechens eingeschlagen und kein Jankelewitsch könne ihm helfen. Später wurde erklärt, man wisse, daß Rubzow und Jankelewitsch einen öffentlichen Protest beabsichtigten, dies werde aber niemandem nützen und Rubzow nur in Schwierigkeiten bringen. Jefrem Jankelewitsch hatte tatsächlich einen offenen Brief als Aufruf zur Verteidigung Wladimir Rubzows und der Prinzipien des freien Informationsaustausches geschrieben und an die Menschenrechtsorganisationen sowie an die AFL-CIO[1] abgesandt. Dies ist eine kurze Faktenzusammenstellung über die widerrechtlichen Schritte gegen Rubzow.

Ich fürchte für das weitere Los Rubzows, eines Menschen, der ein Freund Jefrem Jankelewitschs und häufiger Gast in unserem Haus ist. Leider erwies das Schicksal anderer unserer Freunde, daß Grund für meine Besorgnisse besteht. Besonders beunruhigt mich, daß der Zwischenfall vom 8. Januar dazu benützt wird, um Druck auf Rubzow auszuüben.

P.S.: Nachdem wir Sie gestern eingeladen hatten, erfuhren wir, daß Rubzow aufgefordert wurde, sich heute zwecks Einvernahme im Büro der Moskauer Staatsanwaltschaft zu melden.

Jankelewitschs Brief vom 27. Dezember 1976 war an die Internationale Liga für Menschenrechte, Amnesty International, die deutsche Gesellschaft für Menschenrechte und den amerikanischen Gewerkschaftsverband AFL-CIO gerichtet. Darin schrieb er über die Hausdurchsuchungen im November, die darauffolgenden Einvernahmen Rubzows und über sein ei-

[1] Der amerikanische Gewerkschaftsdachverband.

genes und Rubzows Recht auf ungehinderten Informationsaustausch. Hier einige Zitate:

„... Ich kann die im Verlauf dieser ‚Gespräche' (des KGB mit Rubzow) geäußerten Drohungen nicht bloß als Teil einer alltäglichen und zudem illegalen Ermittlungstaktik betrachten. Die meisten bekanntgewordenen politischen Prozesse der letzten Jahre bis 1976 – gegen Dschemilew (Omsk), Twerdochlebow (Moskau), Igrunow (Odessa) und Baschkirow (Jakutsk) – haben erwiesen, daß die Behörden den Besitz jedes Schriftstücks, das auch nur einen einzigen Satz enthält, der im Widerspruch zu irgendeiner offiziellen Doktrin der Künste, der Ideologie, der Politik oder der Wirtschaft steht, als ein Staatsverbrechen bewerten, das grausame Ahndung fordert. Dschemilew z. B. wurde bestraft, weil er einen arabisch abgefaßten Textentwurf besaß und die Absicht hegte, diesen zu verbreiten."

„So sind die öffentlichen Erklärungen des Nobelpreisträgers Andrej Sacharow (Aufsätze, Mitteilungen, Interviews), die Bücher Solschenizyns und (Jewgeni) Samjatins, eine Erzählung von (George) Orwell und eine Nummer der ‚Chronik der Laufenden Ereignisse', die während der Durchsuchung von Wladimir Rubzows Wohnung gefunden und konfisziert wurden, lauter Beweisstücke für ein Gerichtsverfahren, das entweder bereits eingeleitet wurde oder jederzeit eröffnet werden kann ..."

„Wenn ich für Wladimir Rubzow eintrete und dabei auf Ihre Unterstützung baue, verteidige ich auch mein Recht auf freien Informationsaustausch. Ich bin der Meinung, daß dieses Recht verletzt wurde, ganz gleich ob W. Rubzow und ich je solch einen Austausch durchführten oder nicht ... Ich wage eine noch allgemeiner gehaltene Feststellung: Die Verletzung des Rechtes einer einzigen Person auf freien Informationsaustausch bedeutet eine Einschränkung dieses Rechtes für jedermann ..."

„Daher betrachte ich es nach wie vor als mein Recht, jeden Text, ob als Manuskript oder gedruckt, zu lesen und zu verbreiten, ohne Rücksicht auf staatliche Billigung oder Mißbilligung. Da den meisten meiner Mitbürger der Zugang zu unzensierten Publikationen verwehrt ist, halte ich es für meine Pflicht, diese auch zu verbreiten ...“

„‚Der Staat hat das Recht, sich selbst zu schützen.‘ So lautet ein Schlagwort, das der Machtapparat seit neuestem anführt, um seine Strafsanktionen auf dem Gebiet des Informationsaustausches zu begründen. Ich kann diese Erklärung nicht ernstnehmen, denn ich weiß von keinem einzigen politischen Prozeß, in dem der Angeklagte der Verbreitung eines Aufrufs zum gewaltsamen Sturz des bestehenden Systems, zu Krieg, Klassen- oder Rassenhaß beschuldigt worden wäre ...“

„Aber durch den betonten Hinweis auf sein Sonderrecht versucht der Staat den beruhigenden Eindruck zu schaffen, er beschränke voll Weisheit seine eigene unbegrenzte Macht, indem er einige Arten von Bürgerrechten anerkennt. Dies tut er in Wahrheit jedoch nicht, und es wird auch nicht dazu kommen, solange dieser Staat weiterhin jedes unzensierte Werk als Waffe zum Angriff gegen seine Ideologie, sein Ansehen oder die innere Einheit der Nation betrachtet und solange er sich nicht dazu aufrafft, seinen Gewaltmethoden zu entsagen ...“

Am 16. Februar 1977 wurde Jankelewitsch im Zusammenhang mit dem „Fall Rubzow“ vernommen. Den Hergang schildert er in einer am nächsten Tag erfolgten Niederschrift:

„Etwa um drei Uhr nachmittags mußte ich mich im städtischen Büro der Staatsanwaltschaft beim Untersuchungsbeamten Ponomarew melden, um über ‚das während einer Hausdurchsuchung bei dem Bürger Rubzow beschlagnahmte, allem Anschein nach defaitistische Schrifttum und über

alle Begleitumstände' (so ungefähr der Wortlaut des Protokolls) als Zeuge vernommen zu werden.

Nachstehend ein Bericht über das Verhör, mit den protokollierten gegebenen Fragen des Beamten (wie sie mir erinnerlich sind) und meinen Antworten (im genauen Wortlaut), samt einigen Kommentaren.

Frage: Kennen Sie den Bürger Rubzow?

Antwort: Ich verweigere die Aussage, weil ich mich nicht an einem Verfahren beteiligen kann, das darauf abzielt, das Recht des Informationsaustausches einzuengen. (Bei der Darlegung meines Standpunktes und als Antwort auf Ponomarews Fragen verwies ich auf die zur Zeit in der Gerichtspraxis übliche widerrechtliche Anwendung des § 190/1 und insbesondere auf die Prozesse gegen Amalrik, Dschemilew und Baschkirow. Ich erklärte auch, daß § 190/1 in der gegebenen Form im Widerspruch zur Verfassung der RSFSR und der Internationalen Menschenrechtskonvention stehe. Die Gegenargumente des Erhebungsbeamten, so wie ich sie verstand, stützten sich auf die Tatsache, daß der Oberste Sowjet der UdSSR oder der RSFSR diese gesetzliche Bestimmung legal beschlossen und verabschiedet habe.)

Frage: Haben Sie Rubzow irgendwelche der Schriften gegeben, die dann in seiner Wohnung beschlagnahmt wurden – Schriften, deren Verbreitung auf sowjetischem Territorium verboten ist?

Antwort: Ich verweigere die Aussage aus den Gründen, die ich Ihnen soeben nannte."

Ebenso lauteten meine Antworten auf jede der folgenden Fragen (etwa über Rubzow oder die konfiszierten Texte).

Was wissen Sie über ‚Chronika Press'?

Kennen Sie den Inhalt der Nummer 22 der ‚Chronik der Menschenrecht in der Sowjetunion'?

Geben Sie zu, eine Erklärung geschrieben zu haben, die unter Ihrem Namen in Nummer 22 erschien? (Ponomarew zeigte mir ein Exemplar der Nr. 22 der ‚Chronik', in der mein Bericht über den Versuch abgedruckt war, gegen mich wegen angeblichen Verschuldens an einem Autounfall einen kriminellen Tatbestand zu konstruieren, ein Fall, der nach dieser Veröffentlichung nie weiter verfolgt wurde.)

Haben Sie diese Erklärung ins Ausland weitergegeben?

Wer gab sie weiter und was bezweckten Sie damit, diese Erklärung in dieser Publikation herauszubringen?

Sind Ihnen die Kriminalfälle Feldman, Timtschuk, Stern, Roitburd und Dschwarscheischwili bekannt, und aus welchen Gründen stellen Sie die verleumderischen Behauptungen auf, der KGB verlege sich auf ‚die Praktiken, Kriminalfälle zu konstruieren, um sich an Personen, die ihm unbequem sind, zu rächen und sie zu kompromittieren'? (Als ich mein Befremden über diese Frage äußerte, sagte Ponomarew, er bezichtige mich nicht der Verleumdung, müsse aber seine Frage so formulieren, da ich mit meiner Verweigerung der Aussage keinerlei Beweise für die Unschuld jener Personen angeführt hätte, welche das Gericht krimineller Tatbestände für schuldig befunden habe.)

Als mir mitgeteilt wurde, die Vernehmung sei beendet, sagte ich, daß ich einige Ergänzungen zu Protokoll geben wolle . . . um aufzuzeigen, daß viele seiner Fragen in keinem Zusammenhang mit dem am Beginn des Verhörs genannten Fall stünden. Ponomarew erwiderte, ich sei im Irrtum und hätte ich nur seine Fragen beantwortet, dann hätte er mir andere gestellt, aus denen ich die Verbindung zwischen der Hausdurchsuchung bei Rubzow und meiner Erklärung in der ‚Chronik der Menschenrechte' ersehen hätte. Dann schrieb er eine weitere Frage auf: Haben Sie den Bürger Rubzow von der hier erörterten Erklärung in Kenntnis gesetzt? (Weder standen Nr. 22 der ‚Chronik der Menschenrechte' oder meine Erklärung auf der Liste des beschlagnahmten Materials im Bericht über die Hausdurchsuchung. Meiner Meinung nach stellte auch Ponomarews letzte Frage keinerlei Zusammenhang zwischen meiner Erklärung und den konfiszierten Schriften her. Übrigens war die Hausdurchsuchung erfolgt ‚um Handfeuerwaffen zu beschlagnahmen', die sich angeblich im Besitz von Wladimir Rubzows Bruder Alexander befunden haben sollten.)

Ich schrieb: ‚Nach der Verwarnung, ich könne wegen Verweigerung der Aussage belangt werden, möchte ich bemerken, daß die meisten der gestellten Fragen, besonders von der vierten an, sich meiner Auffassung nach überhaupt nicht auf den Fall bezogen ...' Das war die letzte Eintragung in das Protokoll der Einvernahme, die ungefähr zwei Stunden gedauert hatte."

Eine Woche nach der Pressekonferenz zum Fall Rubzow bat Sacharow wieder westliche Journalisten in seine Wohnung, um über die „formelle, sehr ernste Warnung" zu sprechen, die ihm an jenem Tag erteilt worden war, er möge sich künftig jeder Andeutung über Verbindungen des KGB zu dem Anschlag in der U-Bahn enthalten.

Am 24. Januar wurde mir die Aufforderung zugestellt, am 25. Januar um 3 Uhr nachmittags in die Staatsanwaltschaft der Sowjetunion zu kommen. Ich wurde in das Büro des Stellvertretenden Generalstaatsanwalts der Sowjetunion, S. I. Gusew, geführt. Außer ihm war noch ein anderer Mann anwesend. Im Verlauf des Gesprächs bezeichnete ihn Gusew als den Chef der Untersuchungsabteilung der Staatsanwaltschaft.

Im folgenden ein am selben Tag geschriebener Bericht des aus dem Gedächtnis rekonstruierten Ablaufes:

Gusew sagte: „Wir haben Sie nicht herbeschieden, um Ihnen Stellungnahmen zu entlocken. Wir wissen seit langem von Ihren Umtrieben, dieses Wort möchte ich besonders betonen. Der Zweck der Vorladung ist, Ihnen eine offizielle Verwarnung zu erteilen."

„Vor kurzem gaben und verbreiteten Sie eine Erklärung, die von feindseliger ausländischer Propaganda verwendet wird. Darin stellten Sie die ungeheuerliche, verleumderische Behauptung auf, der Sprengstoffanschlag in der Moskauer U-Bahn sei eine Provokation, das Werk von staatlichen Behörden, vor allem" – dies fügte er sichtlich verlegen hinzu – „der Organe der Staatssicherheit, die vermutlich nach Weisungen von oben gehandelt hätten." (Ich versuchte, Gusew dazu zu bringen, sich genauer auszudrücken[1], aber er sagte, er müsse die Verwarnung erledigen.) „Verleumderisch erklärten Sie, die Explosion sei eine gegen die sogenannten Dissidenten gerichtete Provokation mit dem Ziel, das innenpolitische Klima des Landes zu verändern. Sie werden aufgefordert, Ihre vorsätzlich falsche Äußerung zu widerrufen, indem Sie in geeigneter Form eine Berichtigung veröffentlichen."

„Das war nicht Ihre erste feindselige, verleumderische, kriminelle Handlung. Vor einiger Zeit wurden Sie vom Stellvertretenden Staatsanwalt der Sowjetunion, Genossen Maljarow, verwarnt[2]. Aber Sie haben fortgefahren Dinge zu tun, die nach den sowjetischen Gesetzen als Verbrechen strafbar sind."

„Sie mißbrauchen unsere Geduld. Heute erteile ich Ihnen Ihre zweite formelle, sehr ernstliche Verwarnung. Sie müssen Ihre Schlußfolgerung daraus ziehen, andernfalls werden Sie gerichtlich zur Verantwortung gezogen. Lesen Sie das durch und unterschreiben Sie." Gusew legte mir einen Text ungefähr folgenden Wortlauts vor:

---

1 D. h. das „Komitee für Staatssicherheit" (KGB) zu nennen. – Hg.

2 Am 16. August 1973. Sacharow berichtet darüber in seinem Buch „Stellungnahme", Verlag Fritz Molden, Wien-München 1974.

VERWARNUNG

Der Bürger A.D. Sacharow wird hiermit verwarnt, weil er vorsätzlich eine unrichtige Erklärung abgab, in welcher er behauptete, die Sprengstoffdetonation in der Moskauer U-Bahn sei eine gegen die sogenannten Dissidenten gerichtete Provokation durch staatliche Stellen. Dem Bürger A.D. Sacharow wird die Warnung erteilt, daß er im Fall der Fortsetzung und Wiederholung seiner kriminellen Akte gemäß den geltenden Gesetzen belangt würde.

1. Gerichtsrat 1. Klasse, Stellvertr. Staatsanwalt der Sowjetunion S.I. Gusew (Unterschrift)
2. . . . . (Freizeile für meine Unterschrift)

Das Dokument trug kein Datum.

Als ich es durchgelesen hatte, sagte ich folgendes:

„Ich verweigere die Unterschrift. Vor allem muß ich Ihre Auslegung meiner letzten Stellungnahme berichtigen. Darin habe ich den KGB nicht direkt beschuldigt, für die Planung des Sprengstoffanschlags in der Moskauer U-Bahn verantwortlich zu sein, sondern eine gewisse Besorgnis geäußert. (In meinem Text nannte ich es einen ‚zwingenden Eindruck‘). Aber ich sprach auch die Hoffnung aus, daß diese Aktion nicht von höheren Instanzen gebilligt würde.“

„Ich bin mir der Gefährlichkeit meiner Erklärung bewußt und bereue nicht, sie geschrieben zu haben. Gefährliche Situationen erfordern gewagte Mittel. Wenn meine Erklärung eine objektive Untersuchung zur Folge hat, die mit der Ergreifung der wahren Täter und der Schonung der Unschuldigen endet, wenn sich erweist, daß man nicht einen Vorwand geschaffen hat, um gegen die Dissidenten vorzugehen, dann werde ich sehr dankbar sein. Jetzt habe ich Gründe zu sehr ernsten Befürchtungen: Victor Louis' gehässiger Artikel in der Londoner ‚Evening News', den diese Zeitung noch nicht dementiert hat; die kürzlich durchgeführten Einvernahmen von Personen, die, dessen bin ich sicher, nichts damit zu tun hatten, über ihren Aufenthalt zum Zeitpunkt des Anschlags, und die zahlreichen Morde in den letzten Monaten, bei denen eine Beteiligung des KGB denkbar erscheint, Morde, nach denen keine Ermittlungen erfolgten. Ich möchte zwei davon erwähnen: Die Morde an dem Dichter Konstantin Bogatyrew und an dem Juristen Jewgeni Brunow. Über diese Morde, die ein Zentralthema meiner Ausführungen sind, haben Sie nichts gesagt."

„Ich erinnere Sie daran, daß der KGB die offiziell anerkannte Verantwortung für abertausende schwerster Verbrechen der jüngsten Vergangenheit[1] trägt. Ich bin überzeugt, daß die Situation meine Erklärung rechtfertigte, daß diese in jenem Moment äußerst wichtig war. – Ich würde die Verwarnung gern abschreiben, für mein Archiv. Das Dokument hat keinen Geheimhaltungsvermerk."

Gusew: Diese Verwarnung ist nur für Sie bestimmt. Abschriften davon sind nicht zulässig.

Sacharow: Offenbar meinen Sie, dieses Dokument kompromittiere die Staatsanwaltschaft.

Gusew: Das habe ich nicht gesagt. (Mit einer Handbewegung) Unterschreiben Sie bitte.

Sacharow: Ich verweigere die Unterschrift.

Gusew: Das ist Ihre Sache. Ihnen wurde eine zweite ernstliche Verwarnung erteilt und Sie müssen die richtigen Schlüsse daraus ziehen. Betrachten Sie die Verwarnung als

[1] Während der Stalinära.

äußerst ernst. Ich habe das Dokument unterschrieben, und es verbleibt bei den Akten der Staatsanwaltschaft.

Markow: Sie wissen doch, daß die vorsätzliche Verbreitung unwahrer Angaben gesetzlich strafbar ist. In diesem Land wird niemand ohne Grund vor Gericht gestellt.

Sacharow: Nach meinen Erfahrungen verhält es sich anders. Mit wem spreche ich?

Gusew: Das ist Markow, der Chef der Ermittlungsabteilung der Staatsanwaltschaft. – Sie sind hier bereits einmal verwarnt worden, haben sich aber nicht danach gerichtet.

Sacharow: Maljarow sprach vor allem davon, daß ich mich von Ausländern fernhalten solle. Ich sagte damals: „Ich sehe aber nichts Ungesetzliches darin, daß ich mit ausländischen Journalisten zusammenkomme[1]."

Gusew: Warum weigern Sie sich, die Verwarnung zu unterschreiben?

Sacharow: Ich kann unmöglich ein Schriftstück unterschreiben, in dem meine Tätigkeit als kriminell bezeichnet wird. Ich tue nie etwas, das gegen das Gesetz verstößt. Meine Tätigkeit hat weltweite Anerkennung gefunden, ich wurde mit dem Friedensnobelpreis geehrt. Ich werde meine Tätigkeit nach den Geboten meines Gewissens fortsetzen.

Gusew: Sie könnten sich täuschen.

Sacharow: Ich bin sicher, daß Sie es sind, der sich täuscht. Guten Tag.

Gusew: Guten Tag.

Die Unterredung in der Staatsanwaltschaft hatte fünfundzwanzig Minuten gedauert.

Am nächsten Tag begann die Sowjetpresse mit Angriffen gegen Sacharow, die an die Agit-Prop-Kampagne erinnerten,

[1] So der Wortlaut seiner Entgegnung in „Stellungnahme".

der er zum Zeitpunkt seiner ersten offiziellen Verwarnung im August 1973 ausgesetzt gewesen war. Die folgende Meldung erschien in mehreren sowjetischen Zeitungen, am 26. Januar sowohl im Regierungsorgan „Iswestija“ als auch in dem von der Moskauer Stadtverwaltung herausgegebenen vielgelesenen Abendblatt „Wjetschernaja Moskwa“:

EIN VERLEUMDER WIRD VERWARNT

Am 25. Januar wurde A.D. Sacharow in die Staatsanwaltschaft der Sowjetunion vorgeladen. S.I. Gusew, Stellvertretender Generalstaatsanwalt der Sowjetunion und Gerichtsrat 1. Klasse, verwarnte ihn wegen einer provokanten Erklärung, welche *vorsätzlich verleumderische Erfindungen* beinhaltet, *die das sowjetische Staats- und Gesellschaftssystem diskreditieren*[1]. Sacharow wurde darauf hingewiesen, daß solche verleumderischen Umtriebe künftig nicht geduldet werden könnten. Wenn er die ihm erteilte Warnung ignoriert, wird er nach sowjetischem Recht gerichtlich zur Verantwortung gezogen werden.

Am 20. Januar erschien im TASS-Auslandsdienst ein Artikel („Zu einem gewissen antisowjetischen Geschrei“) des Kommentators Juri Kornilow, der sich schon 1973 aktiv an dem Kesseltreiben gegen Sacharow beteiligt hatte. In diesem Artikel, typisch für die offizielle sowjetische Reaktion auf westliche Kritik an den menschenrechtlichen Mißständen in der

---

[1] Die Hervorhebung bezieht sich auf den Text von § 190/1 des Strafgesetzes der RSFSR. – Hg.

Sowjetunion, wird Sacharows Vorgehen mit den antisowjetischen Machinationen radikaler Verfechter des Kalten Krieges in Verbindung gebracht. Nachstehend der vollständige Text:

Nicht zum erstenmal begegnen wir den Versuchen gewisser Gruppen, größtenteils Zionisten oder andere reaktionäre Organisationen, den Gedanken zu verbreiten, die Sowjetunion sei entschlossen, gegen die Schlußakte *(der Helsinki-Konferenz vom 1. August 1975)* zu verstoßen und zwar schon vom Moment der Unterzeichnug dieses Dokuments an. Wie um diese völlig falsche These zu bestätigen, führen diese Gruppen die Frage der Menschenrechte in der Sowjetunion ins Treffen, die „Verteidigung" jener, welche der Westen Dissidenten nennt und die innerhalb der Sowjetunion angeblich für die konsequente Einhaltung der grundsätzlichen Bestimmungen von Helsinki eintreten.

Das Schlagwort von der „Verteidigung des Helsinki-Abkommens in der Sowjetunion" ist nichts anderes als ein Köder. In Wahrheit haben wir es mit einer antisowjetischen Kampagne zu tun, auf amerikanischem Territorium durch die gemeinsamen Aktionen gewisser Stellen angezettelt, die für die Organisation subversiver ideologischer und anderer Betätigung in der Sowjetunion und in Osteuropa direkt verantwortlich sind. Das also ist der Ursprung der antisowjetischen Empörung rund um das Thema der Menschenrechte in der Sowjetunion. Und ganz gleich unter welcher Tarnung, das angestrebte Ziel bleibt immer dasselbe: die sowjetische sozialistische Ordnung und die sowjetischen Lebensformen zu diskreditieren.

In dieser Kampagne wurde einem kleinen Klüngel von Personen, die auf sowjetischem Boden leben und deren Überzeugung von jener der gewaltigen Mehrheit der Sowjetbürger abweicht, eine genau festgelegte Rolle zugewiesen. Aus dem einen oder anderen Grund schätzen diese Personen das Sowjetsystem nicht und die sowjetischen Handlungsweisen finden nicht ihre Billigung, eigentlich haben sie sich schon seit langem in die innere Emigration begeben. Sie werden von westlichen Sonderdiensten dazu benutzt, um die Seifenblase von Menschenrechts-„Verletzungen" in der Sowjetunion aufzublähen.

Bis jetzt wurden einzelne dieser Personen von Korrespondenten verschiedener westlicher Zeitungen unterstützt, die aus nur ihnen selbst bekannten Gründen das Thema „Dissidenten“ tendenziös hochspielen. Natürlich kann man solche Äußerungen, die eine flagrante Einmischung in die inneren Angelegenheiten der Sowjetunion darstellen, nicht als „freundschaftlich“ bezeichnen und es ist undenkbar, daß irgendein von Vorurteilen freier Mensch meinen könnte, ein derartiges Vorgehen stehe im Einklang mit den in Helsinki erreichten Vereinbarungen, aber so sind eben die Methoden der Bourgeois-Presse, welche die Interessen einzelner politischer Gruppen und der Bourgeois-Monopole vertritt.

Erstaunlicherweise beteiligte sich erst kürzlich auch ein Repräsentant des State Department der USA, der theoretisch ja den offiziellen Standpunkt der Regierung vertreten sollte, an diesem unwürdigen Spiel. Mit oder ohne Kenntnis des neuen Ministers wurde eine Erklärung abgegeben, in welcher dem Renegaten Sacharow Schützenhilfe geleistet und – neben ähnlichen wahnwitzigen Erwägungen – die Behauptung ausgesprochen wird, er werde mit irgendwelchen Strafsanktionen bedroht.

Heute meldet die US-Presse, daß die Spitze des State Department vermutlich nicht um ihr Einverständnis gefragt wurde. Dennoch bleibt die Tatsache bestehen: Das State Department gab eine Erklärung frei. Sogar eine offizielle Erklärung, als wolle man sagen: „Sollen sie doch raten, ob die Wahrheit drinsteht oder nicht.“ Und nach den üblichen Praktiken gelang es den amerikanischen Massenmedien, diese Erklärung rund um die Welt auszuposaunen, ehe die Tinte noch trocken war.

Aber was geschah wirklich? Betrachten wir die Fakten: Wie bereits erwähnt, gibt es in dieser Angelegenheit eine Verbindung zu Sacharow. Dieser Herr ist im Westen gut bekannt. Er ist auch in der Sowjetunion bekannt, wo wir ihn von allen Seiten deutlich sehen. An einem Tag verfaßt er Schmähschriften, in denen er das Sowjetvolk und den Sowjetstaat mit Unrat bewirft, am nächsten versorgt er Zwischenträger mit antisowjetischem Material, und wieder ein andermal läßt er sich buchstäblich als Rüpel in Raufhändel ein, wie erst unlängst in Sibirien[1]. Diesmal erregte Sacharow Aufmerksamkeit durch die Erklärung, die Sowjetbehörden, namentlich der KGB, habe bei der kürzlich erfolgten Explosion in der Moskauer U-Bahn die Hand im Spiel gehabt. Daraufhin wurde Sacharow in die Staatsanwaltschaft der Sowjetunion beschieden, wo ihm war-

---

[1] Gemeint ist der Zwischenfall in Omsk. Siehe Seite 127. – Hg.

nend vorgehalten wurde, daß seine Äußerung eine unverschämte Lüge sei, welche die sowjetische Gesellschafts- und Staatsordnung in Mißkredit bringe, daß er die öffentliche Meinung der ganzen Welt mit seiner Erklärung täusche, daß eine solche Handlungsweise den inneren Frieden gefährde und nach sowjetischem Recht gerichtlich geahndet werden könne.

Ein bezeichnender Umstand: Auch eine Reihe westlicher Zeitungen meinten, daß Sacharows verleumderische Stellungnahme den Grund böte, gegen ihn Anklage zu erheben. Ebenso hieß es in der westlichen Presse, daß die Verbreitung vorsätzlich erlogener Mitteilungen über Staatsregierungen und deren Instanzen in vielen Ländern strafbar sei.

Sacharow hatte nicht den mindesten Grund zu der Behauptung, Organe des Staatssicherheitsdienstes hätten irgendetwas mit der Explosion in der U-Bahn zu schaffen gehabt – was er während der Unterredung in der Staatsanwaltschaft der Sowjetunion eigentlich auch zugab.

Es existiert eine wörtliche Niederschrift dieses Gesprächs. Der Genauigkeit halber hier die wesentlichen Absätze der Aufzeichnung:

Stellvertretender Generalstaatsanwalt Gusew: Andrej Dimitrijewitsch, ich habe Sie offiziell vorgeladen, um Sie wegen Ihrer vor kurzem abgegebenen Erklärung zu verwarnen, die in der Presse einer Reihe von Bourgeois-Ländern veröffentlicht wurde. In dieser Erklärung wird angedeutet, daß sowjetische Behörden, vor allem Organe des Staatssicherheitsdienstes, die Sprengung in der Moskauer U-Bahn als Provokation organisierten ...

Sacharow: Ich habe nicht von der Beteiligung dieser Organe an der Sprengung in der U-Bahn gesprochen ... Ich sagte, daß ich den Eindruck hätte, sie wären in die Sache verwickelt ... Ich äußerte meine Ansicht nicht in der Form der Feststellung einer Tatsache, sondern als Vermutung. Ich habe nicht erklärt, daß die Aktion von oben gebilligt wurde ...

Wie wir sehen, windet sich Sacharow und versucht auszuweichen, im wesentlichen bestätigt er dadurch, daß er niemals irgendwelche Belege für sein Greuelmärchen hatte. Nun erhebt sich die Frage: Wie kam es, daß diese üblen Gerüchte im Westen so begierig aufgegriffen wurden, sogar von Persönlichkeiten des öffentlichen Lebens? Da zeigt sich, daß gewisse Washingtoner an heftigen Allergien gegen alles Sowjetische leiden und unter dem Deckmantel geheuchelter Sorge um die Verwirklichung der Beschlüsse von Helsinki nur darauf erpicht sind, die Sowjetunion und die sowjetische Lebensform zu verunglimpfen.

Dies ist, wie mir scheint, der wesentliche Punkt der im Westen angezettelten antisowjetischen Umtriebe, an denen sich übrigens sowohl rechts als auch links angesiedelte professionelle Sowjetgegner beteiligen, Organe der Bourgeois-Presse ebenso wie solche der linken Riege. Die Aktionen der letzteren erinnern uns unwillkürlich an die Worte des bekannten russischen Künstlers, daß vom Linksextremismus zur nackten Schurkerei nur ein Schritt sei.

Was kann man abschließend sagen? Die Herren, die sich so emsig mit der Beobachtung der Menschenrechte in der Sowjetunion beschäftigen, sollten eine Wendung um 180 Grad vollziehen und nachsehen, wie dieses Abkommen in ihren eigenen Ländern befolgt wird, in Ländern, wo Millionen Arbeitsloser ein elendes Dasein fristen, dem Hunger preisgegeben sind, wo Rassentrennung und ungezügelter Rassismus anwachsen, wo Synagogen entweiht und politische Aktivisten ermordet werden, wo Millionen von Dossiers über Andersdenkende aufliegen ...

Und jenen, die so rasch die Greuelmärchen von Renegaten und Sowjetgegnern aufgreifen, um zu versuchen, die Sowjetunion anzuschwärzen, möchte ich ein altes russisches Sprichwort zurufen: *Erst* schauen, *dann* springen, meine Herren!

Doch Sacharow blieb in der Sowjetunion nicht ohne Fürsprecher – besonders unter jenen, für die er selbst seine Stimme erhoben hatte. Am 28. Januar – zwei Tage nach dem Erscheinen der Meldung in der „Iswestija“ – richtete jeder einzelne von neunzehn im Gefängnis von Wladimir einsitzenden politischen Häftlingen einen schriftlichen Appell und Protest an den Stellvertretenden Generalstaatsanwalt. Gemeinsam verfaßten sie einen offenen Brief, in dem sie sich gegen die Bedrohung des Mannes wandten, den sie als „eine wohlbekannte Gestalt des politischen Lebens“ bezeichneten. Die neunzehn argumentierten, Sacharows Ziel sei es, auf ein Ende ungerechter Verfolgungen und den Beginn einer demokrati-

schen Ordnung in der Sowjetunion hinzuarbeiten. Unter anderem schrieben sie:

Wir sehen die neuesten Drohungen gegen das Akademiemitglied Sacharow nicht nur als Beweis für die beharrliche Weigerung der Sowjetregierung, eine Demokratisierung einzuleiten, sondern auch als einen bewußten Versuch, die Normalisierung internationaler Beziehungen zu erschweren und die Entspannung insgesamt in Frage zu stellen. Wir betonen: Die neue Welle von Drohungen gegen die Opposition – und die Drohungen gegen Sacharow zeigen deutlich die Verschärfung der Kampagne – begann im Jahr der Belgrader Konferenz ...

Unabhängig davon schrieb ein ehemaliger politischer Häftling namens Jewgeni Borisowitsch Nikolajew (Adresse: Bulatnikow-Straße 5, Wohnung 327, Moskau 113403) am 29. Januar an Gusew, Sacharows Einsatz für andere habe ihm Rückhalt bei allen gesichert. Der Wortlaut des Briefes:

Ich erachte es als meine Pflicht, Protest zu erheben gegen Ihre Drohung gegen Andrej Sacharow, Friedensnobelpreisträger, dreifachen Helden der Sozialistischen Arbeit, Vollmitglied der Sowjetischen Akademie der Wissenschaften und hervorragenden Aktivisten im Kampf für die Menschenrechte in der Sowjetunion.

Ich gehöre zu jenen, die in unserem Land widerrechtlich verfolgt wurden: Im Jahr 1970 wurde ich wegen der Weigerung „sozialistische Verpflichtungen" zu Ehren des XXIV. Kongresses der KPdSU zu übernehmen, ohne Sanktion von meinem Posten entlassen und meiner Freiheit beraubt.

Aus persönlichen Erfahrungen und den Erfahrungen vieler anderer widerrechtlich Verfolgter weiß ich, daß in unserem Land krasse Verletzungen der Menschenrechte vorkommen. Daher ist die Tätigkeit Andrej Dimitrijewitsch Sacharows, um dem Gesetz, der Allgemeinen UN-Deklaration über die Menschenrechte, der Internationalen Konvention zum Schutz der Bürger- und politischen Rechte und dem Abkommen von Helsinki Geltung zu verschaffen, für unser Land von entscheidender Notwendigkeit, wesentlich für alle, die wegen ihrer Überzeugungen bereits verfolgt wurden, ebenso wie für jene, die noch nicht Repressionen ausgesetzt waren, aber in diese Lage kommen könnten.

Aus diesem Grunde betrachte ich es als sehr wichtig, für Andrej Dimitrijewitsch Sacharow zu sprechen. Er selbst ist mehr als einmal für mich eingetreten, obwohl er im einzelnen nicht wußte, welche Repressalien mich persönlich betrafen. Als er öffentlich die Freilassung *aller* Gefangenen aus Überzeugungsgründen in der Sowjetunion forderte, stand er damit auch in meinem Namen auf.

Und wenn *ein* Mensch für *jeden* Menschen aufsteht, dann ist es die Pflicht *jedes Menschen* zur Verteidigung des *einen* anzutreten, wenn *dieser* in Gefahr schwebt.

Ich appelliere an Sie, Bürger Gusew, Ihre Drohungen gegen Sacharow zu widerrufen.

Fast einen Monat später eröffneten die Sowjets die Polemik erneut und zwar mit einem vom Stellvertretenden Generalstaatsanwalt Gusew unterzeichneten Artikel, der am 23. Februar unter dem Titel „Moscow, on Sakharov" in der „New York Times" erschien:

Moskau – Unmittelbar nach der beispiellosen Explosion in der Moskauer Metro am 8. Januar beschuldigte Andrej D. Sacharow ohne jegliche Begründung die staatlichen Stellen öffentlich der Beteiligung an dem Verbrechen, das, wie er behauptete, verübt wurde, um spätere Repressionen gegen die „Dissidenten" zu rechtfertigen.

Diese Erklärungen konnte die Staatsanwaltschaft der Union der Sozialistischen Sowjetrepubliken nicht ignorieren, denn gemäß der Verfassung hat diese Behörde die oberste Aufsicht über die Einhaltung der Gesetze.

Ich lud Sacharow am 25. Januar in die Staatsanwaltschaft vor und machte ihn darauf aufmerksam, daß seine provokante Stellungnahme absolut falsche und verleumderische Bezichtigungen beinhalte, die unter die §§ 70 und 190 des Strafgesetzbuches der Russischen Föderation fallen. Namentlich im letzteren sind genaue Bestimmungen über die Verantwortlichkeit für die systematische Verbreitung von Verleumdungen festgelegt, die das Ansehen der sowjetischen politischen und Gesellschaftsordnung schädigen.

Sacharow wurde in schriftlicher Form gewarnt, daß er belangt werden könne, wenn er diese Warnung mißachte und weitere ähnliche Akte setze.

Es war nicht das erstemal, daß Sacharow zu solch einer Unterredung vorgeladen wurde. Bereits viel früher, am 6. August 1973, wurde ihm in der Staatsanwaltschaft der Sowjetunion das Ungesetzliche einer ganzen Reihe von Aspekten seiner Tätigkeit vorgehalten, welche die Form planmäßiger mündlicher und schriftlicher Aufwiegelung und verleumderischer Propaganda annahm, mit dem Ziel, das sowjetische politische System, die friedliche Außenpolitik der Kommunistischen Partei und des Sowjetstaates sowie die Annäherung und Entspannung zwischen der Sowjetunion und den USA zu diskreditieren.

Ich möchte daran erinnern, daß Sacharow westlichen Spitzenpolitikern, Parlamentariern und amerikanischen Kongreßabgeordneten alle möglichen „Ratschläge“ für ihr Verhalten gegenüber der Sowjetunion gab, wobei er häufig zur politischen Erpressung des Landes aufgerufen hat, dessen Bürger er ist.

Demnach betrafen die beiden Unterredungen mit Sacharow nicht seine Überzeugung, sondern diejenigen seiner Handlungen, die zu den sowjetischen Gesetzen im Widerspruch stehen oder gegen sie verstoßen.

Natürlich kann kein souveräner Staat solchen Umtrieben seiner Bürger gleichgültig zusehen. Jene, die nun so eifrig die „Sacharow-Affäre“ hochspielen, täten gut daran, sich näher mit der Gesetzgebung ihrer eigenen Länder zu beschäftigen.

Nehmen wir z. B. den United States Code. § 2385 des Abschnitts 18 lautet:

„Wer wissentlich oder vorsätzlich die Pflicht, Notwendigkeit, Erwünschtheit oder Richtigkeit des Sturzes oder der Vernichtung der Regierung der USA oder der Regierung eines ihrer Staaten verficht, begünstigt, rät oder lehrt . . . oder . . . mit der Absicht, den Sturz oder die Vernichtung einer solchen Regierung herbeizuführen, schriftliches oder gedrucktes Material, in welchem die Pflicht, Notwendigkeit, Erwünschtheit oder Richtigkeit eines gewaltsamen

Sturzes oder der Vernichtung einer Regierung in den USA oder Bestrebungen dazu verfochten, geraten oder gelehrt werden, zum Druck befördert, veröffentlicht, redigiert, herausgibt, weitergibt, verkauft, verteilt oder öffentlich zur Schau stellt ... wird mit einer Geldstrafe bis zu 20000 Dollar oder einer Haftstrafe bis zu zwanzig Jahren oder beiden Strafen belegt ..."

Es ist nicht ausgeschlossen, daß Sacharow, wäre er Bürger der USA, hinter Gittern säße.

Ähnliche Paragraphen in verschiedener Formulierung finden sich in praktisch allen Strafgesetzbüchern der westlichen Länder. Doch von humanen Erwägungen ausgehend, wenden wir bei Sacharow und einigen anderen Personen bisher nur moralische und vorbeugende Maßnahmen an. Diese Tatsache wird von der ausländischen Presse und manchen „Dissidenten" – auch von Sacharow selbst – oft als Ergebnis eines „Druckes" von außen auf die sowjetischen Behörden ausgelegt, die dieser Auffassung nach gezwungen sind „mit der öffentlichen Meinung im Westen zu rechnen". Das sind reine Illusionen.

Im Gespräch mit mir versuchte Sacharow seinen exklusiven Status und seine früheren Verdienste hervorzuheben, die ihm, wie er behauptete, das Recht gäben, die in diesem Land bestehenden Gesetze zu übertreten. Aber das Prinzip der Gleichheit der Bürger vor dem Gesetz gilt in der Sowjetunion für alle, ohne jegliche Ausnahme. In diesem Zusammenhang wurde Sacharow darauf hingewiesen, daß er, wie jeder Bürger, nicht nur Rechte, sondern auch Pflichten habe.

Sacharows Appell an die westliche Öffentlichkeit und die Schützenhilfe, die ihm ausländische Massenmedien und sogar Regierungsinstanzen leisten, laufen auf den Versuch hinaus, ihm eine Ausnahmestellung zu verschaffen. Wenn Sacharow und seine westlichen Verteidiger glauben, daß die Sowjetunion von einem der fundamentalen Prinzipien ihres Rechtssystems – der Gleichheit aller Bürger vor dem Gesetz – abgehen werde, dann befinden sie sich in einem großen Irrtum.

Am 5. März bot die „New York Times" dem heute im Exil lebenden Physiker Valeri Tschalidse, der gemeinsam mit Sacharow das Moskauer Menschenrechtskomitee gegründet hatte, die Möglichkeit, auf Gusews Artikel zu erwidern. Diese Entgegnung, in New York geschrieben, wo Tschalidse die Chronika Press und deren „Chronik der Menschenrechte in der Sowjetunion" redigiert, erschien unter dem Titel „What Is This Slander?" („Was soll diese Verleumdung?"). Darin erklärte der Autor, Sacharow sei im Recht, wenn er nach den Hintergründen des Anschlags in der U-Bahn frage. „In der sowjetischen Geschichte gibt es zu viele traurige Präzedenzfälle. Die Geheimpolizei organisierte ‚Unfälle', Morde und Provokationen."

In der Zeit nach dem Sprengstoffanschlag wurde zwar eine Anzahl sowjetischer Menschenrechtsaktivisten eingekerkert, aber mehr Aufsehen erregten die Schritte gegen die Mitglieder der Helsinki-Gruppe, die wegen ihrer Betätigung in dieser Organisation verhaftet oder drangsaliert wurden. Keinem von ihnen lastete man irgendwelche Beziehungen zu dem Zwischenfall an. Erst am 7. Juni 1978 gaben die sowjetischen Behörden in einer sehr kurzen TASS-Meldung bekannt, daß „mehrere" Personen im Zusammenhang mit der Explosion und anderen Verbrechen verhaftet worden seien, ihre Beteiligung eingestanden und genauere Nachforschungen sowie ein anschließendes Gerichtsverfahren zu gewärtigen hätten. Weitere Einzelheiten verlauteten nicht.

VI

Im engsten Kreis

Als letzte öffentliche Runde der Konfrontation zwischen Sacharow und Gusew druckte die „New York Times" am 29. März 1977 Sacharows am 5. März in Moskau geschriebene Antwort an den Stellvertretenden Generalstaatsanwalt ab. Unter dem Titel „Andrej D. Sakharov on ‚This Frightful Situation'" (Andrej D. Sacharow über „Diese schreckliche Situation") wurden darin die Repressionen gegen den Physiker direkt, und – indirekt durch Schikanen gegen seine Angehörigen – offen dargelegt. In diesem Kapitel sind die in Zusammenhang mit jener Kampagne stehenden Dokumente zusammengestellt.

Der stetige Spannungszustand äußert sich schon in der Entgegnung an Gusew:

In seinem Artikel in der „New York Times" hat Sergej Gusew die offizielle Position der sowjetischen staatlichen Stellen, die auf mich und, indirekt, auf andere Dissidenten Druck ausüben, ausführlich erläutert und bemühte sich daher, besonders zu betonen, daß dieser Standpunkt dem Einwirken „westlicher Protektoren" gegenüber völlig immun sei.

Gusews Artikel wurde kurz nach der Veröffentlichung des von Präsident Carter an mich gerichteten Briefes geschrieben, offenbar eine Reaktion auf diesen. Ich vertraue darauf, daß niemand im Westen, einschließlich Präsident Carter, sich in der weltweiten aktiven Verteidigung der Menschenrechte beirren lassen wird – getreu den einmal gefaßten Prinzipien in einer Frage, die für die Zukunft der Menschheit von entscheidender Bedeutung ist. Gusews Brief war offentlichtlich ein Versuch, die Festigkeit dieser westlichen Haltung zu testen.

Der Grund meiner Vorladung in das Büro des Generalstaatsanwalts der Sowjetunion war mein Appell an die Weltöffentlichkeit im Zusammenhang mit der Explosion in der Moskauer U-Bahn und anderen unaufgeklärten Verbrechen. Gusew erörtert tendenziös meine Stellungnahme, sagt aber nichts über die Zielrichtung meiner Argumente. Sein Artikel, eineinhalb Monate nach dem Sprengstoffanschlag geschrieben, gibt keinerlei Aufschluß darüber, ob überhaupt Fahndungen über dieses Verbrechen laufen, und er übergeht auch schweigend die Frage, ob in den fünf Mordfällen, die ich in meiner Erklärung erwähnte, ermittelt wird oder nicht.

Während der Gespräche im Büro des Generalstaatsanwalts sagte ich, daß ich tief befriedigt wäre, wenn mein Appell gründliche, objektive Untersuchungen bewirken würde, bei denen keine Unschuldigen zu leiden hätten. Ich kann diese Erklärung nur abermals bekräftigen. Natürlich war mir klar, daß meine Offenheit für mich und meine Familie schlimme Konsequenzen haben würde, aber ich fand, daß ich kein Recht hätte, zu schweigen.

Gusew zitiert aus dem Gesetzestext des U.S. Code, nach dem ich angeblich angeklagt werden könnte, wäre ich amerikanischer Staatsbürger. Aber dieser Paragraph bezieht sich auf Umtriebe zum *gewaltsamen* Sturz der Regierung, was ich nie getan habe. Er zitiert nicht die §§ 70 und 190/1 des Strafgesetzes der RSFSR, gemäß denen sehr viele Menschen in der Haft litten und starben – und zwar wegen *gewaltloser Handlungen:* wegen der Weitergabe oder auch des bloßen Besitzes sachlich richtiger Informationen, Büchern und Samisdat-Schrifttums, wegen religiöser Betätigungen und wegen ihres Wunsches auszuwandern.

Ich bin darauf gefaßt, wegen meiner öffentlichen Aktionen gerichtlich belangt zu werden, obgleich ich sie als legal und somit nicht strafrechtlich verfolgbar betrachte, und ich hege keine Illusionen über die unparteiische Einstellung der sowjetischen Justiz.

Aber anstatt ein offizielles Verfahren anzustrengen, verlegen sich die Behörden auf üble, feige Schikanen und sie haben alle Hebel in Bewegung gesetzt: zahllose anonyme Androhungen tätlicher Angriffe, verleumderische Presseberichte und TASS-Erklärungen, widerrechtliche Ablehnung eines Wohnungswechsels, eine Strafanzeige gegen meine Tochter und die Drohung, auch gegen ihren Gatten vorzugehen.

Es ist wichtig, daß wir unsere beiden Zweizimmerwohnungen gegen eine Vierzimmerwohnung gleicher Größe tauschen, weil wir unter ständigen Morddrohungen gegen alle sieben Familienmitglieder, inklusive zweier Kleinkinder, nicht weiterhin getrennt leben können. Doch eben deshalb wollen uns die staatlichen Stellen diesen völlig legalen; sonst alltäglichen Wechsel nicht gestatten.

Die Beteiligung des KGB an dieser Affäre ist aus der zeitlich koordinierten Veröffentlichung eines völlig unzutreffenden Artikels eines TASS-Korrespondenten deutlich erkennbar. Laut dieses Berichtes stehen uns pro Person 30 Quadratmeter Wohnfläche zur Verfügung, während es in Wahrheit nur neun Quadratmeter sind. Das Wort „Tausch“ wurde nicht einmal erwähnt.

Im Februar, unmittelbar nach Gusews „Warnung“, wurde meiner Tochter Tanja Semjonowa Strafverfolgung auf Veranlassung des Generalstaatsanwalts angedroht, vorgeblich auf Grund eines anonymen Briefes. Gleichzeitig drohte man auch meinem Schwiegersohn Jefrem ein Verfahren an wegen der Verbreitung „antisowjetischer Schriften“ und „Parasitentums“. So greift der Staat, entgegen Gusews heuchlerischen Erklärungen über die Gleichheit aller Bürger vor dem Gesetz, zu dem brutalen Mittel, meine nächsten Angehörigen zu drangsalieren, um sich an mir zu rächen und Druck auf mich auszuüben.

Trotz dieser schrecklichen Situation, die weit tragischer ist, als wenn ich persönlich für meine eigenen Aktionen zur Verantwortung gezogen würde, erachte ich es als meine Pflicht, meine öffentliche Tätigkeit fortzusetzen; ich sehe keine Alternative. Aber ich hoffe, daß die Menschen im Westen, welche die schwere Aufgabe übernommen haben, die Menschenrechte zu verteidigen, die tragische, gefährliche Lage all jener, einschließlich meiner Person, begreifen, die in der Sowjetunion und in anderen Staaten Osteuropas für die Menschenrechte eintreten. Ich setze meine Hoffnungen auch auf die Führer der Sowjetunion und anderer sozialistischer Länder, auf ihr Verantwortungsgefühl und ihren Wunsch nach Stabilität in der Welt.

Jeder Tag bringt mir nun neue Probleme. Am 4. März publizierte die „Iswestija“ einen niederträchtigen, provokativen Artikel, in dem emigrationswillige Juden der Spionage beschuldigt wurden, eine moderne Version der Dreyfus-Affäre. Ich rufe die Weltöffentlichkeit und die Staatsoberhäupter, die das Helsinki-Abkommen unterzeichneten, auf, dieser Provokation entgegenzutreten.

Ich rufe die Welt auf, ihre Stimme für die inhaftierten Mitglieder der „Öffentlichen Gruppe für die Einhaltung des Helsinki-Abkommens“ Ginsburg*, Orlow*, Rudenko* und Tychy* zu erheben. Ich rufe zur Verteidigung von Pjotr Ruban und all jener Gefangenen auf – des jugoslawischen

Schriftstellers Mihailow, der eingekerkerten Mitglieder der „Charta 77" und anderer politischer Häftlinge in Osteuropa und der Sowjetunion –, über die ich in meinem Brief an den Präsidenten der USA geschrieben habe.

Im Mittelpunkt meiner öffentlichen Aktionen steht weiterhin meine Forderung nach weltweiter politischer Amnestie, nach Freiheit für alle Gefangenen aus Überzeugungsgründen. Ich betrachte dies als Vorbedingung für den Frieden.

Obwohl Sacharow einen Sohn und zwei Töchter aus erster Ehe hat, bezeichnet er Jelena Bonners Kinder immer als die seinigen. Es sind dies Tatjana Semjonowa Jankelewitsch (die mit ihrem Gatten Jefrem und ihren beiden kleinen Kindern beim Ehepaar Sacharow wohnte) und Alexej (Aljoscha) Semjonow, der mit seiner Frau und einem Kind in Moskau lebte. Familie Jankelewitsch siedelte sich im September 1977 in den USA an, Alexej Semjonow folgte im März 1978.

Bereits mehrere Monate vor der Niederschrift seines Artikels für die „New York Times" äußerte sich Sacharow zu westlichen Reportern in Moskau über Eingriffe in seine Privatsphäre. Am 6. Dezember 1976 ging er in einem Interview für den Associated-Press-Korrespondenten George Krimsky (zwei Monate später von den sowjetischen Behörden ausgewiesen) näher auf manche der persönlichen Schikanen ein, die ihm auch der Nobelpreis nicht erspart hatte:

Krimsky: Vor einem Jahr wurde Ihnen der Nobelpreis verliehen. Zwei Fragen dazu: Wie wirkte sich dies auf Ihren Einsatz in der demokratischen Bewegung aus und wie auf Ihren persönlichen Einsatz in dieser Bewegung?

Sacharow: Die Situation ist voller Widersprüche und Gegensätzlichkeiten. Der Langzeiteffekt, die Auswirkung auf die Weltmeinung, ist nach meinem Dafürhalten äußerst bedeutsam, nachhaltig und positiv. Meine Freunde und ich sind dem Nobel-Komitee für diese so hohe Auszeichnung dankbar, dankbar für diese Unterstützung der Prinzipien unserer demokratischen Bewegung. Vor einem Jahr, am 10. Dezember während der Verleihungszeremonie, war die Aufmerksamkeit der gesamten Welt auf Oslo gerichtet, wo meine Frau vor die Öffentlichkeit trat, und auf Vilnius (Wilna), wo ich am selben Tag beim Prozeß gegen Kowalew vor der Tür des Verhandlungssaales stand. Diese gespannte Aufmerksamkeit galt unserer Bewegung und auch unseren Schwierigkeiten.

Gleichzeitig aber verhielten sich die Behörden so, als habe sich an meiner Position in der Öffentlichkeit nichts geändert. Der Druck gegen mich verstärkte sich sogar. Wie schon früher wurde mir der Zutritt zu Gerichtsverfahren bei den Prozessen gegen Dschemilew und Twerdochlebow verweigert. Wie bereits in der Vergangenheit wurde mein Telefon abgeschaltet und mir keine Post zugestellt.

Krimsky: Wann war das?

Sacharow: Während dieses ganzen Jahres.

Krimsky: Seit wann?

Sacharow: Erstmals wurde der Anschluß 1974 außer Betrieb gesetzt, dann wurde meine Telefonverbindung während der Auslandsreise meiner Frau und unmittelbar nach dem Zwischenfall in Omsk, als man offenbar massivere internationale Proteste befürchtete, wieder halbwegs hergestellt. Aber seit nun mehr als zwei Jahren hatte ich – außer in kurzen Zwischenphasen – keine Möglichkeit zu irgendwelchen Auslandstelefonaten; jedes Gespräch wird vom Abhördienst des KGB unterbrochen. Und diese Störaktionen treffen nicht nur mich persönlich, sie sind auch ein schwerer Schlag gegen meine öffentliche Tätigkeit, für die eine funktionierende Telefonverbindung zum Westen ungemein wichtig ist. Sie sind, wie ich glaube, von Bedeutung für die Allgemeinheit, sie sind Verletzungen der internationalen Telefonverträge und ich hoffe, daß öffentliche Proteste und Einsprüche des Weltpostverbandes diesen Übergriffen ein Ende setzen werden.

Ich möchte hinzufügen, daß die Quertreibereien der Behörden gestern, während der traditionellen Demonstration auf dem Puschkinplatz, ihren folgerichtigen Höhepunkt erreichten. Wir kamen, um schweigend der Todesopfer des stalinistischen Terrors zu gedenken und unsere Solidarität mit politischen Häftlingen zum Ausdruck zu bringen, doch diesmal inszenierte der Staatsapparat eine Provokation. Hunderte gedrillter Rabauken umringten und stießen uns; einige von uns wurden geschlagen, manchen wurden die Brillen zerbrochen. Aus vorbereiteten Papierbeuteln schütteten sie Schnee und Schmutz auf meinen unbedeckten Kopf. So etwas konnte nicht ohne die Billigung der Behörden geschehen, und ich betrachte es als eine von den Behörden sanktionierte Aktion und finde, daß sich die Allgemeinheit damit befassen sollte.

Krimsky: Warum wurde gerade dieser Augenblick gewählt, um so eine Provokation zu inszenieren? Was schließen Sie daraus?

Sacharow: Ich meine, sie glaubten lange, daß sie die Entwicklung, die allmählich weitere Kreise zog, durch Anwendung möglichst unauffälliger Mittel unter Kontrolle halten könnten, doch sehen sie nun, daß der Einfluß der Menschenrechtsbewegung wächst, sogar in unserem Land, und der internationale Rückhalt eine breitere Basis gewinnt. Selbst die Kommunistischen Parteien Italiens und Frankreichs haben sich für die Freilassung unserer politischen Gefangenen ausgesprochen.

Es ist denkbar, daß sich die Behörden nun entschlossen haben, schärfere Methoden gegen uns anzuwenden.

Krimsky: Inwiefern hat sich Ihr Leben durch die Verleihung des Nobelpreises verändert?

Sacharow: Wenn Sie mein persönliches Leben meinen, darin hat sich gar nichts geändert. Ich habe davon gesprochen, wie sich die Haltung der Staatsmacht zu meinem Auftreten in der Öffentlichkeit geändert hat – es hat sich überhaupt nichts geändert, und das gleiche gilt für mein Privatleben.

Erstens, in diesem Jahr blieb ich zehneinhalb Monate ohne Aufenthaltsgenehmigung. Zwar wurde sie mir endlich erteilt, aber darin erblicke ich nur etwas, was mir zusteht. Ich bin gespannt, wohin das schließlich führen wird.

Fraglos hält der Druck auf meine Familie an, neuerdings in der Form polemischer Zeitungsberichte, nicht nur gegen mich, sondern auch gegen meine Frau. Es gab Artikel in der TASS, einer davon z. B. unter dem Titel „Frau Bonners antisowjetische Vorführung“. Ein anderer – ohne sachliche Fundierung und im Ton höchst unfreundlich – erschien im Emigrantenblatt „Russki Golos“ in den USA.

Mein Schwiegersohn hat noch immer keine Stelle. Was unbestreitbar auch eine Form des Drucks auf unseren engsten Familienkreis ist.

Es ist nichts geschehen, um mir eine Wohnung zuzuweisen. Ich habe jetzt keine Bleibe und muß bei meiner Schwiegermutter wohnen. Die Akademie der Wissenschaften erklärt, ich könne keine Wohnung bekommen, weil der Moskauer Stadtrat Einspruch erhebe, das ist zumindest die fadenscheinige Begründung, welche die Akademie angibt, die ansonsten solche Dinge sehr einfach regelt, ohne alle Umstände.

So ist meine persönliche Situation, und ich fürchte, ohne Rückhalt in der Weltöffentlichkeit wird sie sich weiterhin verschlimmern und immer bedrohlicher werden.

Krimsky: Glauben Sie, daß sich die Repressalien nach der Verleihung des Nobelpreises gesteigert haben?

Sacharow: Es gab auch andere Zeiten intensiven Drucks, 1973 etwa. Kurz vor der Preisverleihung war eine ruhigere Phase. Vielleicht wollte man damals nicht die Aufmerksamkeit auf mich lenken. Aber es könnte auch sein, daß diese Pause ein rein taktischer Schachzug war.

Allgemein gesehen stehe ich nun schon seit vielen Jahren unter stetigem, schwerem Druck.

Mit dem „Zwischenfall in Omsk" war Sacharows Versuch gemeint, dort im April 1976 dem Prozeß gegen Mustafa Dschemilew, den Sprecher der Krimtataren, beizuwohnen. Am 17. April, kurz nach seiner Rückkehr nach Moskau, gab Sacharow für die Presse folgende Erklärung über das Verfahren und die damit zusammenhängenden Ereignisse ab.

Dschemilews Prozeß ging unter völliger Mißachtung der Gesetze vonstatten. Von seinen sechzehn Freunden und Verwandten hatten nur vier seiner nächsten Angehörigen Zutritt in den Verhandlungssaal. Später wurden zwei von ihnen hinausgewiesen, angeblich wegen Ruhestörung. Der Richter gestattete dem Angeklagten kein Schlußwort, nur zwei seiner engsten Verwandten durften die Urteilsverkündung anhören. Während des ganzen Verfahrens waren die Telefonverbindungen zwischen Omsk und Moskau unterbrochen.

Ich will hier nicht juristische Fragen inhaltlich erörtern oder von den gerichtlichen Repressalien gegen einen ehrlichen und mutigen Mann sprechen, der nach einem zehnmonatigen Hungerstreik dem Tode nahe war und auf Grund von Beweismitteln für schuldig befunden wurde, zu denen man durch Zwang einen Zeugen, der später seine Aussage widerrief, genötigt hatte.

Es war gerade dieser Versuch, das Widerrechtliche der Vorgänge im Gerichtssaal zu verschleiern, der zu all den anderen Gesetzesverletzungen führte.

Ich will hier nur auf unseren Zusammenstoß mit KGB-Agenten in Zivil eingehen, einen Zwischenfall, über den im Ausland viele, aber ungenaue Meldungen erschienen sind, die ich berichtigen möchte.

Wie bei allen politischen Prozessen hinderte der KGB mit nackter physischer Gewalt Freunde und Verwandte des Angeklagten daran, den Verhandlungssaal zu betreten. Diese Tätlichkeiten richteten sich besonders gegen meine Frau und mich, so kraß, daß ich zurückschlug und dabei einen oder zwei KGB-Agenten traf, auch einen Polizisten, dem der KGB befahl, mich beiseitezustoßen.

Ich erkläre, daß meine Gegenwehr – ebenso wie die meiner Frau – nicht vorsätzlicher Widerstand war, sondern eine instinktive Reaktion auf die Gewalt, auf die entwürdigende Behandlung von Dschemilews Freunden und Verwandten, auf die Verhöhnung unserer Gesetze, auf all die tragischen Umstände jenes Verfahrens und der anderen politischen Prozesse in unserem Land.

Auf der Polizeistation schrieb ich eine Erklärung, in der ich auf die widerrechtlichen Begleiterscheinungen des Prozesses hinwies und mich bei den angegriffenen Agenten entschuldigte, aber ich betonte auch, daß sich in diesem Fall die Polizei auf die Seite der Gesetzgeber gestellt habe. Meine Frau weigerte sich, irgendwelche schriftliche Erklärungen abzugeben.

Am nächsten Tag, nachdem Dschemilews Bruder und Schwester widerrechtlich aus dem Verhandlungssaal gewiesen worden waren, forderten meine Frau und ich ein Ende dieser laufenden Übertretungen des Gesetzes – und wieder wurden wir herumgestoßen. Man brachte uns auf die Polizeistation, wo meine Frau auf einer ärztlichen Untersuchung bestand, bei der ausgedehnte Quetschungen konstatiert wurden – die direkte Folge des brutalen Vorgehens des KGB. Auf der Polizeistation wurden wir korrekt behandelt, im Gegensatz zu den Angaben in einem ersten Bericht, der deshalb fehlerhaft war, weil er von Omsk auf Umwegen weitergeleitet werden mußte.

Ich schließe die Möglichkeit gerichtlicher Schritte gegen mich nicht aus. In solch einem Fall wird das Tribunal den Hauptgrund für den Zwischenfall ans Licht bringen müssen, nämlich die Tatsache, daß der KGB und Gerichtspersonen das Gesetz gebrochen haben.

Die beiden TASS-Meldungen über den Ablauf sind komplett gelogen. Es ist eine Lüge, daß wir angeblich beim Gerichtsgebäude eine Balgerei mit empörten Bürgern begannen, aber die größte Lüge ist, daß wir Ruhe und Ordnung im Verhandlungssaal gestört hätten. Wir hätten gar nichts derartiges tun können, aus dem einfachen Grund, weil uns drei Reihen von KGB-Agenten den Weg versperrten, uns und den anderen Freunden und Verwandten des Angeklagten, so daß wir nicht einmal bis vor den Saal kamen – das ist der wahre Sachverhalt!

Frau Sacharows Auslandsreise begann mit einer ärztlichen Behandlung ihres Augenleidens in Italien und endete in Oslo, wo sie im Namen ihres Gatten den Friedensnobelpreis entgegennahm, ehe sie nach Moskau zurückkehrte. Einen Monat später wurde sie in einem TASS-Artikel beschuldigt, eine „üble Verleumdung der wirklichen Verhältnisse des Sowjetsystems" vorzubereiten. Laut Bericht vom 21. Januar 1976 („Frau Bonners antisowjetische Vorführung") organisierte sie für Oberst Efim Davidowitsch, einen Minsker „Refusednik" und hochdekorierten Kriegshelden, eine Pressekonferenz in der Sacharow-Wohnung, wo er sich von „seinem

Mutterland und allem, was ihm dieses gegeben hat, öffentlich lossagen" wolle. Mit der Andeutung, daß Jelena Bonner-Sacharows Reisespesen im Westen von dritter Seite bezahlt wurden, hieß es in dem Artikel: „Die antisowjetische Aktivität, die sie nach ihrer Rückkehr mit solchem Eifer entwickelt, ist leicht zu erklären ... Frau Bonner versucht nun ‚die Gegenleistung für ihre dreißig Silberlinge zu erbringen'."

In einer Erwiderung am nächsten Tag bestritt Frau Bonner, irgendwelche „Vorführungen" geplant zu haben, sie erwähnte, daß die Wohnung, in der das Ehepaar nun lebe, eigentlich die ihrer Mutter sei, wo es Andrej Sacharow nicht gestattet worden sei, seinen offiziellen Wohnsitz zu melden, sie flocht auch ein, daß Oberst Davidowitsch sich zwar vom Sowjetstaat, nicht aber von seinem Vaterland losgesagt habe und erinnerte daran, daß zumindest eine sowjetische Zeitung den Friedensnobelpreis als „die dreißig Silberlinge" bezeichnet habe. Sie fügte hinzu: „Ich begreife nicht, wieso die Presse eines atheistischen Staates so gern ausgerechnet in biblischen Bildern redet."

In einer gleichzeitigen Stellungnahme sagte Oberst Davidowitsch, der Angriff von TASS beweise nur eine unbestreitbare Tatsache, daß die Abhöranlagen in der Sacharow-Wohnung nicht richtig funktionierten ... die KGB-Leute wußten, daß wir miteinander geredet hatten ... doch den Inhalt unserer Gespräche konnten sie sich nicht zusammenreimen. Da sie keine Rüge von ihren Vorgesetzten einstecken wollten, beschlossen die Ausführenden dieses Moskauer „Watergate", eine Geschichte zu erfinden. Ich hatte nie die Absicht, mich von meiner Heimat – dem Staat Israel – loszusagen und das sowjetische Mutterland hat mich schon längst verstoßen, indem es alles leugnete, was ich für dieses Land im Frieden und während des Krieges an der Front getan hatte. Nach Moskau reiste ich zwecks einer ärztlichen Spezialbehandlung, die in Minsk nicht möglich ist ..."

Am 1. März 1976 erlitt Oberst Davidowitsch fünf leichte Herzanfälle. Am 25. März lehnte OVIR (das Amt für Visa und Registrierung) eine neuerliche Begutachtung seines Auswanderungsansuchens ab und am 24. April starb er. Dazu aus einer Stellungnahme, die Sacharow mit sechsundfünfzig anderen unterzeichnete: „Er wurde ermordet, weil er selbstlos für das Recht der sowjetischen Juden kämpfte, nach Israel emigrieren zu dürfen und mit vollem Einsatz jedes Opfer von Verfolgungen verteidigte."

„Russki Golos" (Die russische Stimme) ist eine kleine russische Zeitung, die in New York erscheint, ihr Herausgeber besitzt den sowjetischen Orden für „Freundschaft der Völker", eine Auszeichnung, die Moskau auch anderen Amerikanern verliehen hat. In dem Artikel „Madame Bonner – Sacharows böser Geist?" wurde behauptet, daß Frau Sacharow besondere Sympathien für zionistische oder jüdische Dissidenten bekunde und manche der öffentlichen Erklärungen ihres Gatten ändere oder modifiziere. Sacharow und einige andere Mitglieder der Akademie der Wissenschaften erhielten per Post Exemplare der betreffenden Nummer.

Im weiteren Verlauf des Interviews mit George Krimsky schilderte Sacharow sein Privatleben und seinen Wunschtraum von einer „normalen Zukunft".

Krimsky: Ich persönlich finde, daß Ihre Tätigkeit in mancher Hinsicht prononcierter war, bevor Ihnen der Nobelpreis verliehen wurde.

Sacharow: Was war sie?

Krimsky: Prononcierter. Ich meine damit, deutlicher bemerkbar, aktiver. Es hat den Anschein, daß es während des letzten Jahres weniger Pressekonferenzen gab, weniger Artikel. Stimmt das?

Sacharow: Gerade über diese Frage habe ich sehr viel

nachgedacht und will versuchen, sie zu beantworten. Zunächst: Ganz allgemein gesehen gleicht ein Jahr nie dem anderen, zufällige Ereignisse unterscheiden die Jahre voneinander. Dieses vergangene Jahr war für unsere Familie schwierig und ich muß außerdem eingestehen, daß ich nach so vielen Jahren öffentlicher Tätigkeit, für die ich psychisch schlecht geeignet bin, allmählich den Streß zu spüren beginne. Es fiel mir psychisch sehr schwer, die Last des Weltruhms zu tragen, und dann all diese Kontakte. Viele dieser Zusammenkünfte waren völlig zwecklos und höchst ermüdend ... All das wirkt sich aus. Trotzdem habe ich nicht das Gefühl, aufgegeben zu haben. Ich bin zweimal nach Omsk gereist, zu Dschemilews Prozeß, und einmal nach Njurbachan (wo Twerdochlebow in der sibirischen Verbannung lebte – Hg.). Ich habe viele Dokumente über verschiedene Themen herausgegeben (fast dreißig binnen fünf Monaten). Ich kann nicht sagen, ob das mehr oder weniger war als in früheren Jahren; vielleicht war es etwas weniger, aber es waren dennoch ziemlich viele. Ich schreibe langsam und sehr mühsam, zum Journalisten bin ich jedenfalls nicht geboren. Jedes Dokument kostet mich viel Aufwand, manchmal brauche ich für ein Manuskript mehrere Tage oder auch mehrere Wochen.

Einige der Texte, die ich während jener Zeit schrieb, fanden in weiten Kreisen Beachtung. Einer davon, mein Appell an einen amerkanischen Präsidentschaftskandidaten, hatte, soviel ich weiß, durch die Presse große Breitenwirkung. Doch in anderen Fällen nahm die Presse nur geringe Notiz von meinen Dokumenten und Erklärungen, was besonders auf die Rundfunkverbreitung zutraf. Und das trägt zu dem Eindruck bei, mein Interesse würde erlahmen.

Ich möchte einige Beispiele anführen.

Ich habe einen Appell an eine Reihe von Organisationen einschließlich der UNO gerichtet, um Dschemilew in seiner verzweifelten Lage zu helfen. Diese Erklärung verschwand praktisch in der Versenkung.

Ein anderes Beispiel: Eine Erklärung, die meine Frau schrieb. Sie wollte Kusnezow besuchen (im Arbeitslager – Hg.) und stellte dabei fest, daß er damals im Krankenhaus lag. Die Behörden gaben ihr keine Auskünfte über seinen Zustand und erlaubten ihr nicht, ihn zu sehen. Man sagte ihr sogar, daß auch der frühere Besuch ein Verstoß gegen irgendwelche Bestimmungen gewesen sei. In Wahrheit aber sind solche Besuche nach sowjetischem Recht völlig legal und absolut notwendig, da es sonst niemanden gibt, der sich um ihn kümmern könnte, und dennoch wurde ihr Bericht von Presse und Rundfunk nicht verbreitet.

Ich war sehr beunruhigt – ich würde sagen fast verstört – darüber, wie man mit dem Interview eines Auslandskorrespondenten verfuhr. Wir hatten vereinbart, daß ich die Antworten schriftlich geben würde. Ich arbeitete daran zwei Wochen lang und maß der vollständigen, unverfälschten Veröffentlichung große Bedeutung bei. Aber zwei Wochen später wurde mir mitgeteilt, daß die Zeitung den eigenen Artikel ihres Korrespondenten bringen wolle und nicht meine Antworten. Ich nahm den Text zurück und er blieb unveröffentlicht.

Krimsky: Wann war das?

Sacharow: Vor den amerikanischen Präsidentschaftswahlen. Aber ich stimmte einer späteren Publikation mit einigen kleinen Änderungen zu.

Ich glaube, damit habe ich mehr oder weniger alle Ihre Fragen beantwortet.

Einerseits bin ich immer an der Arbeit, andererseits habe ich immer Schwierigkeiten. Das gehört alles zu meinem Leben.

Krimsky: Wie lange werden Sie in Anbetracht Ihrer physischen und psychischen Verfassung Ihre Tätigkeit so wie jetzt fortsetzen können?

Sacharow: Das weiß ich wirklich nicht. Ich lebe von einem Tag zum anderen und tue, was das Leben von mir fordert. Wie lange das weitergehen kann, hängt von vielen Faktoren ab, persönlichen und allgemeinen. Teils von der Hilfe, die mir geleistet wird – davon, wie jüngere Männer selbst die Verantwortung übernehmen, die ich trage und auch von der Unterstützung, die ich von der Weltöffentlichkeit zu erwarten habe. Und natürlich von meiner Gesundheit und meinen Familienverhältnissen.

Wenn ich darüber nachdenke, was ich mir für meine Familie und mich selbst wünsche, dann muß ich sagen, daß ich, wie jeder Mensch, eine normale Zukunft und ein normales Schicksal möchte. Doch leider, bei dem was jetzt geschieht, bei diesem dauernden Druck, unter dem wir alle stehen, fällt es schwer, an einen glücklichen Ausgang zu glauben. Es ist schwierig vorauszusagen, wie sich die Dinge entwickeln werden.

Krimsky: Stichwort Ihre Zukunft. Sie erhielten mehrere Einladungen in den Westen. Früher haben Sie immer gesagt, daß Sie ohne Erlaubnis zur Rückkehr nicht ausreisen würden. Wie denken Sie nun darüber und wo, glauben Sie, werden Sie in fünf Jahren sein?

Sacharow: Ich werde versuchen, mir die Situation vorzustellen und aus meiner Sicht darzulegen. Ich habe tatsächlich sehr viele Einladungen erhalten, darunter eine zu Vorlesungen in Princeton.[1] Dann, im Vorjahr, hätte man mir erlauben sollen, den Nobelpreis persönlich in Empfang zu nehmen. Ich fand immer, es sollte mir möglich sein auszureisen, da es eine Brüskierung wäre, solch eine Reise abzulehnen und im Fall der Rede zur Preisverleihung unverzeihlich – aber natürlich ging ich davon aus, daß mir gestattet würde, in die Heimat zurückzukehren. Nun sehe ich, daß meine ei-

[1] Berühmte amerikanische Universität.

gene und die Situation meiner Familie sich von Jahr zu Jahr verschlechtert und daß es noch schlimmer werden könnte. Angesichts der Erfahrungen der letzten Jahre kann ich eine Reise oder dauernden Aufenthalt im Ausland nicht ernsthaft als Ausweg aus meiner persönlichen Lage betrachten. Ich glaube, daß ich für mich persönlich andere Alternativen in Erwägung ziehen muß.

Nach der Veröffentlichung des russischen Originaltextes von Eduard Kusnezows „Gefängnistagebüchern" im Westen, wurde Frau Sacharow im November 1973 vom KGB verhört, sie verweigerte die Aussage, übernahm aber – in einer Erklärung vom 20. November – die Verantwortung für die Beförderung des Manuskriptes in den Westen. Dennoch wurden Gabriel Superfin* und Viktor Chaustow* im Zusammenhang mit diesem Buch eingesperrt.*

Frau Sacharow war es an Stelle seiner schwerkranken Mutter gelungen, Kusnezow bereits vor 1976 im Gefängnis und im Lager zu besuchen. Da ihr nicht gestattet wurde, ihn im November 1976 im Lagerhospital der Region Mordwinien wiederzusehen – der Anlaß ihres Appell ohne Widerhall –, verbrachten sie und ihr Gatte im Dezember 1977 einige Zeit in der Siedlung Sosnowska, dem Verwaltungszentrum der mordwinischen Lager, und machten einen zweiten, erfolglosen Versuch, ein Verwandtentreffen mit Kusnezow herbeizuführen. (Er ist Frau Sacharows Neffe.) Zugleich begann er selbst einen Hungerstreik aus Protest, weil ihm eine Begegnung mit den Freunden oder seiner Frau (und Mitangeklagten im Leningrader Flugzeugentführungsprozeß von 1970) Silva Salmanson verweigert wurde, die aus der Haft entlassen worden war und die Erlaubnis zur Auswanderung nach Israel erhalten hatte.

In einem Interview mit „France-Soir" am 23. Februar

1977 gab Sacharow weitere Einzelheiten über sein Privatleben und seinen Lebensstil an:

Frage: Erzählen Sie mir über Ihr Leben – Einkommen, Auto, Wohnung, Freunde, was Sie lesen, welche Filme und Theaterstücke Sie sehen.

Sacharow: Das ist viel auf einmal gefragt; ich werde mit dem letzten Punkt beginnen. Seit dem Frühsommer 1975 war ich nicht mehr im Theater. Auf Drängen meiner Freunde besuchte ich unlängst zwei Konzerte, in denen (der Pianist Swjatoslaw) Richter Bach spielte. Beide Konzerte machten uns einen unvergeßlichen Eindruck; bei unserer Lebensweise erschienen sie wie Reisen in eine andere Welt. Im Kino war ich schon lange nicht. Ich lese sehr wenig, ich habe weder die Zeit noch die Kraft dafür. Manchmal lese ich meiner Frau vor dem Schlafengehen englische Krimis vor. Solche „Entspannung" gönnen wir uns etwa um zwei oder drei Uhr morgens.

Ich habe nach sowjetischen Begriffen ein ziemlich hohes Einkommen: (Monatlich) erhalte ich 350 Rubel als höherer Wissenschaftler und 400 Rubel als Mitglied der Akademie. Meine Frau bezieht eine Pension von 120 Rubel, meine Schwiegermutter 85 Rubel. Das sind die Einkünfte unserer Familie. Unsere Ausgaben liegen immer höher. Die Familie besteht aus sieben Personen, wir leben zusammen mit meiner Schwiegermutter und mit der Familie meiner Stieftochter in einer Zweizimmerwohnung, auf die ich keinen formellen Anspruch habe. Meine Schwiegermutter und Tanjas Familie fühlten sich in der Wohnung zu beengt und siedelten im Vorjahr einfach aus der Stadt in die Datscha über; dieser Umzug komplizierte ihr Leben beträchtlich: Meine Schwiegermutter ist ohne ärztliche Betreuung, sie kann keinen Arzt aufsuchen, mein Enkel kann nicht in den Kindergarten gehen, Essen, Wäsche und andere alltägliche Erfordernisse sind ein Problem. Noch dazu sind Tanja und Jefrem von ihren Freunden und ihrer Gruppe getrennt und sie haben beide keine Stelle. Efrem ist es nicht gelungen, Arbeit zu finden, seit er im Dezember 1975 hinausgeworfen wurde, und Tanja muß sich um zwei Kleinkinder kümmern. Selbst wenn Efrem eine Anstellung fände, könnte Tanja nicht allein in der Datscha mit zwei kleinen Kindern und einer leidenden Großmutter bleiben. So gibt es in unserer Familie sieben Menschen zu versorgen.

Mein Sohn Dimitri ist Student, ich muß ihn unterstützen. Mein Bruder ist zu krank, um einen Beruf auszuüben, und die 120 Rubel, die ich ihm monatlich gebe, sind sein einziges Einkommen. Der Sohn meiner Frau ist auch Student. Er hat ein Stipendium von 40 Rubel, zu dem wir etwas beisteuern und manchmal verdient er sich etwas durch Stundengeben dazu. Seine Frau ist ebenfalls Studentin, sie erhält das gleiche Stipendium und die beiden haben eine einjährige Tochter. Meinen verheirateten Töchtern gebe ich keine regelmäßigen Zuschüsse, aber wir helfen ständig Freunden, Bekannten und auch Fremden und wir leben, wie man sagt, immer „vom Versetzen". Soviel über mein Gehalt oder eher über meine Einkünfte und Ausgaben.

Die Wohnungsfrage ist wahrscheinlich das Hauptproblem unseres Lebens. Wir hatten auf einen Tausch gehofft, damit wir alle sieben in einer Vierzimmerwohnung unterkämen, aber das Bezirksexekutivkomitee verbot den Wechsel unter Verletzung der sowjetischen Gesetze. Am 2. März wird das Stadtgericht entscheiden, ob das Bezirksgericht über unseren Einspruch gegen die Verfügung des Komitees verhandeln kann oder nicht.

Ein Auto? Während der Arbeitszeit, aber nicht am Samstag und Sonntag, kann ich einen Wagen aus dem Wagenpark der Akademie der Wissenschaften anfordern. Alle Akademiker haben dieses Recht und offenbar kann ich ein Auto der Akademie benützen, solange ich Mitglied bleibe.

Die Schwierigkeiten des Wohnungstausches in der Sowjetunion wären ein Thema für ein eigenes Buch. (Und tatsächlich schrieb Wladimir Wojnowitsch nach einem authentischen Fall eine meisterhafte Satire, die unter dem Titel „The Ivankiad“ = „Die Ivankiade“ 1976 im Westen erschien.)

Gegen Ende des Jahres erhielt das Ehepaar einen maschinenschriftlichen Brief, in dem Sacharow aufgefordert wurde, nicht mehr öffentlich zu sprechen, Jefrem Jankelewitsch und dessen Sohn Matwej wurden mit dem Tod bedroht. Die Unterschrift „Zentralkomitee der Russischen Christlichen Partei“ ist offenkundig eine Fiktion, aber die Drohung selbst wurde im Januar 1976 Jankelewitsch gegenüber von zwei Männern wiederholt, die ihm auf einer Vorstadtstraße den Weg versperrten, als er von einem Müllplatz zurückkam. Im Frühjahr 1976 wurden Jankelewitschs Mutter und ein Automechaniker, dem sie ihren Wagen zur Reparatur des Motors und der Hinterachsen übergeben hatte, von der Polizei vernommen, offenbar in der Absicht nachzuweisen, daß das Auto, mit Efrem am Steuer, an einem Unfall beteiligt gewesen sei. Obwohl man seiner Mutter ankündigte, daß ein Strafverfahren gegen ihn eingeleitet werde, kam es nie zur Anklage.

Im Januar 1977 wurde Tanja Semjonowa Jankelewitsch im KP-Organ der Region Moskau, „Leninskoje Snamja“ (Lenin-Banner), als „die gespenstische Laborassistentin“ angegriffen und im April neuerlich in einer Satire der Presseagentur „Nowosti“, die an Auslandskorrespondenten verteilt wurde. Zwischen Februar und Juli wurde sie auch zu einem angeblichen Fall „gemeinsamer Veruntreuung von Staatseigentum“ mehrmals vernommen.

Im November 1977 verlagerte sich der Druck von der Familie Jankelewitsch – sie hatte die Sowjetunion bereits verlassen – auf Frau Sacharows Sohn und am 10. November berief Sacharow eine Pressekonferenz ein, um mit einem Appell das internationale Interesse wachzurütteln.

Ich habe zu dieser Pressekonferenz geladen, um über eine neue, besonders folgenschwere Form des Druckes auf meine Familie zu berichten. Am 5. November wurde mein Sohn Alexej Semjonow unter einem Vorwand aus dem 5. Jahrgang des Moskauer Staatlichen Lenin-Institutes für Pädagogik ausgeschlossen, zwei Monate nachdem seine Schwester Tanja Semjonowa und deren Gatte, Jefrem Jankelewitsch – die Familienmitglieder, die in den letzten beiden Jahren am meisten unter Repressionen litten – die Sowjetunion verlassen hatten, und neun Monate nachdem mich die Staatsanwaltschaft der Sowjetunion aufgefordert hatte, meine öffentlichen Aktionen einzustellen. Die Verwarnung war an mich gerichtet, aber die Vergeltung traf Tanja, Jefrem und nun Alexej. Offizieller Grund für den Ausschluß war ein Bericht des Lehrkörpers für vormilitärische Ausbildung. Abschriften dieses Berichtes – eindeutig auf Betreiben höherer Stellen verfaßt – werde ich verteilen lassen.

Am selben Tag billigte der Prorektor des Moskauer Staatlichen Institutes für Pädagogik – offenbar auf Grund der gleichen Weisung, die, davon bin ich überzeugt, direkt oder indirekt vom KGB ausging – den Ausschlußbescheid, ohne die Fakten des Falles zu überprüfen. Am 5. November unterschrieb der Rektor des Instituts das Dokument.

Aljoscha war einer der tüchtigsten Schüler seines Jahrgangs. Er widmete Kameraden, die nicht so rasch vorwärtskamen, sehr viel Zeit. Er brachte es zuwege, auf verschiedenen Gebieten tätig zu sein – seinen Studien, selbständiger

Forschung, zeitraubenden familiären Verpflichtungen (seine Frau Katja ist ebenfalls Studentin und die beiden haben eine dreijährige Tochter Katja) – und durch Nachhilfeunterricht dazuzuverdienen.

Seine schlechte Zensur im Militärkurs und der Vorwurf systematischer Verletzung der militärischen Disziplin sind offenkundiges Resultat von Vorurteilen gegen ihn. Ich betone diese Tatsache in meiner Eingabe an den Rektor des Moskauer Staatlichen Instituts für Pädagogik – Kopien werde ich verteilen.

Ehe ich das Wort an Professor Meiman weitergebe[1] und dann Ihre Fragen beantworte, möchte ich besonders hervorheben, daß Aljoscha Semjonow und seine Familie nur mehr Geiseln sind, ohne jegliche Zukunftsaussichten. Daher müssen sie versuchen, das Land zu verlassen, vor allem, weil sich ihre Lage erheblich verschlechtern könnte, falls Aljoscha zum Wehrdienst einberufen würde.

Ich appelliere an die Weltöffentlichkeit, namentlich an Studenten- und wissenschaftliche Organisationen, sich aktiv für Alexej Semjonow einzusetzen.

In den Dokumenten, welche Sacharow den Korrespondenten übergab, war die offizielle Begründung für den Ausschluß angegeben – die Beschuldigung, Semjonow habe durch viermaliges „eigenmächtiges" Entfernen aus dem Ausbildungslager (wofür er fünf Tage Stubenarrest absaß) und zwei erfolglos abgelegte Schlußprüfungen in militärischen Fächern „moralische und persönliche Anlagen" gezeigt, die ihn für das Studium oder die wissenschaftliche Laufbahn ungeeignet erscheinen ließen. In seinem Protest an den Rektor des Institutes

---

[1] Der Mathematiker Naum Meiman, Mitglied der Moskauer Helsinki-Gruppe, hatte sich lange Zeit um die Genehmigung bemüht, zu seiner Tochter in die USA emigrieren zu können. – Hg.

erklärte Sacharow, man habe seinen Stiefsohn absichtlich schlecht benotet, obwohl dieser bereits früher ein Examen mit demselben Prüfungsstoff bestanden habe. Was die Entfernung von der Truppe betreffe, so habe Semjonow sich wegen der Erkrankung seiner Tochter absentiert, und zwar mit mündlicher Erlaubnis des Kommandeurs und außerhalb der eigentlichen Ausbildungszeit. Die Voraussage über die Emigration sollte sich übrigens rasch bewahrheiten: Am 9. Januar 1978 stellte Semjonow den Antrag und schon vier Tage später erhielt er Bescheid, er könne sein Ausreisevisum abholen.

In den Jahren 1976 und 1977, als sich der Druck auf Sacharow verstärkte, wurde er öfters gefragt, ob auch er zum Aufgeben gezwungen werden könne, so zum Beispiel in einem Gespräch mit einem Interviewer am 30. Oktober 1976:

Frage: Was haben Sie nun vor? Rechnen Sie mit einer Situation, in der Sie genötigt wären, ins Ausland zu reisen oder sogar zu emigrieren?

Sacharow: Bis jetzt hat sich meine eigene Lage und die meiner Angehörigen von Jahr zu Jahr verschlechtert und es ist denkbar, daß es in Zukunft noch schlimmer wird. Ich hoffe, daß das Gewicht der internationalen öffentlichen Meinung solch eine Entwicklung verhindert. Ich betrachte Emigration oder eine befristete Auslandsreise für mich selbst nicht als einen Ausweg.

Die gleiche Frage, anders formuliert, stellte ein NBC-Korrespondent am 25. März 1977:

Frage: Für Generalsekretär Breschnew sind Sie zweifellos ein Erreger ständigen Ärgernisses. Wie blieben Sie verschont, und fürchten Sie nicht für Ihre persönliche Sicherheit oder die Sicherheit Ihrer Familie?

Sacharow: Ich mache mir Sorgen über die Zukunft meiner Familie. Im Jahr 1973 trat die Weltöffentlichkeit für uns ein und in weniger gefährlichen Situationen meine Wissenschaftler-Kollegen. Nun warte ich auf die gleiche Unterstützung.

VII

Furcht und Hoffnung

Der folgende Essay (am 7. März 1977 beendet) wurde für einen Sammelband geschrieben, den das norwegische Nobelpreis-Komitee 1978 herausgab. Der russische Originaltext erschien 1977 im Verlag „Chronika Press“, New York.

Unrecht irgendwo
bedroht das Recht überall.
Martin Luther King Jr.

Höchstwahrscheinlich haben die anderen Autoren dieses Bandes bereits eindringlich auf die verhängnisvolle Situation unserer Zeit hingewiesen; es erübrigt sich, nochmals die folgenschweren Probleme der modernen Welt aufzuzählen, an erster Stelle die Drohung totaler Vernichtung in einem größeren Atomkrieg. Diese Probleme wurden weitgehend durch die Teilung der Menschheit in die beiden gegensätzlichen Systeme des Kapitalismus und des Sozialismus und in eine Dritte Welt der Entwicklungsländer geschaffen und verschärft.

In weiten Kreisen herrscht Klarheit darüber, daß die Konfrontation des sozialistischen mit dem kapitalistischen System nicht nur viele der Schwierigkeiten bewirkt, mit denen die Welt zu kämpfen hat, sondern auch die Wahl unter den möglichen Lösungen unserer brennenden Probleme beeinträchtigt.

Während der letzten Jahrzehnte – die längste Zeit seiner bisherigen Existenz – war das totalitär-sozialistische System global in der Offensive und hat seinen Einfluß auf die Massenpsyche und die politischen Entscheidungen auch in Staaten ausgeweitet, die formell diesem Machtblock nicht verbunden sind; das kapitalistische System befand sich während jener Phase in der Defensive. Dieses konträre Verhältnis muß man unbedingt in Rechnung stellen, wann immer strittige Fragen wie Abrüstung, Ideologie und Menschenrechte erörtert werden. Außerdem muß man die größeren Veränderungen in Betracht ziehen, die sich diesbezüglich in jüngster Zeit ereignet haben und unter der allgemeinen Devise „Lockerung der internationalen Spannungen“ stehen. Ferner gilt es, die zweifellos erheblichen Unterschiede zwischen den einzelnen sozialistischen Staaten zu bedenken.

Expansion in ihrer drastischsten, auf brutalen Raub orientierten Form war kennzeichnend für Hitlers Deutschland. Der Nationalsozialismus, der viele Völker in die Katastrophe stürzte und sich durch grauenhafte Verbrechen mit Schande bedeckt hat, war insgesamt zwölf Jahre an der Macht, bis zu seinem unrühmlichen Ende anno 1945.

Das totalitär-sozialistische System, das nach einem sehr langen Bürgerkrieg vor fast dreißig Jahren in China die Oberhand behielt, ist ein viel komplizierteres, widerspruchsvolleres Phänomen. Positiv ist dabei zu bewerten, daß es die chronische Hungersnot beseitigt hat, die in diesem riesigen, rückständigen Reich Millionen Menschenleben forderte. China ist offenbar derzeit vor allem mit internen Problemen beschäftigt. Wir wissen sehr wenig darüber, wie das chinesische Volk wirklich lebt und haben keinen Grund, uns Illusionen zu machen, doch haben wir jedenfalls soviel Einblick, um zu erkennen, daß das materielle und geistige Leben und die allgemeine Wirtschaftsentwicklung qualitativ noch immer auf relativ niedriger Stufe stehen.

Konform mit Chinas geringem Wirtschafts- und Militärpotential ist seine außenpolitische Aktivität minimal, sie beschränkt sich fast zur Gänze auf ein Tauziehen mit der Sowjetunion um den Einfluß in Entwicklungsländern, neuen kommunistischen Staaten und bestimmten Kommunistischen Parteien. Natürlich dürfen wir die Möglichkeit einer künftigen Kehrtwendung in Richtung Expansion aufgrund eines höheren wirtschaftlichen und militärischen Entwicklungsstandes nicht ignorieren. Angesichts von Chinas immensen Rohstoffquellen und seiner ungeheuren Bevölkerungszahl könnte ein solcher Umschwung eine außerordentlich ernste Situation schaffen, aber vorläufig ist dies nicht mehr als eine Möglichkeit für die Zukunft.

Die raffinierteste Form der totalitär-sozialistischen Gesellschaftsordnung existiert in der Sowjetunion. Die sechzigjährige Geschichte des Sowjetstaates ist erfüllt von schrecklicher Gewalt, abscheulichen Verbrechen im Land und außerhalb, Zerstörung, und den Leiden, der Erniedrung und dem Verderben von Millionen Menschen. Doch besonders während der ersten Jahrzehnte erbrachte diese historische Entwicklung auch große Hoffnungen, Bemühungen zur Produktionssteigerung sowie einen Geist der Hingabe und der Opferbereitschaft. Heute ist all dies – das Schändliche und das Grausame, das Tragische und das Heroische – hinter der Fassade relativen materiellen Wohlstands und der Gleichgültigkeit der Massen verschwunden, es hat sich eine zutiefst zynische Kastengesellschaft gebildet, die ich als gefährlich betrachte (für sich selbst ebenso wie für die gesamte Menschheit) – eine innerlich angefaulte Gesellschaft, die von zwei Prinzipien geleitet ist: „blat“[1] und der populären Redensart: „Es ist nutzlos, mit dem Kopf ge-

[1] Ein Ausdruck der russischen Umgangssprache mit dem Sinn: „Eine Hand wäscht die andere.“

gen die Wand zu rennen". Aber unter der verkrusteten Oberfläche unserer Gesellschaftsordnung herrschen grausame Knechtung der Massen und Gesetzlosigkeit, es fehlen Bürgerrechte, die den Durchschnittsmenschen vor einer Staatsmacht schützen, welche nie, weder dem eigenen Volk noch der Welt Rechenschaft ablegt, wobei diese beiden verantwortungslosen Positionen in enger Wechselbeziehung stehen. Solange diese Situation anhält, kann es sich niemand in unserem Land oder irgendwo auf der Welt leisten, in Selbstzufriedenheit zu verfallen.

Doch die Gefahr, daß unser Unrecht und das Übel unserer Sklaverei sich ausbreiten, ist kein bloßer Angsttraum. Gemeinsam mit anderen Staaten ihres Blocks verfügt die Sowjetunion über sehr beträchtliche materielle und organisatorische Machtmittel, und es ist ihr gelungen, auf den Gebeinen der GULag-Sklaven und durch skrupellose Ausbeutung der menschlichen und natürlichen Ressourcen ein starkes, wenngleich in sich unausgewogenes Wirtschaftssystem zu errichten.

Durch gezielten Einsatz materieller und geistiger Kräfte für militärische Aufgaben hat sich die Sowjetunion annähernde militärische und technische Parität mit den besser entwickelten Staaten des Westens gesichert und bei Panzern, U-Booten, Geschützen sowie in anderen Sparten zahlenmäßig sogar einen Vorsprung gewonnen. Von erheblicher Bedeutung ist die Tatsache, daß die Sowjets ein gewaltiges Raketen- und Kernwaffenarsenal besitzen. Die Sowjetunion hat das größte stehende Friedensheer der Welt. Nicht weniger signifikant ist die zentralisierte und im wesentlichen militaristische Struktur der Kontrolle über Wirtschaft, Propaganda, Transport, Kommunikation, Außenhandel, Diplomatie usw.

Doch der hervorstechendste Wesenszug dieser Gesellschaftsordnung ist ihre gleichsam naturgegebene „Abgeschlossenheit". Ich verwende dieses Wort, um ein System zu definieren, welches die meisten internen Nachrichtenverbindungen blockiert, wie sie eine demokratische Gesellschaft benötigt. Uns wird die Pressefreiheit verweigert, für den durchschnittlichen Sowjetbürger ist eine Auslandsreise fast unmöglich, die Emigration schwierig und die Rückkehr dann undenkbar.

Genau jene „Abgeschlossenheit" der Gesellschaft fördert die expansionistischen Fähigkeiten des Staates und sichert zugleich seine antidemokratische Stabilität, trotz des Unvermögens, nach westlichen Begriffen soziale Erfordernisse zu erfüllen. Unser Lebensstandard ist relativ niedrig – besonders was Wohnverhältnisse, Ernährung und Kleidung betrifft – und von großen Diskrepanzen zwischen den einzelnen Regionen gekennzeichnet; auch Schul- und Gesundheitswesen weisen qualitative Mängel auf. Eine Minderheit der Privilegierten wird in allem und jedem bevorzugt, aber da der Sowjetbürger keine Vergleichsbasis hat, scheint er dafür blind zu sein, und der Besucher aus dem Westen merkt gar nichts von den vielen sorgfältig getarnten Besonderheiten des Systems. Seine Unkenntnis macht ihn häufig wehrlos gegen prosowjetische Propaganda, die an sich schon eine Form von Expansion ist. Wie eine „abgeschlossene" Gesellschaft funktioniert, erwies sich etwa während des Einmarsches in der Tschechoslowakei im Jahr 1968, als sich zeigte, wie leicht den meisten Sowjetbürgern die Propagandamärchen über die Wiedererrichtung des Kapitalismus in jenem Land, die Drohung des deutschen Revanchismus und ähnliches glaubhaft gemacht werden konnten.

Der bedenklichste Mangel eines „abgeschlossenen" Gesellschaftssystems aber ist das völlige Fehlen demokratischer Kontrolle der höheren Partei- und Regierungskreise hinsichtlich der Innen- und Außenpolitik. Letztere birgt besondere Gefahrenmomente, denn hier geht es um den sprichwörtlichen Finger auf dem Druckknopf des Kernwaffenpotentials. Zwischen dem Phänomen der „Abschirmung“ unserer Gesellschaft und der Frage der politischen und Bürgerrechte besteht ein innerer Zusammenhang, denn das Thema Menschenrechte ist nicht bloß ein moralischer Wertbegriff, sondern auch ein ungemein wichtiger Teil des Gesamtkomplexes des internationalen Vertrauensverhältnisses und der internationalen Sicherheit. Diese These war das Leitmotiv meiner öffentlichen Stellungnahmen in den letzten Jahren.

Marx und seine Anhänger behaupteten, das kapitalistische System habe seine Möglichkeiten schon längst ausgeschöpft und das bessere System des Sozialismus für die Wirtschaftsordnung, die Produktivität, den Lebensstandard der Arbeiter sowie die Mitbestimmung der Bürger in Regierung und Verwaltung werde zur Beseitigung des Kapitalismus führen. In der Realität erwies es sich anders: Der Sozialismus, zumindest in seiner totalitären Form, hat tatsächlich expandiert, aber keineswegs infolge seiner Vorzüge und seines progressiven Charakters.

Während desselben Zeitraums hat auch das kapitalistische System seine Fähigkeit zur Weiterentwicklung und Veränderung unter Beweis gestellt. In den westlichen Ländern wurde ein in der Geschichte beispielloser Standard an „Lebensqualität“ durch große Fortschritte im Sozialwesen erreicht. Die heutige kapitalistische Gesellschaftsordnung kann man, mit einigen Einschränkungen, als „Kapitalismus mit menschlichem Antlitz“ bezeichnen. Die wissenschaftlichen und technischen Höchstleistungen, die ich als Grundlagen dieses materiellen Fortschritts betrachte, haben ein unerhört reichhaltiges Angebot an Konsumgütern ermöglicht, die schon an sich wesentlich dazu beitragen, das Problem der Verteilung des materiellen Wohlstands zu lösen. Aber die *Ideen* der sozialen Gerechtigkeit, der Menschenrechte und der Demokratie, die – aus dem Christentum und anderen Glaubensbekenntnissen entstanden und während der letzten hundert bis hundertfünfzig Jahre durch sozialistisches Gedankengut, einschließlich des Marxismus weiterentwickelt – formend auf das Sozialbewußtsein einwirkten, spielen in der kapitalistischen Gesellschaft keine weniger bedeutsame Rolle. Wir können erwarten, daß der Westen im Verlauf der nächsten Jahrzehnte auch der Lösung anderer Probleme – dem Rohstoffschwund, der Geburtenkontrolle, der Nationalitätenfrage, der Urbanisierung, der Kriminalität, der Rauschgiftsucht etc. – näherkommen wird und zwar auf demokratischem Weg, ohne Einschränkungen persönlicher Freiheit für die Massen.

Wir können auch annehmen, daß sozialistische Ideen in ihrer pluralistischen, antitotalitären Ausprägung in der sozialen Entwicklung des Westens weiterhin eine sehr konkrete Rolle spielen werden, was im Effekt eine allmähliche Konvergenz des Westens und der sozialistischen Welt fördern wird.

Nicht ganz so überzeugt bin ich von der gegenläufigen Evolution des totalitären Sozialismus in Richtung Pluralismus, denn ein solcher Vorgang hängt von vielen inneren und äußeren Bedingungen ab, die wichtigste davon wäre die Überwindung jener „Abgeschlossenheit" des totalitär-sozialistischen Gesellschaftssystems. Natürlich werden diese schwerwiegenden Probleme nicht im Handumdrehen gelöst werden können; unweigerlich werden wir uns mit Leuten abgeben müssen, die Roßkuren verschreiben, die faktisch gefährlicher wären als die Krankheit selbst, aber im demokratischen Westen mit seiner viele Bereiche erfassenden offenen Diskussion kritischer Fragen wird der Einfluß solcher Extremisten hoffentlich letzten Endes neutralisiert werden.

In diesem Zusammenhang ist der Gesinnungswandel einiger starker westlicher Kommunistischer Parteien äußerst bezeichnend. Seit einiger Zeit rücken sie vom pro-sowjetischen Dogmatismus ab und zwar in Richtung einer klassischen sozialdemokratischen Ideologie.

Dies sind die Aussichten des Westens, wenn wir von der Möglichkeit einer Konfrontation mit dem sozialistischen Lager absehen. Aber ist denn die totalitäre Ordnung überhaupt zu einer unabhängigen, harmonischen, allmählichen Entwicklung innerhalb ihrer eigenen Grenzen fähig? Offenkundig braucht dieses System die Expansion, die Abschirmung gegen Informationen und demagogisches Eigenlob – besonders hinsichtlich der „glanzvollen Zukunft" seiner welthistorischen Mission – ebensosehr wie die Ergebnisse des wissenschaftlichen und technischen Fortschritts im angefeindeten Kapitalismus. Da die Führer des Systems auf ernstliche Schwierigkeiten in der inneren Entwicklung und in den Beziehungen zur Außenwelt gestoßen sind, sahen sie sich schließlich gezwungen, ihre Taktiken und Äußerungen zu modifizieren, allerdings ohne erste Veränderungen der Endziele ihres Systems. Das ursprüngliche Taktieren, das man die „Komintern-Phase" nennen könnte, durchlief mehrere Zwischenstadien, ehe es durch die „Entspannung" ersetzt wurde.

Das Wort „Entspannung" ist nicht neu. Früher, 1933–1939, bezeichnete es die Beziehungen zwischen den Westmächten und dem Hitlerdeutschland. Ich will damit nicht andeuten, daß sie nur eine Falle für den Westen sei; taktische Veränderungen haben tatsächlich solches Gewicht erlangt, daß solche auch bedeutende Wandlungen bis in tiefere Schichten bewirkt haben. Besonders wichtig ist, daß die Entspannung neue Möglichkeiten wechselseitiger Einflußnahme eröffnet und eine Chance bietet, die Menschheit aus einer argen Zwangslage zu befreien, eine Chance, die man unter allen Umständen ergreifen sollte. Doch die Entspannung birgt auch eine neue Gefahr, nämlich daß die totalitär-sozialistische Expansion sich ihrer nur als einer Tarnung bedient, die sie noch heimtückischer macht.

Welche Politik sollte der Westen bei seinen Beziehungen zu den sozialistischen Ländern unter diesen neuen, schwierigeren Bedingungen verfolgen? Ich bin überzeugt, daß das Hauptziel der Entspannung die Gewährleistung internationaler Sicherheit ist. Wesentliche Voraussetzungen dafür sind: Abrüstung, Festigung des internationalen Vertrauens, Überwindung der Absperrungen des sozialistischen Systems nach außen, weltweiter Schutz der Menschenrechte. Diese Elemente aber sind nicht unabhängig voneinander. Die Abrüstung nimmt zwar eine gewisse Priorität ein, aber Sicherheit kann man nicht dadurch erreichen, daß man sie auf rein militärische Aspekte der Entspannung beschränkt. Westliche Spitzenpolitiker dürfen bei Abrüstungsverhandlungen ohne greifbare Resultate nicht den Anschein aufkommen lassen, dennoch Erfolge erzielt zu haben! Damit würden sie ihre eigenen Länder täuschen und – als Schlimmstes – sie zu einseitigem Rüstungsabbau herausfordern. Diese konkrete Gefahr besteht sowohl wegen der strengen Geheimhaltung in den sozialistischen Staaten als auch wegen der Kurzsichtigkeit und der innenpolitischen Manöver gewisser westlicher Politiker, die bereit sind, für einen momentanen Vorteil im eigenen Land das heikle globale Gleichgewicht aufs Spiel zu setzen.

Abrüstungsverhandlungen sind nur von einer Position gleicher Stärke aus möglich. Es ist nicht so, daß nur der Westen wirklich an Rüstungsbeschränkungen interessiert ist und die Sowjetunion lediglich dann Kompromisse schließt, wenn sie dafür wirtschaftlichen Nutzen sowie politische und ideologische Zugeständnisse erwarten kann: In Wahrheit erfordern die eigentlichen Interessen der Sowjetunion, die schwer an der Last der Übermilitarisierung trägt, Senkungen der Militärausgaben und Kürzungen auf den Sektoren der Streitkräfte und der Rüstungsindustrie in noch viel größerem Ausmaß. Bei den eigentlichen Verhandlungen sollte man immer bedenken, daß die Abrüstung in der sowjetischen Propaganda eine zentrale Rolle spielt, die nicht so leicht ignoriert werden kann wie etwa ein Handelsvertrag. Deshalb glaube ich, daß die Befürchtungen des Westens, Erklärungen zum Schutz der Menschenrechte könnten die Verhandlungen beeinträchtigen, unbegründet sind.

Außerdem sollte man sich auch deutlich vor Augen halten, daß ohne wahre Entspannung und ohne jene internen Reformen, die sie im Idealfall bedingt, das eigentliche Ausmaß der Abrüstung sowieso unwesentlich sein wird. Die moralische Stärke der demokratischen Traditionen des Westens findet ihren Ausdruck in ruhiger, beharrlicher Verteidigung der Menschenrechte auf der ganzen Welt; die Unterstützung der Menschenrechtskampagne in den sozialistischen Ländern hat den günstigen Nebeneffekt, das sozialistische System zu öffnen. Handel als auch wissenschaftliche und kulturelle Kontakte sind schon an sich als Mittel zur Weiterführung der Entspannung wichtig (besonders für die sozialistischen Staaten). Doch in vernünftigen Grenzen können sie auch als indirekte Druckmittel angewendet werden, um auf die Hauptziele der Entspannung hinzuarbeiten, auf Abrüstung und Garantie der Menschenrechte.

Auf einige dieser Ideen möchte ich näher eingehen.

Zuerst zur Abrüstung: Gegenwärtig spricht man viel über Beschränkung der strategischen Waffen als einen ersten Schritt auf dem Weg zu ihrem Abbau und schließlich zu einem totalen Kernwaffenverbot. Diese Erörterungen sind vordringlich, da thermonukleare Raketen schon heute die Zivilisation gefährden und in Zukunft alles Leben auf der Erde bedrohen werden. Überdies erweisen sich in mehrfacher Hinsicht Verhandlungen über solche „Overkill"-Waffen vom diplomatischen wie vom technischen Standpunkt aus als einfacher. Aber infolge des Fortschritts von Technik und Massenproduktion werden auch „konventionelle“ Waffen zu einer allmählich wachsenden Gefahr. Ich habe bei vielen Gelegenheiten (z.B. in meiner Nobelpreisrede) geschrieben, daß sich wahre internationale Sicherheit auf eine „ausgewogene“ Abrüstung gründen müsse, bei der in jeder Phase zwischen potentiellen Gegnern eine „detaillierte Parität“ (dieser Ausdruck ist der Statistischen Physik entlehnt) aller militärischen Machtmittel eingehalten wird. Darunter verstehe ich jeweils getrennte Parität von Panzern, Mannschaftsständen, Kernwaffen, Flugzeugen usw., zusätzlich zur Parität in jedem strategischen Operationsraum, in Europa, an der sowjetisch-chinesischen Grenze, im Indischen Ozean etc. Da jede Seite versucht sein wird, jeglichen erzielten Vorsprung zu halten und gleichzeitig in jenen Bereichen aufzuholen, wo sie nachhinkt, werden sich die Abrüstungsverhandlungen langwierig und schwierig gestalten.

Doch solange es Verhandlungen und keinen Krieg gibt, arbeitet die Zeit für uns, das heißt für alle Menschen auf dieser Erde.

Nun zu den Menschenrechten. Dank der Bemühungen vieler mutiger Einzelpersonen haben wir Kenntnis von Verletzungen der Menschenrechte in den osteuropäischen Ländern. In der Tschechoslowakei, die uns 1968 ein aufrüttelndes Beispiel kühner, dringend nötiger Reformen gab, gefolgt vom heroischen Widerstand des ganzen Volkes gegen die Invasion der Sowjets und ihrer Satelliten, wurde ein sehr wichtiges Dokument veröffentlicht, die „Charta 77“. In Polen konnten wir die Gründung und den erfolgreichen Kampf des „Komitees zum Schutz der Arbeiter“ beobachten; die Menschenrechtsbewegung entwickelt sich in allen Ländern Osteuropas. Sie gewinnt zusehends Rückhalt bei immer weiteren Teilen der Bevölkerung, die das unerträgliche politische Diktat der Sowjetunion empört. Die Richtung wurde jeweils durch die spezifischen demokratischen und kulturellen Traditionen der einzelnen Länder und durch ihre historische Stellung zwischen Ost und West beeinflußt, wobei die römisch-katholische Kirche eine wesentliche Rolle spielte. In der Sowjetunion nahm die Tätigkeit der Menschenrechtsbewegung während der letzten Jahre neue Formen an. Zu nennen sind: die Samisdat-Veröffentlichung der „Chronik der Laufenden Ereignisse“, eines Nachrichtendienstes zum Thema Menschenrechte; die Initiativgruppe zur Verteidigung der Menschenrechte; das Moskauer Menschenrechtskomitee; die Bewegungen für das Recht auf Emigration und das Recht zur Bewahrung der Volksgruppenkulturen (Juden, Deutsche, Ukrainer, Litauer, Esten, Armenier, Georgier, Krimtataren u. a.) und die Helsinki-Gruppen.

Die ganze Welt weiß von den Prozessen und sonstigen Unterdrückungsmaßnahmen gegen Verfechter der Menschenrechte in der Sowjetunion und in Osteuropa. Jede kritische Meinungsäußerung loyaler Bürger oder Erklärungen über die unerträglich drakonischen Bestimmungen in Gefängnissen und Arbeitslagern, über Verfolgung wegen Religionsausübung, über illegale Beschränkungen der freien Wahl des Aufenthaltslandes und des Wohnortes oder über andere Verstöße gegen politische und Bürgerrechte ahndet die Staatsmacht mit Repressalien. Die Allgemeine Deklaration über die Menschenrechte, die Internationale Menschenrechtskonvention, die heute international Rechtskraft besitzt, und die Schlußakte von Helsinki bilden die legale und politische Basis für den Kampf gegen solche unerträglichen Übergriffe.

Ich begrüße die neue, aktive Einstellung der Parlamente, Regierungen und Oberhäupter einiger Signatarstaaten des Helsinki-Abkommens, besonders die Haltung von Präsident Jimmy Carter. Mit aller Machtvollkommenheit seines

Amtes und geleitet vom Willen des amerikanischen Volkes proklamierte er den weltweiten Schutz der Menschenrechte als moralische Verpflichtung, die mit anderen Aspekten der Entspannungspolitik nicht in Widerspruch geraten kann und geraten darf. Dieser Leitsatz hat große Bedeutung als Erwiderung an jene Personen, die in öffentlichen Erklärungen und anderen Aktionen zum Schutz der Menschenrechte eine Gefährdung der Entspannung erblicken. Ich bin überzeugt, daß es möglich und nötig ist, noch weiter zu gehen und den Kampf für die Menschenrechte zu einem wesentlichen Element aller internationalen Beziehungen zu machen, was dazu beitragen wird, ihren praktischen Erfolg ebenso zu sichern wie ihr moralisches Gewicht.

Die Verteidigung von Überzeugungshäftlingen, die aus Treue zu den Grundsätzen berufliche und persönliche Interessen und das Wohl ihrer Familien geopfert haben, verdient im Rahmen des Kampfes für die Menschenrechte besondere Beachtung.

Eine weltweite politische Amnestie ist ein edles Ziel der Menschenrechtsbewegung. Trotz des fehlgeschlagenen ersten Versuchs von 1975 sollte die Öffentlichkeit wieder mit aller Energie darauf hinarbeiten, daß die UNO die Generalamnestie zu einem ihrer Ziele macht.

Der Einsatz für die Menschenrechte ist an sich nicht politisch orientiert, denn er leitet sich von moralischen Grundsätzen her und von ihrer Beziehung zum Friedensgedanken. Darum können und sollten alle Menschen guten Willens, egal ob sie politisch „rechts“ oder „links“ stehen, beim Schutz der Menschenrechte mithelfen. Besonders freut mich, daß Gewerkschaften und Kommunistische Parteien einiger Länder sich jetzt an diesen Bemühungen beteiligen; ihre Mitarbeit ist ein deutliches Zeichen der Wirksamkeit des Kampfes und des Rückhaltes, den er bei den Massen gewonnen hat.

Hinsichtlich der Möglichkeiten eines Druckes im Interesse der Menschen müssen wir bedenken, daß eine bestimmte Menschenrechtsfrage jeweils erst dann gelöst werden kann, wenn sie für die Spitzen des dagegen verstoßenden Staates zu einem politischen Problem wird. Die Entspannung schafft verschiedene Ansatzpunkte, um Druck auszuüben, der ohne die Gefahr, schnell seine Wirkung zu verlieren, dennoch die Aufmerksamkeit der führenden Politiker auf spezifische Menschenrechtsfragen und die allgemeine Problematik lenkt. Nicht nur Regierungen und Parlamente können die Hebel ansetzen, sondern hier bietet sich ein Aktionsfeld für staatsunabhängige Organisationen und Private, die an irgendwelchem Austausch beteiligt sind – Firmen, wissenschaftliche Vereinigungen, Gewerkschaften, Arbeiter, Gelehrte, Schriftsteller und Künstler. Natürlich rede ich nicht der Erpressung das Wort, sondern vielmehr der gegenseitigen Anpassung von Interessen, und diese ist einfach eine normale Begleiterscheinung jedweden Vorgehens zur Ausschaltung direkter Konfrontation. Maßnahmen wie ein partieller und befristeter Boykott wissenschaftlicher und kultureller Kontakte, ein temporäres Embargo auf bestimmte Spezialgeräte oder ein gezielter Streik der Dockarbeiter gefährden die Entspannung nicht. Ein anderes Beispiel einer allgemeiner gehaltenen Sanktion ist die Jackson-Vanik-Zusatzklausel, die den Zweck hat, die Verletzung des so enorm wichtigen Emigrationsrechtes zu verhindern. Da diese Klausel ein Teil des amerikanischen Außenhandelsrechts ist, kann hier nicht von Eingriffen in die inneren Angelegenheiten fremder Staaten oder von Bedrohung der Entspannung die Rede sein.

Zum Thema Handel, industrielle und allgemeine Wirtschaftsbeziehungen: Die sowjetische Propaganda weist gewöhnlich darauf hin, daß diese für beide Seiten gewinnbringend sind. Solche Behauptungen sollte man genau durchdenken. Natürlich, wenn ein bestimmtes Unternehmen oder ein westliches Land seine Konkurrenten überflügelte, mag es zeitweilig Vorteile davon haben, aber im Großen und Ganzen sind zwangsläufig in erster Linie die Sowjetunion und die osteuropäischen Staaten an technischer Hilfe und Krediten interessiert. Es wäre ein unverzeihlicher Fehler, wenn der Westen versäumen sollte hier den Hebel anzusetzen, um eine Öffnung der sowjetischen Gesellschaftsordnung zu erreichen.

Allerdings betrachte ich es als moralisch völlig unvertretbar, Hilfslieferung von Lebensmitteln als Druckmittel zu gebrauchen. Diese Ansicht bezieht sich allerdings nicht auf Fälle, in denen solche Hilfe für spekulative Zwecke verwendet wird oder um Reserven für mögliche militärische Mobilisierungen anzulegen.

Ich halte es auch für untragbar, für Abrüstungs*verhandlungen* Bedingungen zu stellen, denn die Abrüstung sollte absoluten Vorrang haben.

Die Idee eines aktiven Schutzes der Menschenrechte ist heute internationales Gedankengut und hat ihren Ausdruck in vielen rechtsgültigen Dokumenten und Vereinbarungen gefunden. Immer häufiger gibt es Diskussionen über die Menschenrechte, wie auch die Zahl ihrer Verfechter gewachsen ist. In den wenigen Monaten, seit Präsident Carter und seine neue Regierung das Prinzip der Wahrung der Menschenrechte zu einem der wichtigsten Elemente der amerikanischen Innen- und Außenpolitik erklärt haben, kommt diesen Fragen nun vordringliche Bedeutung zu. Außer Zustimmung zu dieser Haltung wurde aber auch in stärkerem Maß Skepsis und sogar Feindseligkeit laut; namentlich in den sozialistischen Ländern gab es offizielle negative Reaktionen: Staatliche Stellen sprachen von unzumutbarer „Einmischung in innere Angelegenheiten“ und bestätigten ihre Auffassung durch eine weiter verschärfte Unterdrükkungskampagne gegen Dissidenten, was eine direkte Brüskierung der Amerikaner ist. Im Westen stammten die negativen Reaktionen entweder von kurzsichtigen Einzelnen, welche die Verbindungen zwischen dem Schutz der Menschenrechte und den Problemen der Welt und ihres eigenen Lebenskreises nicht begreifen oder aber von solchen, die aus egoistischen oder politischen Gründen daran interessiert sind, die Sowjetführung zu beschwichtigen.

Wir sind in eine kritische Phase eingetreten, in der die Orientierung internationaler Beziehungen, das Los unzähliger Opfer von Menschenrechtsverletzungen und die Stabilität von Entspannung und internationaler Sicherheit auf dem Spiel stehen. Unter diesen Umständen müssen Spitzenpolitiker, welche die Verantwortung für das Schicksal der Welt übernommen haben, in ihren Entscheidungen Konsequenz, Großzügigkeit, Mut und gründliches Verständnis der Situation beweisen.

Westliche Spitzenpolitiker sollten erkennen, daß jedes Zeichen von Schwäche oder Inkonsequenz sich folgenschwer auf das Schicksal vieler Menschen auswirken wird, unter ihnen sowjetische und osteuropäische Dissidenten, die heute härtesten Repressionen ausgesetzt sind, denn leider ist es auch weiterhin zu politischen Fehleinschätzungen mit ernsten Konsequenzen gekommen.

Die Führer der sozialistischen Staaten ihrerseits sollten begreifen, daß der gesunde Menschenverstand, das Maß an Verantwortung, die sie tragen, die globale Sicherheit und Prestigegründe entsprechende Schritte erfordern, um auf die Wünsche der gesamten Welt zu reagieren.

Dissidenten verlangen die Beachtung der Menschenrechte, die Entwicklung der Demokratie im Rahmen des bestehenden Systems und die Erfüllung bindender internationaler Verpflichtungen. Sie lehnen Gewalt aus Prinzip ab. Ihre Stimmen dringen zwar nicht bis in die höchsten Regionen, wo der politische Kurs bestimmt wird, ihre Appelle werden vielfach mit Unterdrückung beantwortet. Deshalb hat die westliche Öffentlichkeit und ihre politische Führung in Verhandlungen mit den Spitzenpolitikern der sozialistischen Staaten faktisch nicht nur das eigene Volk, sondern auch jene Menschen zu vertreten, die in ihrem Heimatland zum Schweigen gezwungen werden.

Ich habe diesem Essay die Worte des Friendsnobelpreisträgers Martin Luther King Jr. als Motto vorangestellt und glaube, daß sie meine These am besten ausdrücken. Die Zukunft der Menschheit hängt davon ab, daß überall Menschen guten Willens, die von moralischen Prinzipien geleitet sind, mit energischen, öffentlichen, klug geplanten Aktionen in Erscheinung treten. Gesetzlosigkeit und Einschränkungen der Menschenrechte können auf diesem Planeten ebensowenig toleriert werden wie Krieg, Hunger und Armut. Das Schicksal jedes einzelnen von uns und unser aller gemeinsames Schicksal steht auf dem Spiel.

VIII

Die Welt draußen

Sacharows persönliche Welt ist um vieles weiter als sein Familienkreis oder seine beengten häuslichen Verhältnisse, ihn beschäftigen viele Fragen auch außerhalb der unruhigen Welt des russischen Dissidententums. Wie die in diesem Kapitel wiedergegebenen Interviews und Aufsätze beweisen, reichen die Themen seiner Betrachungen von der Tragödie im Libanon bis zu der Hoffnung auf SAL-Verhandlungen, von der moralischen Kontroverse über die Todesstrafe bis zu der wissenschaftlichen über die friedliche Nutzung der Kernenergie.

Zwei kurze Beispiele machen die Spannweite seines Denkens und seiner Aussagen deutlich. Als das palästinensische Flüchtlingslager Tel-Zaatar im Oktober 1976 neuerlich von libanesischen christlichen Falangisten belagert wurde, appellierten Sacharow und seine Frau an den UN-Generalsekretär, die Regierungschefs der Mitgliedstaaten des Sicherheitsrates und den Präsidenten des Libanon, dringend nötige Aktionen zu veranlassen:

Die tragische Situation der Verwundeten, der Kinder und Frauen in dem eingeschlossenen Palästinenserlager Tel-Zaatar erfordert unverzügliches, energisches Vorgehen. Nützen Sie Ihre große Autorität und Ihren Einfluß, um die Sterbenden zu retten.

Mehr als ein Jahr später, am 4. November 1977, sandte Sacharow eine kurze Grußadresse zur Eröffnung der Biennale in Venedig, die der Kunst und Kultur der Dissidenten in Osteuropa und der Sowjetunion gewidmet war. Er hob hervor, die Freiheit des Denkens, der Gewissensentscheidung und der Diskussion sei die beste Gewähr für den Frieden, und erklärte im weiteren:

Auf meinem eigenen wissenschaftlichen Gebiet ist die ideologische Einmischung des Staates nicht offenkundig. Dennoch, das allgemein geistesfeindliche System zeitigt auch dort seine Wirkungen: Im Niedergang von Bildungstraditionen, in ihrer Militarisierung und Bürokratisierung, im niedrigen Lebensstandard der Masse der Intelligenz, in der völligen wertemäßigen Verarmung der Jugend, durch Isolierung von der Sphäre der Weltkultur und in nationalistischer und doktrinärer Diskriminierung. Noch schlimmer ist die Situation im Bereich der Kunst und der Geisteswissenschaften, wo alles Frische und Reine durch gezielten, unverhüllten Druck von Partei und ideologischem Apparat der Staatsmacht entwurzelt und zum Verdorren gebracht wird.

Ich hoffe, daß die Biennale die ganze Tragödie schöpferischen Lebens in den sozialistischen Ländern beleuchten und zugleich aufzeigen wird, daß in der Sowjetunion und den Staaten Osteuropas inoffizielle Kultur trotzdem existiert, wächst und ihren Beitrag zur Kultur der freien Welt leistet, welche die Menschheit so dringend braucht.

In schriftlichen Antworten auf die Fragen eines amerikanischen Journalisten nahm Sacharow am 30. Oktober 1976 aus seiner Sicht zu Weltproblemen Stellung.

Frage: Welche politischen Ereignisse des vergangenen Jahres haben Sie besonders beunruhigt?

Sacharow: Im vergangenen Jahr haben es die westlichen Staaten verabsäumt, einen entscheidenden Schritt zu tun, um ein gemeinsames, langfristiges Konzept für die Beziehungen zur sozialistischen Welt und den Entwicklungsländern zu erarbeiten. Vor allem sind die europäischen Staaten, wie mir scheint, noch immer in einem anti-amerikanischen Vorurteil befangen, und das bleibt ein Hindernis für Fortschritte auf diesem Gebiet.

Die gefährliche Verschleppung der Abrüstungsverhandlungen ist eine direkte Folge des Fehlens eines solchen Konzepts. Mit der Absicht, sich einseitig Vorteile zu sichern, macht sich die Sowjetunion jedes Schwanken oder jede Unbestimmtheit in der Haltung jedes anderen Landes zunutze.

Krieg und Gewalt regieren die Welt. Die Tragödie im Libanon bietet ein eindringliches Beispiel dafür, wie ein Staat, wo bis vor kurzem Wohlstand und aufgeklärte Gesinnung herrschten, in eine blutige, alptraumhafte Wirrnis von Gewalt, Mord und Zerstörung stürzen kann, als werde er von einer Seuche verwüstet.

Wenn wir politisches Abenteurertum, Antisemitismus und die internationalen Verbrechen palästinensischer Extremisten schärfstens verurteilen, haben wir andererseits kein Recht, zum Völkermord an den Palästinensern zu schweigen, so zu tun, als existierten diese Menschen nicht. Vor einigen Wochen riefen meine Frau und ich öffentlich zum Schutz der Frauen, Kinder und Verwundeten im eingeschlossenen Palästinenserlager Tel-Zataar auf, und darüber hinaus gilt unsere Sorge allen Opfern militärischer Aktionen. In Angola sehen wir die Bevölkerung im Guerillakampf gegen die Sieger des Bürgerkriegs, gegen marodierende hungrige cubanische Soldaten, gegen Strafexpeditionen, die tragischen Konsequenzen der schrecklichen Situation im gesamten Süden Afrikas. Gemäß ihren traditionellen politischen Taktiken im Nahen Osten und in vielen anderen Unruheherden ist die Sowjetunion gegen Kompromisse und gegen realistische Alternativen einer friedlichen Beilegung (der Konflikte). Kann es sein, daß die Welt wieder einmal nicht die Kraft aufbringt, das Chaos zu verhindern?

Eineinhalb Jahre nach dem Ende des Vietnamkrieges ist es unmöglich, darüber hinwegzugehen, daß in Kambodscha vermutlich Millionen Menschen getötet werden. Niemand weiß mit Sicherheit, was im einstigen Südvietnam geschieht – es ist nur klar, daß dort nicht alles zum Besten steht. Nicht von ungefähr riskieren allmonatlich Hunderte ihr Leben, um aus diesem Land zu flüchten. Die Öffentlichkeit des Westens, die sich so aktiv bemühte, ein Ende des Vietnamkrieges herbeizuführen, muß nun ihre Besorgnis über das Schicksal der Menschen in jenem Teil der Welt zeigen.

Viele Staaten haben die Ausweitung des internationalen Terrorismus miterlebt, dieser allergefährlichsten Bedrohung der internationalen Stabilität und der Grundbegriffe menschlicher Moral. Ich muß hier an die Begeisterung erinnern, welche die phantastische Rettungsaktion israelischer Kommandos auf dem ugandischen Flughafen Entebbe hervorrief.

Doch bei dem Thema Terrorismus darf ich meine eigene scharfe Verurteilung jener jüdischen Extremisten nicht verhehlen, die Terroranschlüge gegen sowjetische Organisationen in den USA und anderen Ländern verübten (wenngleich ich ihre Empörung über bestimmte Aspekte der sowjetischen Politik durchaus teile). Indem diese Menschen den Weg des Terrors wählen, fügen sie in Wahrheit den sowjetischen Juden und allen Menschenrechtsverteidigern, die beharrlich und aus Überzeugung an gewaltlosen Methoden festhalten, großen Schaden zu.

Eine andere Frage, die mich beschäftigt, betrifft Meldungen über eine Kampagne in Israel, wo Personen, die aus der Sowjetunion aber nicht nach Israel emigrieren wollen, die Hilfe verweigert werden soll. In Anbetracht der Schwierigkeiten einer Emigration aus der Sowjetunion, des bisherigen Verlaufs des Kampfes um das Recht auf Auswanderung und angesichts der Tatsache, daß das Emigrationsproblem in den Gesamtheitskomplex der Menschenrechtsfrage fällt, beobachte ich diese Kampagne mit tiefer Beunruhigung.

Am 10. Februar 1977 befragte ein CBS-Interviewer Sacharow über die Zusammenhänge zwischen den Menschenrechten und Einigungen über nukleare Abrüstung.

Frage: Welchen Einfluß hat die Menschenrechtskampagne auf die Abrüstung und die Bemühungen um Vereinbarungen über die Beschränkung strategischer Waffen?

Sacharow: Darf ich dieses Thema an Hand eines Beispiels erörtern? Der Biologe Sergej Kowalew ist im Arbeitslager 36 in Perm als Todeskandidat. Dieser bewundernswerte Mann gehört der Menschenrechtsbewegung in unserem Land seit der ersten Stunde an und ist einer der Herausgeber der „Chronik der Laufenden Ereignisse", einer Publikation, die klar und deutlich schildert, wie die Menschenrechtsbewegung sich für Offenheit und Wahrheit in unserer Gesellschaftsordnung einsetzt. Kowalew ist schwer krank, er leidet an einem bösartigen Tumor, nur eine Operation kann sein Leben verlängern. Seit einem Jahr versuchen wir vergeblich, seine Einlieferung in das Leningrader Gefängnishospital zu erwirken.

Wenn Kowalew unter dem Druck der weltweiten öffentlichen Meinung schließlich doch in das Spital überstellt wird[1],

---

[1] Dies geschah, und die Operation gelang. Siehe II. Kapitel.

könnte das dann SAL-Gespräche beeinträchtigen? Sollte dies tatsächlich der Fall sein, dann würden wir sehen, wieviel all die Beteuerungen der Sowjets über ihr großes Interesse an der Abrüstung wirklich wert sind. Als Antwort an jene, die davor warnen, daß der Kampf um die Menschenrechte sich auf andere Aspekte der Entspannung und besonders auf die Abrüstungsverhandlungen verheerend auswirken werde, erklärte Präsident Carter kürzlich seine Entschlossenheit, diese beiden Fragen voneinander zu trennen. Ich begrüße die Stellungnahme des Präsidenten und möchte hinzufügen: Es ist eine Tatsache, daß das grundsätzliche Eintreten für die Menschenrechte die Position des Westens erheblich stärkt; dies dient dem internationalen Vertrauensverhältnis, ohne das es keine internationale Sicherheit geben kann. Auf die beste Art werden dadurch persönliche Kontakte zwischen den Staatschefs gefördert und damit ergibt sich eine Gelegenheit, produktive Dialoge über relativ weniger komplexe Themen zu führen. So kommt man auch der allgemeinen Humanisierung in der Sowjetunion und den Ländern Osteuropas ein Stück näher, während zugleich mehr Sicherheit und Vertrauen geschaffen werden. Doch das Wichtigste: Die moralische und ethische Position des Westens wird gefestigt.

Als der US-Außenminister Vance seine erste SAL-Gesprächsrunde begann, bewog ein ABC-Interviewer am 25. März 1977 Sacharow zu einer Darlegung seiner Ansichten über Querverbindungen zwischen den beiden Komplexen.

Frage: Cyrus Vance hofft auf einen Erfolg der Verhandlungen. Glauben Sie, daß sich die sowjetische Seite wegen

Präsident Carters Eintreten für die Dissidenten hartnäckiger zeigen wird?

Sacharow: Auch ich hoffe, daß die Verhandlungen erfolgreich sein werden und daß die sowjetischen Spitzenpolitiker Verantwortungsbewußtsein und gute Absicht beweisen. Präsident Carter betonte die Auffassung, daß die Rüstungsbeschränkung und die Menschenrechte zwei getrennte, voneinander unabhängige Themen sind. Das ist eine gute Antwort an jene, die gegen den aktiven Schutz der Menschenrechte aus Angst um die Entspannung opponieren.

In Wahrheit muß die Sowjetunion gewiß ebenso an Rüstungsbeschränkung, Handelsbeziehungen und wissenschaftlichen Kontakten interessiert sein wie der Westen und ich glaube, daß die Sowjetführung bereit ist, das Prinzip der gesonderten Betrachtung schwieriger Probleme zu akzeptieren und außerdem bereit, die Verhandlungen rein sachlich abzuwickeln, trotz ihrer scharfen öffentlichen Erklärungen, in denen sie gegen angeblich unzumutbare widerrechtliche Einmischung in innere Angelegenheiten protestiert. Sehen Sie, die Haltung bei den Verhandlungen ist Teil eines Rededuells. Angesichts dieser scharfen Polemiken, Artikel in der Sowjetpresse etc., muß der Westen Gleichmut bewahren und in beiden Fragen – den Menschenrechten und der Abrüstung – auf seiner Grundlinie beharren.

So betrachtet trifft es zu, daß die gesonderte Behandlung dieser Probleme in einem taktischen Sinn von Vorteil ist, doch letzten Endes ist es unmöglich, auf internationaler Basis Sicherheit und Vertrauen zu schaffen, ohne zunächst die im Wesen der sowjetischen Gesellschaftsordnung liegende Abgeschlossenheit zu überwinden, d. h. ohne die Menschenrechtsprobleme zu lösen. Es ist wohl möglich, während der Wortgefechte kühl zu bleiben, unmöglich aber ist es ruhig zuzusehen, wenn die Grundrechte lebender Menschen mit Füßen getreten werden! Die vor kurzem erfolgten Verhaftungen von Mitgliedern der Helsinki-Gruppe – Ginsburg*, Orlow*, Rudenko*, Tychy* und Schtscharansky* – fordern zu energischem Protest heraus. (Siehe X. Kapitel – Hg.)

Als Außenminister Vance aus Moskau abgereist war und die SAL-Gespräche sich in Mißstimmung festgefahren hatten, sagte Sacharow einem Interwiever des Schwedisch-Norwegischen Rundfunk- und TV-Netzes am 4. April 1977, das Problem der Verhandlungen liege im Bereich militärischer Machtverhältnisse und nicht in dem der Menschenrechte.

Frage: Wie bewerten Sie das Resultat der Verhandlungen des US-Außenministers in Moskau?

Sacharow: Ich betrachte die Verhandlungen zwischen Minister Vance und den sowjetischen Spitzenpolitikern als notwendige Phase in der komplexen, widerspruchsvollen Entwicklung von Beziehungen zwischen unseren Staaten. Im Verlauf der Gespräche ergaben sich, soweit ich es absehen kann, Möglichkeiten für Fortschritte in den Problemkreisen des Nahen Ostens, eines umfassenden Verbotes von Kernwaffentests, ebenso wie bei einigen anderen Fragen. Doch am bedeutsamsten ist die Tatsache, daß Vance einen amerikanischen Vorschlag zur Beschränkung und Abbau strategischer Waffen einbrachte. Eine weitere Entwicklung in dieser Richtung könnte vielleicht einen Weg öffnen, um gerade diese gefährliche Rivalität aus den künftigen Beziehungen der Supermächte auszuklammern.

Im Moment haben die Sowjetführer den amerikanischen Vorschlag abgelehnt, aber ich glaube, dies mindert nicht die Bedeutung des Faktums, daß wenigstens die eine Seite einen wichtigen Schritt vorwärts getan hat.

Frage: Warum hat die Sowjetregierung den amerikanischen Vorschlag einer Beschränkung strategischer Waffen abgelehnt?

Sacharow: Die Entscheidung der Sowjetregierung bewirkte auf der ganzen Welt große Besorgnis. In einer Erklärung bei einer Pressekonferenz versuchte der sowjetische Außenminister Gromyko die sowjetischen Motive für die Ablehnung des amerikanischen Vorschlags darzulegen und erhob seinerseits Vorwürfe gegen die neue amerikanische Regierung. Was ist also meiner Meinung nach wirklich geschehen?

Vor allem: Die amerkanische Haltung in Sachen Menschenrechte trägt keinerlei „Schuld" daran. Der Grund für die Ablehnung ist vielmehr, laut Gromykos Presseerklärung, im Kern des Problems zu suchen. Kurz gesagt, die Sowjetführung will nicht den wesentlichen strategischen Vorteil einbüßen, der durch die Formulierungen gegeben ist, über die man sich in Wladiwostok geeinigt hatte. Wie hinlänglich bekannt, liegt die Hauptstärke der sowjetischen Raketenmacht in dem Faktum, daß ihre Raketen zweieinhalb- bis dreimal mehr Nutzlast tragen als die entsprechenden amerikanischen. Im Vertrag von Wladiwostok ist keine Bedingung oder Kompensation für diese schwerwiegende Überlegenheit der Sowjetunion vorgesehen und ich glaube, daß eben der Versuch der Amerikaner, dieses ungelöste Problem wieder aufzugreifen, der Hauptgrund für die so negative Reaktion der Sowjetführung auf den amerikanischen Vorschlag war.

Um das strategische Gleichgewicht auf der Welt zu erhalten, bemühte sich Vance, entweder die Zahl der schlagkräftigsten sowjetischen Raketen zu halbieren und gleichzeitig einen äquivalenten Abbau amerikanischer Raketen vorzunehmen sowie den Aktionsradius der Marschflugkörper (Engl.: cruise missiles) zu limitieren, oder – alternativ – die wesentlichen Punkte des Vertrages von Wladiwostok unangetastet zu lassen, aber zum Ausgleich des einseitigen sowjetischen Nutzlastvorsprungs den unbegrenzten strategischen Einsatz von Marschflugkörpern zu gestatten. Ich will nicht auf weitere Einzelheiten eingehen, doch erscheint mir der amerikanische Vorschlag vernünftig, denn er öffnet den Weg für eine allfällige Drosselung des Wettrüstens. Wirkliche Abrüstung ist nur dann möglich, wenn keine Seite an der Überlegenheit festhält, aber der Vertrag von Wladiwostok bot der Sowjetunion eben gerade solch einen Vorsprung.

Frage: Wie beurteilen Sie die Aussichten für künftige Verhandlungen über die Beschränkung und Verminderung strategischer Waffen?

Sacharow: Die Abrüstungsvereinbarungen, zu denen sich die Sowjetunion in den letzten Jahren bereitgefunden hat, einschließlich des Vertrags von Wladiwostok, deuten auf ein gewisses Abrücken von extremen Militarisierungstendenzen und Expansionsstreben. Diese Entwicklung läßt hoffen, daß eine zielbewußte Fortsetzung der Politik der neuen US-Regierung, mit Unterstützung der Regierungen und der Öffentlichkeit aller westlichen Staaten, die erwünschten positiven Resultate auf den Gebieten der Abrüstung, der Menschenrechte und anderer Fragen erbringen wird. Wir müssen in Kauf nehmen, daß der Weg aller Wahrscheinlichkeit nach nicht so geradlinig verlaufen wird, wie wir es uns wünschen würden; insbesondere ist die Möglichkeit nicht auszuschließen, daß der Westen sich manchmal mit mehr Nachdruck wird um strategisches Gleichgewicht bemühen müssen, das ja wesentliche Voraussetzung für aussichtsreiche Abrüstungsverhandlungen ist.

Im Herbst 1977 wurde Sacharow gebeten, auf der Konferenz von Amnesty International über Abschaffung der Todesstrafe zu sprechen. Da er nicht ausreisen durfte, schrieb er am 9. September folgende Stellungnahme zur Verlesung auf der Tagung, die im Dezember in Stockholm stattfand.

Ich bin dankbar für die Einladung, an einem Symposion über die Abschaffung der Todesstrafe teilzunehmen, ein Thema, das mich von jeher intensiv beschäftigt. Da es mir nicht möglich ist nach Stockholm zu kommen, übersende ich Ihnen diesen Brief als meine Erklärung an die Konferenz.

Ich unterstütze in vollem Ausmaß die Argumente der Gegner der Todesstrafe.

Ich betrachte die Todesstrafe als grausame, unmoralische Institution, welche die ethischen und legalen Grundlagen einer Gesellschaftsordnung untergräbt. Der Staat, in der Person seiner Funktionäre (die, wie alle Menschen, zu oberflächlichem Urteil neigen und von Voreingenommenheit oder selbstsüchtigen Motiven beeinflußt sein können), nimmt sich das Recht zu einer furchtbaren, absolut unwiderruflichen Tat, ein Menschenleben auszulöschen. Solch ein Staat kann keine Verbesserung seines moralischen Klimas erwarten. Ich leugne die Vorstellung, daß die Todesstrafe auf potentielle Verbrecher tatsächlich abschreckend wirke und glaube, daß das Gegenteil zutrifft, daß Grausamkeit nur wieder Grausamkeit erzeugt.

Ich bestreite, daß in der Praxis die Todesstrafe zum Schutz der Gesellschaft notwendig oder wirksam ist. Die zeitweilige Isolierung von Rechtsbrechern, die in manchen Fällen erforderlich sein mag, muß durch humanere und flexiblere Maßnahmen erreicht werden, die im Fall eines Justizirrtums korrigiert werden können und Wandlungen in der Gesellschaft oder in der Persönlichkeit des Rechtsbrechers berücksichtigen.

Ich bin überzeugt, daß nicht nur die Einzelperson vor Gericht, sondern auch die ganze Gesellschaft als Gesamtheit und jedes ihrer Mitglieder für die Verübung eines Verbrechens verantwortlich ist. Es gibt keine einfachen Lösungen zur Minderung oder Ausmerzung der Kriminalität und auf keinen Fall schafft die Todesstrafe hier Abhilfe. Nur eine allmähliche Evolution der Gesellschaft, eine Stärkung der humanitären Haltung, welche die Menschen zu höherer Achtung vor dem Leben und der menschlichen Vernunft und zu größerer Anteilnahme an den Schwierigkeiten und Problemen des Nächsten führt, kann Kriminalität eindämmen oder zum Verschwinden bringen. Solch eine Gesellschaftsordnung ist vorläufig bloß Wunschtraum, aber nur indem wir heute ein Beispiel menschlicher Gesittung geben, können wir die Hoffnung wecken, dieses Ziel eines Tages zu erreichen.

Ich glaube, daß das Prinzip, das der Forderung nach totaler Abschaffung der Todesstrafe zugrundeliegt, es rechtfertigt, die Einwände zu ignorieren, die sich auf besondere oder Ausnahmefälle beziehen.

Als Kind las ich mit Entsetzen die in den Jahren 1906/1907 – während einer Welle von Hinrichtungen nach der Revolte von 1905 in Rußland – erschienene Essay-Sammlung „Gegen die Todesstrafe“, an der mein Großvater, I.N. Sacharow, mitgearbeitet hatte. Ich las die leidenschaftlichen Stellungnahmen von Tolstoj, Dostojewski, Hugo, Korolenko, Rosanow, Andrejew und vielen anderen. Aus der erwähnten Publikation kenne ich die Argumente einer Reihe von Gelehrten: Solowjew, Baschenow (Die Psychologie von Verurteilten), Gernet, Goldowsky, Davidow u.a. Ich teile ihre Überzeugung, daß die mit der Todesstrafe verbundenen psychischen Schrecken in keinem Verhältnis zur großen Mehrzahl der Verbrechen stehen und die Verhängung als gerechte Vergeltung oder Bestrafung in jedem Fall ein ungeeignetes Mittel ist. Und wie kann man überhaupt von der Bestrafung eines Menschen sprechen, der nicht mehr existiert? Ich teile die Überzeugung, daß der Todesstrafe jegliche moralische oder praktische Rechtfertigung fehlt und daß sie ein Relikt aus den Zeiten barbarischer Rache ist – eine kaltblütige, genau geplante Rache, ohne persönliche Gefahr für den Vollstrecker, ohne leidenschaftliche persönliche Anteilnahme des Richters und daher schändlich und abscheuerregend.

Ich muß kurz auf das vielfach diskutierte Thema Terrorismus eingehen. Ich bin der Meinung, daß die Todesstrafe im Kampf gegen den Terrorismus und andere von Fanatikern begangene politische Verbrechen völlig unwirksam ist. In solchen Fällen dient die Todesstrafe nur als Katalysator für die Psychose von Gesetzlosigkeit, Vergeltung und Grausamkeit. Ich billige in keiner Weise das gegenwärtige Phänomen des politischen Terrorismus, dessen häufige Begleiterscheinungen der Tod Unbeteiligter, die Geiselnahme (auch von Kindern) und andere schreckliche Verbrechen sind, doch ich bin überzeugt, daß Haft (allenfalls verschärft durch ein Gesetz, das je nach dem Ermessen der Gerichte die vorzeitige Entlassung verbietet) eine rationalere Maßnahme zur physischen und psychischen Isolierung von Terroristen und zur Verhinderung weiterer Terrorakte ist.

Besonders wichtig ist die Abschaffung der Todesstrafe in einem Land wie dem unseren mit seiner unbeschränkten Staatsmacht, seiner selbstherrlichen Bürokratie und dem weitverbreiteten Übel der Mißachtung von Gesetzen und sittlichen Werten. Sie (die Konferenzteilnehmer) wissen von den Massenhinrichtungen Unschuldiger während der dreißiger und der vierziger Jahre aufgrund von Urteilen, die jedem Rechtsempfinden Hohn sprachen, ganz zu schweigen von der noch größeren Zahl von Menschen, die ohne jedes Gerichtsverfahren umgebracht wurden. Wir leben noch immer in dem moralischen Klima, das in jener Ära entstand.

Ich möchte die Tatsache betonen, daß in der Sowjetunion viele Delikte, die nichts mit Kapitalverbrechen gegen Menschenleben zu tun haben, grundsätzlich durch die Todesstrafe geahndet werden können. Denken Sie bitte zum Beispiel an die Fälle Rokotow und Faibischenko: Die beiden wurden 1961 des Schwarzhandels mit Schmuckstücken und illegaler Geldgeschäfte beschuldigt. Nach ihrer Verurteilung zu Gefängnisstrafen billigte das Präsidium des Obersten Sowjets ein Gesetz, das die Anwendung der Todesstrafe auch auf schwerwiegende Eigentumsdelikte ausweitete. Rokotow und Faibischenko wurden neuerlich vor Gericht gestellt und diesmal zum Tode verurteilt – unter Verletzung jenes wichtigsten juristischen Grundsatzes, der eine rückwirkende Verhängung von Strafsanktionen verbietet. Seither wurden viele andere Menschen nach analogen Gesetzen hingerichtet, besonders wegen Privatgeschäften. 1962 wurde ein alter Mann wegen Fälschung einiger Münzen erschossen, die er in seinem Hof vergraben hatte.

Die Gesamtzahl der Hinrichtungen in der Sowjetunion ist nicht bekannt, die Statistiken sind Staatsgeheimnis. Doch kann man jährlich mehrere Hundert annehmen, eine größere Zahl als in den meisten anderen Staaten, wo diese barbarische Institution noch in Kraft ist. Bei allen Erörterungen über die Höchststrafe in der Sowjetunion müssen auch noch andere Aspekte unserer Lebensformen in Betracht gezogen werden: Die rückständigen, tristen Verhältnisse unserer Strafgerichtsbarkeit, seine Willfährigkeit gegenüber dem Staatsapparat, das Vorherrschen von Bestechung und Korruption und die häufigen Eingriffe höherer lokaler Funktionäre in schwebende Verfahren.

Ich erhalte sehr viele Briefe von Personen, die von Gerichten schuldig gesprochen wurden. Nicht in jedem einzelnen Fall kann ich die Fakten überprüfen, aber in ihrer Gesamtheit malen diese Briefe ein unwiderlegliches, grauenvolles Bild von Willkür und Unrecht, von oberflächlichen, voreingenommenen Ermittlungen, von der Unmöglichkeit, die Revision eindeutig irriger oder zweifelhafter Urteile zu erreichen, von brutaler Mißhandlung während polizeilicher Verhöre.

Bei einigen dieser Fälle ging es um Todesurteile. Hier einer von ihnen: Vor mir liegen eine Abschrift des Gerichtsurteils gegen Rafkat Schaimuchamedow*, Dokumente von Anwälten zu dem Prozeß und Briefe seiner Mutter. Am 31.Mai 1974 wurde Schaimuchamedow, von Beruf Arbeiter und der Nationalität nach Tatare, in Issik-Kule zum Tod durch Erschießen verurteilt. Er war des Mordes an einer Verkäuferin angeklagt, begangen während eines Raubversuchs mit zwei Komplizen. (Diese wurden zu mehrjährigen Gefängnisstrafen verurteilt.) Schaimuchamedow bekannte sich nicht schuldig, lehnte es ab, ein Gnadengesuch zu stellen und begann einen Hungerstreik. Er verbrachte zwanzig Monate in Erwartung seiner Hinrichtung oder einer Revision des Urteils in der Todeszelle. Während dieser Zeit reichten seine Mutter und seine Verteidiger Dutzende von Anträgen ein, aber alle höheren Instanzen wiesen sie ohne jede Überprüfung des Sachverhaltes ab. Im Januar 1976 wurde das Urteil mit Billigung des Stellvertretenden Generalstaatsanwaltes der Sowjetunion Maljarow vollstreckt.

Das Gerichtsurteil gegen Schaimuchamedow ist angesichts des Mangels an Beweisen und der aufgetretenen Widersprüche ein krasses Beispiel der Unkenntnis im buchstäblichen und juristischen Sinn des Wortes. Ein noch deutlicheres Bild ergibt sich aus den Anträgen der Anwälte und den Briefen der Mutter. Die Anwesenheit des Angeklagten am Tatort wurde nicht nachgewiesen, das Gericht ignorierte die widersprüchlichen Versionen der Beschuldigungen, der Zeugenaussagen und das Sachverständigen-Gutachten, demzufolge die Blutgruppe des Opfers nicht mit der des Blutflecks übereinstimmte, den man an Schaimuchamedows Kleidung fand. Die Mutter des Angeklagten erklärt in ihren Briefen, die Gründe für die Befangenheit des Gerichtes seien in den egoistischen materiellen Interessen zweier Vertreter der Staatsanwaltschaft (Bebkojew und Kleischin) zu suchen. Sie spricht von Nötigung, von Bestechungssummen, welche die beiden von einem anderen Angeklagten erhalten hatten, und von der Inszenierung eines Strafverfahrens gegen ihren zweiten Sohn in der gleichen erpresserischen Absicht – sogar nach der Erschießung Rafkats. Ich kann diese Angaben nicht nachprüfen, aber die wichtigste Aussage darin ist für mich klar: mit welcher Leichtfertigkeit, ohne Begründung, die Todesstrafe verhängt wurde und wie leicht solch ein schrecklicher Fall zur Routine wird.

Ich habe gerade ihn ausführlicher geschildert, weil er nach meiner Ansicht das ganze Grauen der Todesstrafe und ihre destruktiven Auswirkungen auf ein Gesellschaftssystem deutlich aufzeigt.

Ich hoffe, daß dieses Symposion einen Beitrag zu den edlen Bemühungen vieler Generationen um völlige Abschaffung der Todesstrafe auf der ganzen Welt leisten wird.

Der folgende Aufsatz wurde auf Anregung des ehemaligen Leiters der Abteilung für theoretische Kernphysik am Kernforschungsinstitut in Prag, Prof. František Janouch, geschrieben. Janouch, heute in Stockholm, ein Verfechter friedlicher Nutzung der Kernenergie, ersuchte seinen sowjetischen Kollegen, zu der noch heute andauernden wissenschaftlichen und politischen Kontroverse einen Kommentar abzugeben.

Sacharows Beitrag zum Thema traf im Dezember 1977 ein und wurde in der Juni-Nummer 1978 des „Bulletin of the Atomic Scientists" unter dem vom Autor gewählten Titel „Nuclear Energy and the Freedom of the West" (Kernenergie und die Freiheit des Westens) veröffentlicht.

Oft hört man im Radio oder liest in der Presse über Demonstrationen, an denen Tausende Menschen teilnehmen, über Reden sehr oder auch weniger bekannter Staatsmänner, über verschiedene Kampagnen in den westlichen Ländern – alle gegen die Entwicklung der Kernenergie, gegen den Bau von Kernkraftwerken, Brutreaktoren etc. gerichtet. Obwohl ich mich darüber ziemlich wunderte und sogar etwas verärgert war, enthielt ich mich lange Zeit jeder öffentlichen Stellungnahme, um so mehr, als sich in der Sowjetunion natürlich nichts derartiges ereignet. Doch allmählich fand ich, daß das Thema Aufmerksamkeit verdient und ich etwas dazu zu sagen habe.

Hauptgrund für eine weitverbreitete Ablehnung der Kernenergie ist wahrscheinlich die Tatsache, daß die Menschen über die damit verbundenen komplexen und sehr speziellen Probleme nicht genügend informiert sind. Infolge dieses Mangels an Informationen[1] wird die natürliche und berechtigte Sorge des Gegenwartsmenschen um die Erhaltung seiner Umwelt in falsche Richtungen gelenkt.

Es ist schwierig, einem Laien den wahren Sachverhalt zu erklären, daß der Reaktor eines Kernkraftwerkes nichts mit

---

[1] Dieser Mangel scheint heute – zumal durch den Zwischenfall in Harrisburgh dieses Thema ebenso international aktualisiert wurde wie durch die Energiekrise – weitgehend überwunden. – Anm. d. Hg.

einer Atombombe zu tun hat und daß bei einem Kraftwerk, das Kohle oder Öl verfeuert, viel größere Gefahren, Umweltschäden und biologische Bedrohungen des Menschen auftreten als bei einem Kernkraftwerk oder einem Brutreaktor gleicher Kapazität.

Viele verantwortungsvolle Staatsmänner des Westens, Industrieführer und Atomwissenschaftler haben nun, wenn auch sehr spät, begriffen, daß es nötig ist, die Öffentlichkeit über die technischen Grundlagen zu informieren. Jetzt begreifen sie die Notwendigkeit großangelegter wissenschaftlicher und technischer Propaganda. Diese ist tatsächlich von höchster Wichtigkeit! Hans Bethe, Nobelpreisträger für Physik, schrieb einen ausgezeichneten fundierten Aufsatz „Die Notwendigkeit der Kernspaltung", der im Januar 1976 im „Scientific American" erschien. Er ist Autor von theoretischen Werken über thermonukleare Prozesse in den Gestirnen, über Quantenelektrodynamik und Kernphysik. Europäische Leser werden wahrscheinlich auch den Namen von Prof. Janouch kennen, der sich wiederholt zum selben Thema geäußert hat.

Ich bin völlig einer Meinung mit den Ausführungen dieser und zahlreicher anderer kompetenter Autoren.

Die Entwicklung der Nukleartechnik ging mit viel größerer Rücksicht auf Sicherheits- und Umweltprobleme vor sich als etwa die Entwicklung von Metallurgie, Verkokung, Bergbau, chemischer Industrie, konventioneller Wärmekraftwerken, Verkehrswesen, chemischer Mittel in der Landwirtschaft etc. Daher ist die gegenwärtige Situation der Kerntechnik unter dem Gesichtspunkt der Sicherheit und möglicher Auswirkungen auf die Umwelt relativ günstig und der Weg weiterer Verbesserung auch klar vorgezeichnet. Die grundlegende Besonderheit, welche die Nukleartechnik von Verfahren mit chemischen Brennstoffen unterscheidet, ist die hohe Konzentration und das geringe Volumen der gefährlichen Nebenprodukte und andererseits die geringe Dimension des Gesamtprozesses, was die Lösung der Sicherheits- und Umweltprobleme eines Kernkraftwerkes erleichtert – im Gegensatz zu den mit Kohle, Öl etc., betriebenen Kraftwerken erleichtert.

Zugleich ist das Erfordernis klar, das Tempo der Entwicklung der Nukleartechnik zu forcieren, da sie die einzige wirtschaftlich mögliche, in den nächsten Jahrzehnten verfügbare Methode ist, um das Öl zu ersetzen (das, nach den meisten Schätzungen, bis zum Ende des Jahrhunderts infolge der Ausschöpfung der erreichbaren Lager und der gestiegenen Förderungskosten zu teuer und zu rar werden wird). Außerdem sollten nicht nur „konventionelle" Kernkraftwerke gebaut werden, die mit angereichertem Uran arbeiten, bei dem das seltene Uran-Isotop U-235 verwendet wird; es sollte auch das Problem der Produktion spaltbaren Materials aus dem hauptsächlich vorkommenden Uran-Isotop und eventuell aus Thorium praktisch angegangen werden, was es wirtschaftlich ermöglichen würde, ärmere Erze zu verwenden, die im großen Mengen in der Erdkruste zu finden sind. Später wird man Thoriumerze verwenden können, die in Überfluß vorkommen. Wie hinlänglich bekannt, besteht die einzig mögliche Lösung dieses Problems im Bau von „Schnellen Brütern". Sowohl bei der konstruktiven Auslegung als auch bei der Entwicklung der Sicherheitstechnik wurden große Fortschritte erzielt. Offenbar wird es in naher Zukunft erforderlich werden, mit dem Bau „kommerzieller" Brüterreaktoren zu beginnen. Natürlich wird die maximale Aufmerksamkeit den Sicherheitsvorkehrungen gelten.

Ich habe bereits über eine mögliche Alternativlösung des Problems der Produktion spaltbaren Materials geschrieben und möchte hier kurz darauf eingehen. (Ich habe auch betont, daß ich nicht Urheber dieser Idee bin.) Ich meine den Vorschlag, eine große unterirdische Kammer zu bauen (wahrscheinlich mit einer hermetischen, wärmefesten Abdichtung), in der periodisch Explosionen speziell präparierter thermonuklearer Ladungen von minimaler Kraft herbeigeführt werden. Die Resultate solcher Explosionen werden dann aus der Kammer entfernt und verarbeitet. Mit Ladungen dieser Art kann man eine sehr effektive Produktion spaltbaren Materials erreichen, indem Neutronen aus der thermonuklearen Reaktion von Uran oder Thorium absorbiert werden. So verlockend diese Idee ist, bei ihrer Verwirklichung ergeben sich natürlich viele ernsthafte Schwierigkeiten.

Ein anderes in der Literatur häufig diskutiertes Problem ist die Möglichkeit des Diebstahls spaltbaren Materials aus einem Kernkraftwerk oder einer Wiederaufbereitungsanlage. Das gestohlene Material könnte dazu benützt werden, eine primitive Atombombe herzustellen. Hinsichtlich der Gefahr einer solchen Entwendung glaube ich, daß sie bei richtiger Organisation und entsprechenden Sicherheitsmaßnahmen minimal sein dürfte. Außerdem kann man einen Dieb, der das Wagnis eingehen sollte, einen Brennstab aus einem Kernreaktor zu stehlen, kaum beneiden. Höchstwahrscheinlich würde er dabei umkommen und das in einem Brennstab enthaltene Plutonium würde für eine Atombombe sowieso nicht ausreichen. Was eine „selbstgebastelte“ Atombombe betrifft, so bin ich durch Sicherheitsbestimmungen gebunden, wie offenbar auch Hans Bethe. Aber, wie Bethe, kann ich den Lesern versichern, daß dies eine sehr komplizierte Prozedur ist, nicht leichter als etwa der Bau einer Weltraumrakete im „Heimwerkerverfahren“. Zudem würde vermutlich die Gewinnung einer kritischen Masse durch die Denaturierung des Plutoniums und anderer spaltbarer Substanzen mit neutronen-aktivierenden Zusätzen behindert werden.

Das Gesamtproblem der Kernenergieproduktion sollte aber nicht nur unter ökonomischen und technischen Aspekten betrachtet werden. Im weiteren möchte ich in diesem Aufsatz auf die internationalen und politischen Zusammenhänge des Fragenkomplexes eingehen. Als ich bereits mit der Niederschrift begonnen hatte, hörte ich zufällig eine Rundfunksendung über ein Buch eines englischen Astrophysikers namens Fred Hoyle. Ich habe das Buch nicht gelesen, aber nach der Sendung zu urteilen, decken sich Hoyles Standpunkt und seine Befürchtungen ziemlich mit meinen eigenen.

Männer an den Schalthebeln der Politik gehen immer davon aus – und nicht ohne Grund –, daß einer der vielen die politische Unabhängigkeit, das militärische und diplomatische Gewicht und den internationalen Einfluß eines Staates bestimmenden Faktoren sein wirtschaftlicher Entwicklungsstand und seine wirtschaftliche Unabhängigkeit ist. Diese Annahme hat im Fall zweier gegensätzlicher Weltsysteme besondere Geltung. Aber das Wirtschaftsniveau eines Staates wird durch seine Energietechnologie bestimmt, d.h. zur Zeit durch den Einsatz von Öl, Gas und Kohle, von Uran und Thorium in naher Zukunft und vielleicht von Deuterium und Lithium in fernerer Zukunft, wenn die hochkomplizierten technischen Probleme kontrollierbarer thermonuklearer Reaktionen gelöst sein werden. Daher behaupte ich, daß die Entwicklung der Kerntechnik eine der nötigen Voraussetzungen für die Erhaltung der wirtschaftlichen und politischen Unabhängigkeit jedes einzelnen Staates ist, jener, die bereits einen hohen Entwicklungsstand erreicht haben ebenso wie jener, die sich erst zu entwickeln beginnen. Für die Länder Westeuropas und für Japan ist die Nukleartechnik von ganz besonderer Bedeutung. Wenn die Wirtschaft dieser Staaten weiterhin in hohem Maß von der Lieferung chemischer Brennstoffe aus der Sowjetunion und aus

Ländern in deren Einflußsphäre abhängig ist, wird der Westen vor der stetigen Bedrohung stehen, daß „die Hähne zugedreht" werden, was eine demütigende politische Abhängigkeit zur Folge hat. In der Politik zieht ein Zugeständnis immer das nächste nach sich, und wohin das schließlich führt, ist schwer vorauszusagen.

In „Mein Land und die Welt" hatte ich bereits Gelegenheit, auf die Erklärung eines wichtigen sowjetischen Funktionärs einzugehen, die ich 1955 hörte, als ich noch als „einer von uns" gelten konnte. Er sprach über die Neuorientierung der sowjetischen Nahostpolitik, über Rückendeckung für Nasser, um in Westeuropa eine Ölkrise hervorzurufen und damit einen Hebel für einen empfindlichen Druck zu gewinnen. Heute ist die Situation wesentlich komplizierter und vielschichtiger, aber einige Parallelen gibt es zweifellos. Die Sowjetunion hat politisches Interesse daran, sich Energieknappheit im Westen für ihre Zwecke zunutze zu machen.

Steht also hinter der zur Zeit laufenden Kampagne gegen die Entwicklung der Kernenergie eigentlich die Sowjetunion (oder ein anderes Land Osteuropas)? Ich kenne keine konkreten Fakten, die dafür sprächen, aber wenn es so wäre, dann genügten infolge des weitverbreiteten Vorurteils gegen die Kernenergie und des mangelnden Verständnisses für die Unausweichlichkeit des Atomzeitalters schon geringfügige, unmerkliche Anstöße, um das Ausmaß dieser Kampagne erheblich zu beeinflussen.

Ich muß diesen Aufsatz in der selben Tonart beenden, in der ich ihn begann. Die Menschen müssen die Möglichkeit haben, d.h. die Kenntnisse und das Recht besitzen, die eng miteinander verflochtenen wirtschaftlichen, politischen und ökologischen Probleme der Entwicklung der Kernenergie und ebenso die Problematik von Alternativlösungen zu überdenken, und sie müssen diese Fragen nüchtern und verantwortungsvoll erwägen, frei von haltlosen Emotionen und Vorurteilen. Hier geht es nicht bloß um Komfort oder die Erhaltung der sogenannten Lebensqualität, sondern um das viel fundamentalere Problem der wirtschaftlichen und politischen Unabhängigkeit und der Wahrung der Freiheit für ihre Kinder und Kindeskinder. Ich bin sicher, daß letztlich eine richtige Entscheidung getroffen werden wird.

IX

Amtliche Brutalität

Im sowjetischen Gesellschaftsgefüge genießt Sacharow eine extreme Sonderstellung: Als Physiker hoch geehrt, wird er vom staatlichen Machtapparat angefeindet und geschmäht, aber ständig kommen einfache Menschen zu ihm mit Problemen, die das System weder anpackte noch löste. In den Jahren seiner öffentlichen Tätigkeit spielte er eine ständige Vermittlerrolle, um die Aufmerksamkeit der Welt auf sonst anonyme einzelne in der Hoffnung zu lenken, daß sein Ruhm ihnen ein gewisses Maß von Schutz und Hilfe bieten könnte. In den Jahren 1975 und 1976 allerdings erfaßte ihn tiefe Beunruhigung über den geheimnisvollen Tod zweier solcher Besucher – beide starben offenbar kurz nachdem sie seine Wohnung verlassen hatten – und über Beweise dafür, daß Dissidenten in entlegenen Kleinstädten ebenfalls umkamen oder in den Tod getrieben wurden.

In seiner am 30. Oktober in Moskau geschriebenen Adresse an das Zweite Sacharow-Hearing[1]*, das vom 25.–28. November 1977 in Rom stattfand, faßte er viele sei-*

[1] Die Kommission nahm die öffentlichen Aussagen von etwa zwanzig Zeugen aus der Sowjetunion, der CSSR, der DDR, Polen, Bulgarien und Rumänien auf, ehe sie entschied, daß das Beweismaterial – außer jenem über Rumänien –, ausreiche, um die betreffenden Staaten der Verletzung fundamentaler Menschenrechte und somit des Verstoßes gegen die internationalen Menschenrechtsverträge zu bezichtigen.

ner besonderen ständigen Anliegen zusammen, sprach seine Hoffnung auf Fortgang der Verhandlungen von Helsinki aus und wiederholte die bereits nach dem Sprengstoffanschlag in der Moskauer U-Bahn erhobene Forderung nach genauer Untersuchung der ungeklärten Todesfälle. Bemerkenswert ist die Tatsache, daß es gelungen war, in Moskau einen Amateurfilm des seinen Text verlesenden Sacharow darzustellen und außer Landes zu schmuggeln. Dieser Streifen wurde in Rom gezeigt.

Ich möchte diese Gelegenheit wahrnehmen, um einigen Gedanken über die Frage der Menschenrechte in der Sowjetunion und den osteuropäischen Staaten Ausdruck zu verleihen. Ich rufe die Kommission zu folgenden Schritten auf:

1. Nachprüfung von Meldungen über Verletzungen der Menschenrechte und der international üblichen Normen für Haftanstalten – d. h. unerträgliche Zwangsarbeitsbedingungen, Einschränkungen der Verpflegung, des Besuchsrechtes und der Korrespondenz Gefangener; willkürliche harte Strafmaßnahmen; Folterung durch Hunger und Kälte und die Verweigerung anderer Rechte – aufgrund von Augenzeugenberichten, schriftlichen und mündlichen Aussagen und offiziellen Dokumenten, insbesondere des Zwangsarbeitsgesetzes. Die Erhebungen über diese Verstöße müssen sowohl politische als auch kriminelle Häftlinge einbeziehen.

2. Die Forderung einer Untersuchung krimineller Ausschreitungen gegen Dissidenten und andere oppositionelle Gruppen, einschließlich von Vertretern religiöser Sekten, da offiziell keine genauen ordnungsgemäßen Erhebungen darüber erfolgt sind. Ich beziehe mich besonders auf die Fälle Biblenko*, Bogatyrew*, Brunow, Lukschaite*, Tamonis*, Deinega* und Schkraba* – alle Genannten fanden unter ungeklärten Umständen den Tod – und auf die Fälle

Krjutschkow und Lichatschow, bei denen tätliche Angriffe und Mißhandlung vorliegen.

3. Überprüfung der Berichte über schwere Gesetzesverstöße in den Fällen jener Krimtataren, die 1967–1977 auf die Krim zurückkehrten. Sie erhielten keine Aufenthaltsgenehmigungen, wurden verbannt, tätlich angegriffen, geschlagen, ihre Häuser wurden zerstört, sie bekamen weder Arbeit noch die Erlaubnis zum Schulbesuch, waren gerichtlichen Schikanen ausgesetzt, ihr Privatbesitz wurde konfisziert usw.

4. Untersuchung von Fällen der Diskriminierung aus Gründen der Volkstumszugehörigkeit, der bäuerlichen Herkunft, der religiösen Überzeugung oder früheren Verurteilungen und aus anderen Motiven bei Ausbildung und Arbeitsplatzbeschaffung.

5. Untersuchungen über die Wahrung der Arbeiterrechte – des Streikrechtes, der Garantie angemessener Entlohnung und des sozialen Status – aufgrund von Berichten in der Sowjetpresse und der Aussagen von Gewährsleuten.

6. Nachforschungen über die Verstöße gegen die Religionsfreiheit – das Verbot aller Formen religiöser Propaganda, den antikrichlichen Charakter der staatlichen Religionskontrolle, das Verbot kirchlich-caritativer Tätigkeit, die Diskriminierung Gläubiger, die Eingriffe in die Elternrechte religiöser Menschen, denen ihre Kinder zwangsweise weggenommen werden, um deren Erziehung im Sinn des Glaubens zu verhindern; ebenso anderer Methoden der Gewalt und Willkür gegen Gläubige und die Unterdrückung religiöser Gruppen, welche die in ihren Augen kirchenfeindliche Form der staatlichen Kontrolle ablehnen. Hier sollten auch die Verfolgungen der Wahren Orthodoxen Kirche, der Baptisten, der Adventisten, der Pfingstbewegung, der Uniierten und anderer Gruppen berücksichtigt werden.

7. Nachforschungen über das Problem der freien Emigration und der Auslandsreisen zum Besuch Verwandter oder zum Zweck von ärztlicher Behandlung, Studien, beruflicher Tätigkeit oder im Rahmen des Tourismus.

8. Nachforschungen über Behinderungen des freien Informationsaustausches.

9. Nachforschungen über den Mißbrauch der Psychiatrie für politische Zwecke. Die Sonderklinik „Sytschewka" kann aufgrund des von Josef Terelja gesammelten Materials als ein Beispiel für besonders schwerwiegende Verletzung der Menschenrechte und des Anstands angeführt werden.

Ständige, langjährige Mißachtung fundamentaler bürgerlicher Freiheiten und Menschenrechte in der Sowjetunion und den osteuropäischen Staaten hat einen deutlichen Wandel in der Psyche der Bevölkerung im allgemeinen und der Intelligenzija im besonderen bewirkt. Deshalb spielen jene Gruppen und Einzelpersonen, die sich entschlossen haben, die Ereignisse innerhalb ihrer Gesellschaftssysteme zu analysieren und so das resignierte Schweigen über alles Negative brachen, eine außerordentlich wichtige Rolle. Von sich aus schaffen sie die Bedingungen für die Wiederkehr eines gesunden staatsbürgerlichen Bewußtseins und öffentlichen Lebens. Aber die schärfsten, illegalsten Repressionen richten sich genau gegen jene Gruppen und Personen. Bei der eindringlichen Forderung nach internationalem Schutz der Menschenrechte als Notwendigkeit müssen wir diesen Gruppen und Personen besondere Aufmerksamkeit widmen.

10. Ich lege Ihnen dringend nahe, Publikationen und Zeugenaussagen zu verwenden, um Informationen über die Lage und die widerrechtliche Behandlung aller Gefangenen aus Überzeugungsgründen zu sammeln und ihre Freilassung zu fordern . . .

Das Sacharow-Hearing findet während der Belgrader

Konferenz statt und dies erhöht seine Bedeutung. Ich glaube, daß die Ergebnisse des Hearings der Konferenz übermittelt und auch in der Presse publiziert werden sollten und hoffe, daß die Tätigkeit der Hearings das Augenmerk auf die Menschenrechtsverletzungen in der Sowjetunion und in den Staaten Osteuropas konzentrieren und zur Veränderung dieser Situation beitragen wird. Es ist wichtig, daß die Hearings zu einer ständigen Einrichtung werden, daß sie regelmäßig stattfinden und daß ein permanenter Arbeitsausschuß zur Sammlung von Material gebildet wird.

Durch die Verteidigung der Menschenrechte überall wo sie verletzt werden, schützen wir die gesamte Menschheit und sichern unsere gemeinsame Zukunft.

Zwei Todesfälle, die Sacharow nicht ruhen ließen, betrafen Männer, die von auswärts nach Moskau gekommen waren, um seine Hilfe zu erbitten. Das erste dieser Opfer war Jewgeni Viktorowitsch Brunow, ein siebenunddreißigjähriger Jurist, den Sacharow nach einem Gespräch noch bis zum Bahnhof begleitet hatte, und der in der Nacht vom 5. zum 6. November 1975 auf der Rückfahrt nach Klin starb. Seine Leiche, mit einem zerknitterten Foto Sacharows in der Tasche, wurde neben den Geleisen gefunden und als Todesursache wurde offiziell Schädelbruch angegeben. Aber seine Mutter sagte, Augenzeugen hätten ihr mitgeteilt, Brunow sei von Unbekannten aus dem Zug geworfen worden. Seit 1968, als er einen Protestbrief gegen die sowjetische Intervention in der ČSSR geschrieben hatte, wurde Brunow laut Angaben seiner Mutter vom KGB verfolgt und insgesamt zwölfmal zwangsweise in psychiatrische Kliniken eingewiesen. Sacharow erhielt keine Antwort auf seine Anfragen über die „Affäre Brunow" oder auf seinen Vorschlag, die Aussagen der Zeugen zu Protokoll zu nehmen.

Der zweite Todesfall, den Sacharow in seinem Schreiben an die Hearings allerdings nicht erwähnte, ereignete sich noch näher bei seiner Wohnung: Am Nachmittag des 25. März 1977 kam Alexander Fjodorowitsch Jakowljew, ein Fahrer aus Nowosibirsk, um Sacharow über das Unrecht zu berichten, das er an seinem Arbeitsplatz zu erdulden hatte. Wie so viele andere Besucher meldete sich Jakowljew auf Anregung seiner Kollegen, die ihm geraten hatten, sich an Sacharow um Hilfe zu wenden, um seine Stelle wieder zu bekommen, die er wegen seiner Weigerung, den Privatwagen des Garagenleiters zu reparieren, verloren hatte. Etwa um sechs Uhr – einige Stunden nachdem Jakowljew weggegangen war – erschien seine Mutter weinend in der Wohnung und erklärte, sie habe ihren Sohn beim Kursker Bahnhof (kaum einen Kilometer von Sacharows Wohnhaus entfernt) erwartet, aber er sei nicht gekommen. Sacharow beteiligte sich an einer Fahndung, die bis zum 1. April dauerte, als Jakowljews Mutter telefonisch berichtete, sie habe die Leiche ihres Sohnes im Leichenschauhaus von Balaschicha bei Moskau gefunden und den Bescheid erhalten, er sei bei einem Unfall mit Fahrerflucht auf dem Sadowoje Kolzo (Garten-Ring) umgekommen, jener Straße, an der Sacharows Wohnung und auch der Kursker Bahnhof liegen. Doch die Verkehrspolizei erklärte, auf dieser äußerst stark frequentierten Hauptdurchfahrtsroute habe sich kein Unfall ereignet, eine Tatsache, die von einigen Straßenhändlern bestätigt wurde, die in dieser Gegend verkauften. Noch ein Widerspruch: Man sagte Jakowljews Mutter, ihr toter Sohn habe keine Ausweise bei sich gehabt, deshalb sei er ins Leichenschauhaus gebracht worden. Aber Jakowljew hatte seine Arbeitspapiere bei sich getragen und sie Sacharow sogar gezeigt! Am 4. April erfuhr das Ehepaar Sacharow im Leichenschauhaus, daß niemals unbekannte Tote aus Moskau dort eingeliefert würden. Es muß darauf hingewiesen werden, daß im Gegensatz zu der „Affäre Brunow", soweit bekannt, keine Unterlagen über den Tod Jakowljews verfügbar sind.

Zwei Opfer von Mißhandlungen waren Nikolaj Nikolajewitsch Krjutschkow, ein junger Mann, der aus der Sowjetunion in die USA auswandern wollte, und Dimitri Sergejewitsch Lichatschow, mit Siebzig einer der bedeutendsten sowjetischen Gelehrten auf dem Gebiet der altrussischen Literatur.

Krjutschkow wurde im Mai 1974, vor Präsident Nixons zweitem Moskaubesuch, zwangsweise in der psychiatrischen Klinik von Kaschtschenko festgehalten und am 11. November 1975 in seiner eigenen Wohnung so brutal zusammengeschlagen, daß er für zwei Monate ins Krankenhaus mußte. Als Täter, die Krjutschkow auch Geld, Wertgegenstände und einige persönliche Schriftstücke geraubt hatten, wurden später von der Polizei drei Männer identifiziert, die am Morgen aus einer psychiatrischen Klinik der Stadt entsprungen waren und die Tat eingestanden. Aber bei der Gegenüberstellung sagte Krjutschkow aus, daß zumindest zwei der Polizeihäftlinge nicht die Täter waren und in einer von seinem Anwalt verfaßten Petition erklärte er, die beiden Männer „waren nicht an dem Überfall und dem Raub beteiligt, doch aus (dem Mandanten) unbekannten Gründen gaben sie das Verbrechen zu und deckten so die wahren Schuldigen."

Im selben Herbst 1975 wurde Lichatschow auf der Treppe im Wohnhaus des Direktors des Puschkin-Verlags von einem jungen Mann attackiert und erlitt einen Rippenbruch. Dies ereignete sich kurz nachdem der KGB den Parteifunktionären des Verlags mitgeteilt hatte, gewisse westliche Kreise wollten aus Lichatschow einen Dissidenten machen. In der Nacht zum 2. Mai 1976 kam es dann zu einer versuchten Brandstiftung in der Wohnung des Gelehrten. Obwohl die Eingangstür mit knetbarem Plastik bestrichen war und in der Nähe ein Benzinkanister stand, erklärte die Polizei, daß sie, ebenso wie im Fall der Körperverletzung, ihre Erhebungen mangels Beweisstücken eingestellt habe. Lichatschow hatte als junger Mann mehrere Jahre in Arbeitslagern der Stalin-Ära verbracht, außerdem gehörte er zu jenen Mitgliedern der Akademie der Wissenschaften, die sich weigerten, 1973 das Manifest der Akademiker gegen Sacharow zu unterzeichnen.

In einen längeren Interview mit einem „Newsweek"-Korrespondenten am 24. Februar 1977 erörterte Sacharow ausführlich die Behandlung sowjetischer Polithäftlinge und ging kurz näher auf das wachsende Interesse am Helsinki-Abkommen von 1975 als Instrument zur Durchsetzung der Menschenrechte ein.

Frage: Wieviele politische Gefangene gibt es gegenwärtig in der Sowjetunion? Wie gelangen Sie zu Ihren Schlüssen?

Sacharow: Ich glaube, daß es nun rund 2000–5000 politische Häftlinge in der Sowjetunion gibt, aber manche westliche Gewährsleute und einige Sowjetbürger setzen die Zahl höher an – mit 20000 Personen. Ich bleibe bei der erwähnten Größenordnung, denn sie basiert auf der Zahl der Insassen jener Lager, in denen, wie ich weiß, politische Gefangene interniert sind. Dazu kommt ein gewisser Prozentsatz von Häftlingen in anderen Lagern und psychiatrischen Anstalten. Leider werden in unserem Land keine Statistiken zu solchen Themen veröffentlicht und wir wissen nicht, wieviele politische Gefangene es gibt, ebensowenig wieviele Häftlinge überhaupt, oder welche Tatbestände zu ihrer Verurteilung führten. Doch inoffizielle Daten lassen darauf schließen, daß wir in unserem Land ein bis zwei Millionen Häftlinge haben – ein außerordentlich hoher Prozentsatz der Gesamtbevölkerung im Vergleich zu dem in anderen zivilisierten Staaten. Dennoch erklärt die offizielle Propaganda, daß unsere Kriminalitätsrate sehr gering sei.

Frage: Wie sind die gesundheitlichen Bedingungen für Häftlinge und auf welche Weise werden die Menschenrechte verletzt?

Sacharow: Das Leben in Lager und Gefängnis ist nach dem Zwangsarbeitsgesetz streng reglementiert. Dieses entspricht keineswegs internationalen humanitären Begriffen und ermöglicht vielerlei Verstöße gegen die Menschenrechte. Ich möchte einige Beispiele anführen: Ein Verhafteter ist bis zum Ende des Prozeßes völlig isoliert; er darf weder besucht werden noch korrespondieren, nicht einmal mit seinen engsten Verwandten. Bis zum Abschluß der Ermittlungen darf er auch keinen Anwalt konsultieren, und das Ermittlungsverfahren kann bis zu neun Monaten oder einem Jahr dauern. Sobald er verurteilt und den üblichen Bestimmungen unterworfen ist, wie die Mehrzahl der politischen Gefangenen, darf er nur zweimal pro Jahr mit seinen nächsten Angehörigen zusammenkommen, jeweils für bis zu vier Stunden, oft gestattet die Leitung nur zwei Stunden, und einmal jährlich für maximal drei Tage und Nächte, doch häufig wird die Frist verkürzt. Der Briefwechsel des Häftlings unterliegt Einschränkungen. In den Lagern erhalten die Gefangenen knappste Hungerrationen und nur einmal im Jahr kann man ihnen ein Proviantpaket im Gewicht von fünf Kilo schicken und auch dies nur, wenn sie bereits die Hälfte ihrer Strafe verbüßt haben. In Zwangsarbeitslagern für verschärfte Haft erhalten die Gefangenen fast keine Bezahlung, auch das ist im Gesetz festgelegt. Aber sämtliche gesetzlich garantierten Rechte können, je nach dem Ermessen jedes Beamten der Gefängnisverwaltung, auch verweigert werden. Es ist interessant, daß Häftlinge nur auf Empfehlung der Gefängnisverwaltung für eine Amnestie in Betracht kommen.

Die sowjetischen Zwangsarbeitsgesetze an sich sprechen

jeglichen Rechtsbegriffen Hohn; sie gehen in keiner Weise mit den von der UNO empfohlnen Optimalregelungen konform. Häftlinge, die gläubige Menschen sind – und das sind viele von ihnen –, dürfen keine Bibel oder Evangelien, keinen Koran oder keine Thora besitzen und es ist ihnen verboten, religiöse Feiern abzuhalten. Die Gesundheitsfürsorge ist primitiv, es fehlen Medikamente und die Zusendung – sogar von Vitaminpräparaten – an Häftlinge ist untersagt. Wir wissen nur von einem einzigen richtigen Krankenhaus für Strafgefangene in Leningrad, aber die Lagerverwaltung schämt sich nicht zu sagen, daß politische Häftlinge niemals dorthin überstellt werden.

Wie die Dinge liegen, bemühen wir uns zur Zeit Sergej Kowaljews Einlieferung wegen einer dringend notwendigen Operation zu erwirken.

Frage: Wie steht es um die Rechte der Familien dieser Häftlinge?

Sacharow: Theoretisch sollten die nächsten Angehörigen eines Verurteilten nicht für dessen Handlungen büßen, aber wir wissen, daß es sich in der Praxis anders verhält. Viele der Verwandten wurden zurückgesetzt oder völlig aus dem Berufsleben ausgeschlossen.KGB-Agenten ängstigen und terrorisieren die Familien. Schlimm ist es, wenn dabei Kinder betroffen sind, besonders schulpflichtige. Ihnen ist der Weg zur höheren Bildung versperrt – allerdings nicht offiziell, sondern auf eine demütigende, heimtückische Weise. Diese jungen Leute erhalten bei Prüfungen unverdient schlechte Zensuren etc. Und selbst wenn ein junger Mensch bereits studiert, bekommt er beim jährlichen Schlußexamen einige Minuspunkte und wird wegen angeblich mangelhafter Fortschritte ungünstig eingestuft. Das war kürzlich beim Sohn des Priesters Wasili Romanjuk* der Fall. Die materielle Situation der Angehörigen politischer Häftlinge ist meist schwierig, nicht nur weil die Familie ohne Vater ist, sondern auch wegen der horrend teueren Besuchsfahrten zu den Lagerhäftlingen.

Frage: Was kann der Westen tun, um diesen Gefangenen und ihren Familien zu helfen?

Sacharow: Ich glaube, wenn man sich konkret um diese Familien kümmert – entweder individuell oder als Gruppe – ist das die beste Hilfe. Die Unterstützung kann in der Form von Geldspenden erfolgen, von Paketen, für welche die Zollgebühren im voraus entrichtet werden müssen, von Briefen an die Angehörigen oder an die Gefangenen selbst. Amnesty International leistet solche Arbeit und das ist sehr gut. Doch man darf nicht vergessen, daß es Pflicht aller anständigen Menschen auf der ganzen Welt ist, für eine allgemeine, weltweite politische Amnestie einzutreten. Staaten, die so eine Amnestie gewähren, zeigen damit ihren guten Willen, die Probleme zu lösen, von denen die Zukunft der Menschheit abhängt.

Frage: Welche konkreten menschenrechtlichen Vorschläge soll nach Ihren Intentionen der Westen bei der Belgrader Konferenz zur Sprache bringen?

Sacharow: Meiner Ansicht nach muß die Belgrader Konferenz Bedingungen schaffen, die gewährleisten, daß die humanitären Bestimmungen der Schlußakte von Helsinki in der Praxis und nicht bloß auf dem Papier eingehalten werden.

Frage: Besteht die Gefahr, daß der Druck der öffentlichen Meinung des Westens zu einem gegenteiligen Resultat führen könnte, zu einem Ansteigen der Zahl von Verhaftungen und noch krasseren Verletzungen der Menschenrechte?

Sacharow: Nachgiebigkeit oder auch nur geringe Anzeichen von Schwäche und Anfälligkeit für Erpressung sind mit der Verteidigung der Menschenrechte unvereinbar und können tragische Konsequenzen haben. Positive Ergebnisse bei der Verteidigung der allgemeingültigen Grundsätze und einzelner Personen sind nur durch entschiedenen, allmählich anwachsenden Druck der öffentlichen und offiziellen Meinung im Westen – bis hinauf zur Spitze! – zu erzielen. Jeder Einzelfall von Menschenrechtsverletzung muß für die Führung des Staates, der sie sich zuschulden kommen läßt, zur politischen Frage werden.

Frage: Besteht Gefahr, daß die Sowjets durch politische Haft, Verbannung und Einschüchterung die Aktionsfähigkeit der sogenannten Dissidentenbewegung mindern oder sogar zunichtemachen könnten? Deuten die Verhaftungen von Juri Orlow*, Alexander Ginsburg* und anderer darauf hin, daß die Staatsmacht diesen Weg bereits beschritten hat? Wird sie damit Erfolg haben oder wird sie immer wieder auf neue Dissidenten stoßen, die in die Bresche springen, um in der Sowjetunion für die Menschenrechte zu kämpfen?

Sacharow: Die Verhaftung der Mitglieder der Helsinki-Gruppe Ginsburg, Rudenko*, Tychy* und des Gruppensprechers Orlow signalisieren offenbar einen ernstlichen Versuch der Sowjetmacht, der Menschenrechtsbewegung einen schweren Schlag zu versetzen, doch zugleich wird dies auch als Aufruf zum Eingreifen für die Weltöffentlichkeit, für alle Signatarstaaten des Abkommens von Helsinki, aufgefaßt. Ich glaube, daß man diesen Gesichtspunkt im Westen versteht und daß ein solcher Versuch der Sowjetmacht entschiedene Gegenmaßnahmen bewirken wird. Jedenfalls: Solange es in der Sowjetunion und in Osteuropa die Motivierung für eine Menschenrechtsbewegung gibt, wird sie ohne Zweifel weiterbestehen.

Frage: Welchen Einfluß hatte das Abkommen von Helsinki auf die Menschenrechtsbewegung in der Sowjetunion? Förderte es in der sowjetischen Bevölkerung besseres Verständnis dieser Rechte und eine umfassendere Forderung ihrer Beachtung?

Sacharow: Das Helsinki-Abkommen in Verbindung mit

der Internationalen Konvention zum Schutz der Menschenrechte ermöglichte es im wesentlichen, wirksamer für die Menschenrechte einzutreten und fraglos bestärkte es Bürger der Sowjetunion und Osteuropas, auf die Wahrung ihrer Rechte zu dringen.

Frage: Bedeutet westlicher Druck zur Einhaltung der Menschenrechte eine Einmischung in die inneren Angelegenheiten? Wie kann man solch einen Vorwurf entkräften?

Sacharow: Zum ersten Punkt: Nein. Die internationale Sinngebung des Schutzes der Menschenrechte ist durch die Allgemeine Deklaration der Menschenrechte in der Konvention festgelegt, ebenso in der Schlußakte von Helsinki. Zu behaupten, die Verteidigung der Menschenrechte sei Einmischung in die inneren Angelegenheiten eines Staates, hieße die Gültigkeit dieser Dokumente anfechten.

Frage: Welcher Zusammenhang besteht zwischen der internationalen Vertrauensbildung und der Wahrung fundamentaler Menschenrechte?

Sacharow: Es ist unmöglich, auf internationaler Ebene einer Regierung zu vertrauen, welche die Rechte ihrer eigenen Bürger verletzt, Rechte, die durch internationale Verträge garantiert sind, welche diese Regierung selbst unterzeichnet hat und womit sie sich zu deren Einhaltung verpflichtete. Es ist unmöglich, einer Regierung Glauben zu schenken, die sich hinter einem eisernen, oder wenn nicht eisernen so doch genügend dicken Vorhang gegen die Menschenrechte vergeht. Die Welt erfährt von diesen Übergriffen, weil eine Menschenrechtsbewegung existiert. Ein abgeschlossenes Gesellschaftssystem ist schon an sich eine Negierung der Menschenrechte und schafft zugleich Bedingungen, welche die internationale Sicherheit gefährden.

X

Der Geist von Helsinki

Im Jahr 1977 sollten sich, laut Vereinbarung, die Repräsentanten der fünfunddreißig Signatarstaaten der Schlußakte der „Konferenz über Sicherheit und Zusammenarbeit in Europa“ (1975) in Belgrad neuerlich versammeln, um die von den einzelnen Staaten und gemeinsam erzielten Fortschritte zur Verwirklichung der schwierigen Einigung über Anbahnung politischer und militärischer Sicherheit durch wirtschaftliche, wissenschaftliche, humanitäre und kulturelle Zusammenarbeit genauer Betrachtung zu unterziehen. Die Menschenrechtsbestimmungen der Helsinki-Schlußakte, welche die NATO-Mitglieder, die europäischen Neutralen und die Staaten des Warschauer Paktes verpflichteten, die grundlegenden bürgerlichen, politischen, religiösen und gesellschaftlichen Freiheiten zu respektieren, wurden im Osten von einfachen Leuten und aktiven Dissidenten sofort aufgegriffen. Sacharow teilte ihre Hoffnungen, und seine Frau hatte sich der sowjetischen Helsinki-Gruppe schon bei deren Gründung im Mai 1976 angeschlossen. Aber wie aus diesem Kapitel hervorgeht, reagierte die sowjetische Staatsmacht auf die Bürgerrechtsbewegung zur Durchsetzung der Leitgedanken von Helsinki meist mit Druck, der sich sogar noch verstärkte. Im Lauf des Jahres, als sich der Termin der Belgrader Konferenz näherte, wurden immer mehr Helsinki-Aktivisten verhaftet.

In einem Interview mit einem Korrespondenten der italie-

nischen Tageszeitung „Corriere della Sera“ am 26. Januar 1977 erörterte Sacharow hoffnungsvoll den sich rapid intensivierten Einsatz für die Menschenrechte in Osteuropa und sprach voller Bestürzung über die Unterdrückungsmaßnahmen, mit denen die Sowjetbehörden dieser Strömung begegneten.

Frage: In den kommunistischen Ländern, von der Sowjetunion bis nach Osteuropa, wächst die Zahl der Dissidenten. Welche Gründe sind Ihrer Meinung nach dafür ausschlaggebend?

Sacharow: Ich bin nicht sicher, ob ein quantitativer Zuwachs erfolgt ist, aber ohne Zweifel werden wir Zeugen einer neuen Phase, eines qualitativen Wandels im Kampf für die Menschenrechte. Die Hauptgründe für diese Entwicklung sind die schweren, unablässigen Verstöße gegen alle fundamentalen bürgerlichen und politischen Freiheiten und ebenso gegen viele sozialen und kulturellen Rechte in der Sowjetunion und Osteuropa. Diese Verstöße dauern an, trotz offizieller Proklamation von Zielen und Verpflichtungen wie jener, die durch die Ratifikation der Internationalen Konvention über die Bürger- und politischen Rechte rechtskräftig geworden oder in den humanitären Bestimmungen der Schlußakte von Helsinki festgelegt sind. Der gewaltlose Kampf um fundamentale bürgerliche und politische Rechte spielt eine wichtige Rolle bei der Gestaltung des historischen Schicksals unserer Länder, des zwischenstaatlichen Vertrauensverhältnisses und der Zukunft der gesamten Menschheit. Die Tatsache, daß so viele Menschen in unseren Ländern und im Westen dies begriffen haben, ist ein weiterer Grund dafür, daß sich die Menschenrechtsbewegung entwickeln und den Rückhalt durch die öffentliche Meinung hat gewinnen können.

Frage: Wie unterscheiden sich Ihrer Ansicht nach die Dissidenten in der Sowjetunion und in Osteuropa? Worin liegen die wesentlichsten Verschiedenheiten der gesellschaftlichen Strukturen, die das Umfeld des Kampfes für die Menschenrechte in der Sowjetunion und den osteuropäischen Ländern bilden?

Sacharow: In der Sowjetunion, wo man Jahrzehnte eines historisch beispiellosen Terrors und der politischen wie individuellen Knechtung durchlebt hat, sind weite Kreise der Arbeiter, der Bauern und der Intelligenz passiv, eingeschüchtert und von der totalitären Herrschaft abhängig geworden. Damit will ich nicht sagen, daß es die Menschen Osteuropas leichter haben; dennoch unterscheiden sich die Verhältnisse in diesen Staaten von der sowjetischen Situation. Die Länder Osteuropas waren immer dem Westen mit seinen humanitären und demokratischen Traditionen der selbstverständlichen Achtung der Rechte des Individuums näher; in manchen dieser Länder, besonders in Polen, übte die Kirche seit jeher großen, segensreichen Einfluß aus und es gelang ihr, sich unter schwierigsten Bedingungen doch zu behaupten. Schließlich kommt dem Faktum, daß die osteuropäischen Länder in unerträglicher Abhängigkeit von der Sowjetunion gehalten werden, keine geringe Bedeutung zu. Die logische Forderung der Dissidenten, aus dieser Abhängigkeit befreit zu werden, fand Widerhall in der gesamten Bevölkerung und damit verbreiterte sich die Basis der Menschenrechtsbewegung in diesen Ländern.

Aber ich glaube, daß die Ähnlichkeiten und gemeinsamen Ziele der Menschenrechtsbewegungen in der Sowjetunion und den Ländern Osteuropas aus umfassenderer historischer Sicht viel wesentlicher sind als alle erwähnten Unterschiede.

Wir alle in der Sowjetunion empfinden große Bewunderung für den nun deutlich intensiveren Einsatz unserer osteuropäischen Freunde – der Organisatoren der „Charta 77“ in der Tschechoslowakei, des „Komitees zum Schutz der Arbeiter“ in Polen und anderer Gruppen. Wir werden nie die Auswirkung des Prager Frühlings von 1968 auf die Bildung der Menschenrechtsbewegung in der Sowjetunion vergessen.

Frage: Glauben Sie, daß sich künftig Verbindungen zwischen sowjetischen und osteuropäischen Dissidenten ergeben werden?

Sacharow: Einer der elementarsten Wesenszüge totalitärer Gesellschaftsordnungen ist die Blockierung des Informationsaustausches, sowohl im Land selbst als auch über die Grenzen hinweg. Nur durch ungeheure Anstrengungen (und manchmal sogar Opfer) wurde es möglich, so weit Kontakt mit westlichen Ländern zu halten, wie es derzeit der Fall ist. Jedes auch nur momentane Nachlassen der diesem Problem geltenden Aufmerksamkeit gefährdet die bereits erzielten Resultate. Andere Dissidenten und ich, wir können unsere Freunde in Osteuropa nicht einfach anrufen oder ihnen Briefe schreiben. Natürlich läge uns allen an ungehindertem persönlichem Kontakt, noch besser wäre die Möglichkeit, gemeinsame Erklärungen zu veröffentlichen, oder auch eine weniger formelle Art der Koordinierung unserer Bemühungen. Vielleicht wird uns die internationale Unterstützung eines Tages solche Möglichkeiten schaffen, was nicht nur für unsere Länder bedeutsam wäre. Trotz allem habe ich nun das Gefühl, daß wir einander sogar auf Distanz richtig, wenngleich nicht lückenlos, verstehen. Wir haben sozusagen „Tuchfühlung“.

Frage: Wie bewerten Sie die „Charta 77“ und die offizielle sowjetische Reaktion darauf?

Sacharow: Ich betrachte die „Charta 77“ als historisches Dokument, das einen wichtigen neuen Schritt im Kampf für die Menschenrechte markiert – nicht nur in der Tschechoslowakei sondern in allen kommunistischen Staaten. Besonders relevant ist, daß sich die „Charta 77“ auf die wichtigsten internationalen Dokumente stützt – auf die Allgemeine Deklaration der Menschenrechte, die Rechtsgültigkeit genießende Internationale Konvention und die Schlußakte von Helsinki, und daß sie die Diskrepanzen zwischen der realen Situation und den in diesen Dokumenten verfochtenen Prinzipien deutlich aufzeigt. Der Geist der „Charta“, ihr gezügeltes Pathos und ihre Entschiedenheit erwecken in mir große Sympathien. Die Tatsache, daß dieses Dokument von dreihundert[1] Bürgern der ČSSR unterzeichnet wurde und zweifellos von vielen anderen Menschen im ganzen Land gutgeheißen wird, war es, was den Zorn der Staatsmacht erregte und diese veranlaßt hat, die Propagandaspektakel öffentlichen Tadels zu inszenieren.

Die Reaktion der Sowjetpresse auf die „Charta 77“ ist sehr bezeichnend, denn sie bedeutet eine Bedrohung nicht nur der tschechoslowakischen, sondern auch der sowjetischen Dissidenten. Wie in solchen Fällen üblich, wurde die „Charta 77“ selbst natürlich nie abgedruckt oder auch nur zitiert, ein klarer Beweis dafür, daß die offizielle Propaganda nicht imstande ist, einen offenen, ehrlichen Streit der Ideen auf irgendeiner Basis der Gleichheit auszutragen.

Frage: Glauben Sie, daß die sowjetischen Dissidenten dieses Dokument akzeptieren könnten?

Sacharow: Oh ja. Der ganze Geist des Dokumentes ist ohne Zweifel dem der sowjetischen Dissidenten verwandt. Was mich betrifft, wenn Bürger anderer Staaten berechtigt wären, die „Charta 77“ zu unterzeichnen, dann würde ich wünschen, daß diese meine Erklärung als meine Unterschrift betrachtet wird, das gleiche gilt für meine Frau Jelena Bonner.

---

[1] Um die Mitte des Jahres 1978 bereits neunhundert. – Hg.

Frage: Welche Hilfe können Dissidenten in der Sowjetunion und in Osteuropa von Kommunistischen Parteien des Westens erwarten?

Sacharow: Die Dissidentenbewegung – oder genauer gesagt: die Menschenrechtsbewegung – ist ihrem Wesen nach unpolitisch festgelegt, ihre Anhänger haben ganz verschiedene Weltanschauungen. Wir glauben, daß diese Bewegung nicht nur für die Zukunft unserer Länder, sondern für die gesamte Menschheit von Bedeutung ist und bauen auf die Unterstützung durch alle redlichen, humanen, vorausblikkenden Menschen auf der ganzen Welt, ohne Rücksicht auf ihre politische Orientierung.

Was wir vor allem brauchen ist offene Diskussion, umfassende, objektive Berichterstattung der Wahrheit über unsere Länder, ohne Verzerrungen durch offizielle Propaganda. Wenn die kommunistische Presse solche Fakten bringen sollte – insbesondere wenn sie sich für politische Häftlinge und für die Meinungsfreiheit ausspräche, für Informationsaustausch und unbeschränkte Reiseerlaubnis einträte – dann würde sie einen wichtigen Beitrag zu den Bemühungen der Menschenrechtsbewegung leisten.

Dissidenten verlieren meist ihre Arbeitsplätze; deshalb brauchen sie und ihre Familien, ebenso wie die Angehörigen politischer Häftlinge, materielle Hilfe.

Ich glaube, daß jene Komministischen Parteien, die das Konzept eines pluralistischen „Kommunismus mit menschlichem Antlitz" verkünden, sich auch faktisch entschiedener von der Regierungs- und Parteipolitik totalitärer Staaten distanzieren und auf Einhaltung der bürgerlichen und politischen Grundrechte bestehen sollten.

Frage: Finden Sie, daß der Druck auf die Dissidenten sich in letzter Zeit verstärkt hat?

Sacharow: Das glaube ich schon. Ein Motiv dafür ist die Eskalation des Einsatzes für die Menschenrechte, mit dem die Behörden mit Mitteln ehrlicher Diskussion nicht fertigwerden. Ein weiterer Grund: die bevorstehende Belgrader Konferenz. Die Dissidenten während dieser Phase zu bedrohen und niederzuzwingen ist für die Handlanger der Unterdrückung eine verlockende Aufgabe. Hausdurchsuchungen, Verhöre, Verhaftungen, Provokationen, Androhung physischer Gewalt und vielleicht sogar geheime Terrorakte – mit all diesen Mitteln wurde gearbeitet. Der noch immer ohne Nachforschungen gebliebene Mord an dem Dichter und Übersetzer Konstantin Bogatyrew*, einem einstigen Häftling in stalinistischen Lagern, ist nur eines von vielen Beispielen.

Es hat den Anschein, daß die Staatsmacht die in der Sowjetunion existierenden Helsinki-Gruppen (Moskau, Kiew, Wilna) zerschlagen will und eine Reihe von Hausdurchsuchungen mit diesem Ziel vorgenommen hat. Unterschiebung von Geldbeträgen und pornografischen Schriften mit dem Zweck, Mitglieder dieser Gruppen zu kompromittieren, ist ein typisches Kennzeichen solcher Aktionen.

Nach der Explosion in der Moskauer U-Bahn entstand die Gefahr, daß dieser Zwischenfall, der vielleicht das Werk des KGB war, zum Anlaß für noch ärgere Repressionen genommen würde. Die blutige Vergangenheit der Geheimpolizei bestärkt mich in solchen Befürchtungen, desgleichen der Artikel von Victor Louis. Mein eigener Artikel[1] hatte den Zweck, die Weltöffentlichkeit über diese bedrohlichen Möglichkeiten zu informieren und vor einer solchen Entwicklung zu warnen. Daraufhin wurde ich in die Staatsanwaltschaft der Sowjetunion vorgeladen, dort zwang man mich einen Widerruf zu schreiben und erteilte mir eine offizielle Verwarnung, daß ich gerichtlich belangt würde, wenn ich meine öffentliche Tätigkeit nicht einstellte. Häufig kün-

---

1 Siehe V. Kapitel. – Hg.

digen solche Verwarnungen die Verhaftung an. Dennoch sind Taktiken im Stil der Mafia die noch größere Gefahr für meine Familie und mich.

Die Behinderung der Verbindungen ins Ausland (per Post und Telefon) ist eine der staatlichen Methoden, um den Kontakt zur Öffentlichkeit – die einzige Waffe des Dissidenten – zu blockieren. Die italienische Telefonverwaltung kann bestätigen, daß sogar Privatgespräche unmöglich sind, weil sich die KGB-Abhörzentrale einschaltet, wie sich bei Versuchen meiner Frau und mir erwies, telefonisch Florenz zu erreichen, um etwas über den Gesundheitszustand von Frau Dr. Nina Harkewitsch, einer dort wohnenden guten Freundin, zu erfahren.

Bereits früher im Interview mit einem amerikanischen Korrespondenten, am 30. Oktober 1976, sprach Sacharow über leere sowjetische Gesten der Vertragstreue bei unverändert starrsinniger Grundhaltung.

Frage: Die Sowjetregierung erklärte oft, sie würde alle Verpflichtungen aus der Schlußakte von Helsinki erfüllen. Glauben Sie, daß das der Fall ist?

Sacharow: Der Grundgedanke des freien Informationsaustausches und der Bewegungsfreiheit – damit meine ich Auslandsreisen und Emigration – ist ein Schlüsselelement der Schlußakte. Die historische Bedeutung des Dokuments liegt in der untrennbaren Verbindung, die zwischen diesen Bestimmungen und der internationalen Sicherheit hergestellt wurde. Doch auf dem Gebiet des Informationsaustausches und der Freizügigkeit von Personen hat die Sowjetunion kaum etwas an ihren Praktiken geändert. Vereinzelte Zugeständnisse, meist in bezug auf Emigration und Reisen, haben eine gewisse Signalwirkung, aber sie reichen noch nicht für einen grundlegenden Wandel des Gesamtbildes aus.

Sowjetbürger haben noch immer keine Möglichkeit, sich über viele politische, historische, soziale, wirtschaftliche, religiöse und kulturelle Fragen im Westen zu informieren. Emigrations- und Ausreisegenehmigungen sind noch immer sehr schwer zu erwirken und entsetzlicher bürokratischer Willkür unterworfen, gegen die es keine Berufung gibt; deshalb erleiden noch immer Zehntausende große menschliche Tragödien.

Sogar etwas aus westlicher Perspektive so Einfaches und Natürliches wie ein Treffen zwischen Mutter und Tochter kann verboten werden, manchmal auf Jahre hinaus. Ich kann den Fall von Frau Dr. Vera Liwtschak zitieren, über den ich mehr als einmal gesprochen und geschrieben habe.

Frau Dr. Liwtschak, eine 1977 zweiundsiebzigjährige Ärztin, war seit 1962 verwitwet, ihre Tochter und ihr Schwiegersohn emigrierten 1971 nach Israel, aber Frau Dr. Liwtschaks Ausreisegesuch nach Israel oder nach Österreich, bloß um ihre Tochter wiederzusehen, oder auch um die Erlaubnis, daß ihre Tochter als Touristin nach Moskau kommen könne, wurden alle abgelehnt.

In einem Brief, in dem sich Frau Dr. Liwtschak auf Breschnews Unterzeichnung der Schlußakte von Helsinki bezog, schrieb sie:

„Ich habe folgende mündliche Bescheide erhalten (die Visabehörde OVIR antwortet nicht schriftlich) – Betr. Israel: Wir haben keine diplomatischen Beziehungen zu Israel. Betr. Österreich: Ihre Tochter lebt in Israel. Es liegen keine Gründe vor, daß Sie sich mit ihr in Österreich treffen. Und zu ihrem Besuch in Moskau: Die Situation ist nicht dazu geeignet."

„Statt mir die Erlaubnis zu erteilen, meine Tochter zu besuchen, schlugen mir die Behörden vor, ich möge Rußland verlassen, meine Sowjetbürgerschaft niederlegen und dauernden Aufenthalt in Israel nehmen. Das heißt, man riet mir, all das zu tun, was Personen tun müssen, die Rußland verlassen wollen, alles was die Behörden dann als Hochverrat abstempeln."

„Ich bin Russin. Von 1919 bis zum Februar 1977 war ich ohne Unterbrechung berufstätig. Von 1926 an arbeitete ich als Ärztin. 1954 wurde mir für meine Tätigkeit ein Orden verliehen. Ich habe hier bejahrte, leidende Brüder und Schwestern, die Verwandten meines Mannes und Freunde. Die teuren Gräber meines Mannes und meiner Mutter sind hier. Warum, wegen welcher Verbrechen, soll ich im Alter mein Leben von Grund auf ändern und all dies verlassen? Ich glaube, daß ich menschlich ein Anrecht darauf habe, meine einzige Tochter wiederzusehen, ohne dafür die Entwurzelung auf mich nehmen zu müssen."

Als jede Hoffnung auf einen günstigen Bescheid schwand, gab Frau Dr. Liwtschak schließlich ihren Kampf um eine befristete Ausreisegenehmigung auf und emigrierte im August 1978 aus der Sowjetunion.

Am 20. November 1976 sandte Sacharow eine Solidaritätserklärung an die polnischen Intellektuellen, die das seither bekannte „Komitee zum Schutz der Arbeiter" gebildet hatten, um gegen Polizeiaktionen gegen Arbeiter zu protestieren, die im Juni wegen Erhöhung der Lebensmittelpreise gestreikt und damit eine Senkung der Kosten erreicht haben.

Ich unterstütze die Initiative der Vertreter der polnischen Intelligenz unter Führung von Jerzy Andrzejewski, die das

Komitee zum Schutz der Arbeiter gegründet haben, um Arbeiter gegen die Repressalien der Behörden zu verteidigen.

Ebenso wie in Polen gibt es auch in unserem Land viele Probleme, die weiteste Kreise der Bevölkerung berühren, einschließlich der Arbeiterschaft; zweifellos ist der Kampf für die Arbeiterrechte ein wichtiger Teil des Aufgabenbereichs der demokratischen Bewegung für die Menschenrechte. Wir in der Sowjetunion sind uns darüber im klaren, allerdings ist mir im Moment keine konkrete Aktion bekannt, die an Ausmaß und Wirksamkeit der Tätigkeit des „Polnischen Komitees zum Schutz der Arbeiter" zu vergleichen wäre.

Wir kennen die Bedeutung des Nonkonformismus und der Solidarität unter totalitären Bedingungen und wissen, wie schwierig es ist, sich in dieser Haltung zu behaupten. Ich bewundere den Mut unserer Freunde in Polen, die durch ihre Beschäftigung mit diesen brennenden Problemen der Solidarität zwischen Intellektuellen und Arbeitern Ausdruck verliehen haben.

Ich hoffe, daß rechtzeitig Wege für effektive Zusammenarbeit im Kampf für die Menschenrechte in Polen, der Sowjetunion und den anderen osteuropäischen Ländern gefunden werden.

Am 29. November 1976 kam es auch in Sacharows engerem Lebenskreis zu Repressalien. Die Sowjetbehörden schritten ein, um ein von „Refusedniks" organisiertes internationales Treffen in Moskau zum Thema „Jüdische Kultur in der Sowjetunion" zu verhindern. Die Initiatoren dieser Veranstaltung hatten Schikanen zu erdulden, obwohl ihr Projekt den allgemeinen Bestimmungen über internationale kulturelle Zusammenarbeit im Sinn des Vertrags von Helsinki entsprach, und Sacharow bot ihnen sofort seine Unterstützung:

Sowjetische Stellen versuchen ein Symposion abzubrechen, das nicht nur für die jüdische Kultur, sondern auch für alle anderen Volkskulturen unseres Landes von Bedeutung ist. Nach Jahren des Stillstands in der freien Entwicklung der Volkskulturen könnte ein ethnisch-kulturelles Vorhaben wie dieses als wichtiger Präzedenzfall dienen.

Ich appelliere an die internationale Solidarität, sich für dieses Symposion einzusetzen.

Laut Planung hätte das Symposion siebenundsiebzig Referate zu sechs verschiedenen Themen (jüdische Kultur in Israel, im Westen und in der Sowjetunion) umfassen sollen, wobei für achtzehn der Vorträge ausländische Gelehrte als Referenten vorgesehen waren. Nachdem neun Mitglieder des Organisationskomitees am 23. und 24. November in Moskau Hausdurchsuchungen über sich ergehen lassen mußten, wurde diese Polizeiaktion in einer TASS-Meldung gerechtfertigt, denn „das aufgefundene Material beweist die Verbindungen zu Zentren des Zionismus und die Absicht, unter den Völkern der Sowjetunion Zwietracht zu säen". Außerdem erschienen in der offiziellen Presse binnen weniger Tage mehrere Artikel über die blühende Entwicklung jüdischer Kultur in der Sowjetunion – zum erstenmal seit vielen Jahren. Gleichzeitig aber empfing der Stellvertretende Kultusminister Wladimir Popow die Organisatoren des Symposions, um ihnen zu sagen, daß nur „registrierte Bürgerorganisationen" kulturelle Veranstaltungen abhalten dürften und daß ihr Vorhaben „gegen die bestehende Ordnung verstoße". Das Symposion sollte am 21. Dezember beginnen – und wurde auch tatsächlich eröffnet, allerdings auf eine eintägige (statt wie geplant dreitägige) Gesprächsrunde beschränkt, mit sieben Referaten vor einer etwa fünfzigköpfigen Zuhörerschaft, darunter Sacharow. Doch am Morgen des Eröffnungstages wurden alle

Moskauer Organisatoren unter dreitägigen Hausarrest gestellt, zwanzig angemeldete Teilnehmer aus anderen sowjetischen Städten hielt die Polizei unterwegs auf und von den dreißig zur Teilnahme eingeladenen Ausländern hatte kein einziger ein Visum bekommen.

Anfang Februar erfolgten die ersten Verhaftungen von Mitgliedern der Helsinki-Gruppen – es waren die ukrainischen Aktivisten Mykola Rudenko und Olexej Tychy* sowie der Moskauer Alexander Ginsburg*, einer der führenden Köpfe der sowjetischen Regimekritik seit Anfang der sechziger Jahre. Am selben Tag verfaßte Sacharow gemeinsam mit dem Mathematiker Igor Schafarewitsch – einem Freund Solschenizyns und Mitstreiter aus dem Moskauer Menschenrechtskomitee – einen Appell für Ginsburg.*

Alexander Ginsburg, Repräsentant des Solschenizyn-Hilfsfonds für politische Gefangene und Mitglied der Helsinki-Gruppe, ist verhaftet worden. Seit fünf Jahren war er ständigen Willkürakten ausgesetzt: Ihm wurde das Recht verweigert, mit seiner Familie zusammenzuleben, er mußte sich Hausdurchsuchungen gefallen lassen, wurde angehalten und in den sowjetischen Zeitungen einer Flut widerlicher Verleumdungen preisgegeben Nun ist er wieder im Gefängnis; dies ist seine dritte Haft. Sollte er verurteilt werden, so wird er in die gestreifte Kluft eines besonders gefährlichen Rückfalltäters gesteckt, ihn erwarten ein Lager mit „verschärften“ Bedingungen, knappsten Rationen, ein Brief pro Jahr, ein persönlicher Besuch pro Jahr, ein 1-Kilo-Paket pro Jahr und ein Lebensmittelpaket pro Jahr – und diese „Vergünstigungen“ erst nach Verbüßung der halben Strafzeit.

Vor kurzem erst hat Alexander Ginsburg das Krankenhaus verlassen, mit der Anweisung, sich zwecks Untersuchung und Behandlung in eine Lungenheilstätte zu begeben. Die Diagnose: Lungenentzündung in Verbindung mit tuberkulöser Infektion. Nach sieben Jahren in Lagern leidet er an schweren Magen- und Darmgeschwüren. Man muß kein Arzt sein, um zu ermessen, daß schon eine kurze Haftstrafe für ihn den Tod bedeuten könnte.

Er wurde nachts auf der Straße festgenommen und nach Kaluga gebracht, wo es wohl leichter ist, einen illegalen Prozeß zu führen, fern von Freunden und ausländischen Korrespondenten.

In der Moskauer Auskunftsstelle des KGB teilte man Ginsburgs Frau mit, ihm würden mehrere Delikte zur Last gelegt, aber die betreffenden Paragraphen des Strafgesetzbuches wurden nicht angegeben; in einer TASS-Meldung finden sich Hinweise auf Geschäfte mit Ikonen, antisowjetische Tätigkeit, Beziehungen zu einer „antisowjetischen Organisation" und Besitz von Devisen. Ein am Vorabend von Ginsburgs Verhaftung in der „Literaturnaja Gasjeta" erschienener Artikel zeigt nur zu deutlich, daß die falschen Zeugen schon bereit stehen,

Es besteht aller Grund zu der Befürchtung, daß Alexander Ginsburgs Verhaftung ein Glied in einer Kette von Repressionen vor der Belgrader Konferenz ist. Wie lange diese Welle andauert und wo sie diesmal enden wird, hängt von den Reaktionen der Öffentlichkeit in der Sowjetunion und der übrigen Welt ab.

Wir appellieren an alle, die den Gedanken bejahen, daß der Schutz der Menschenrechte für die Bewahrung des Friedens auf der Erde wesentlich ist.

Unsere gemeinsame Verpflichtung ist die Verteidigung Alexander Ginsburgs.

Der Herausgeber hat einen vielleicht in manchen Punkten ungenauen Text der TASS-„Erklärung für das Ausland" erstellt:

Ginsburg wurde mit Billigung des Staatsanwaltes der Stadt Kaluga wegen Handlungen, die gegen die Gesetze verstoßen, in Haft genommen. Ginsburg, ohne ständige Beschäftigung, ein Parasit, begann seine Laufbahn als Spekulant und Ikonenhändler.

1961 wurde er wegen Betrugs zu zwei Jahren verurteilt und 1968 (?) wegen antisowjetischer Betätigung zu fünf Jahren. Zu jenem Zeitpunkt waren seine Beziehungen zu der pro-faschistischen Emigrantenorganisation NTS, die bekanntlich geheim für den Westen arbeitet, bereits aufgedeckt.

Nach seiner Entlassung aus der Haft beteiligte er sich weiterhin an antisowjetischen Aktionen, deren Absichten, wie zu hoffen steht, im Zug der laufenden Ermittlungen aufgeklärt werden können. Wie bereits gemeldet, erfolgte in Ginsburgs Wohnung eine Hausdurchsuchung, bei der außer Material, das unzweifelhaft seine Verbindung zum NTS beweist, auch antisowjetische Broschüren, zionistische Schmähschriften sowie beträchtliche Summen in sowjetischer und fremder Währung gefunden wurden.

Alexander Ginsburg wurde von der normalen Ordnungspolizei belangt, die ihn des „Verstoßes gegen die Meldepflicht" bezichtigte. Unter diesen Umständen war er z. B. genötigt, sich jeden dritten Tag von seiner in Moskau lebenden Familie zu trennen und nach Tarusa zurückzukehren, wo er gemeldet war. Hier eine Stellungnahme Sacharows, in der er auf einen Einzelfall der viele Monate dauernden Polizeischikanen eingeht:

Von A.D. Sacharow an die Sektion Barbinskoje der Ordnungspolizei.

ERKLÄRUNG

Ich erhebe hiermit Protest gegen die zweimalige widerrechtliche und unbegründete Festnahme (am 2. und am 7. Juni) des von mir vertraglich beschäftigten A. I. Ginsburg in meinem Sommerhaus in der Siedlung Schukow und zwar unter dem Vorwand, er sei ohne ordnungsgemäße Anmeldung in Schukow ansässig. Über diese Festnahme, die während meiner Abwesenheit und unter Verletzung meiner Rechte als Besitzer des Sommerhauses erfolgte, wurde ein Bericht abgefaßt und über Ginsburg eine Geldbuße verhängt. Am 7. Juni besetzten Beamte der Ordnungspolizei ohne richterlichen Befehl mein Sommerhaus, behinderten meine Angehörigen in ihrer Bewegungsfreiheit, und trotz meiner telefonischen Aufforderung, Ginsburg ungeschoren zu lassen und mein Haus zu räumen, wurde er unter Gewaltanwendung abgeführt.

Ich erkläre, daß A. Ginsburg jeweils nur für wenige Stunden in mein Haus kam und nie dort übernachtet hat, so daß von irgendwelchen Verstößen gegen die Meldepflicht keine Rede sein kann. Ich wage zu behaupten, daß die Männer, die meine Person und das Sommerhaus überwachten, in Wahrheit zum KGB gehören – niemand weiß das besser als ich. Was noch erstaunlicher ist: Am 7. Juni, als in der Sektion Barbinskoje der Ordnungspolizei der Bericht geschrieben wurde, bot man falsche Zeugen auf, die den Sachverhalt eines Verstoßes gegen die Meldepflicht, der nie erfolgte, bestätigt haben. Diese Personen wohnen aber nicht in Schukow und haben Ginsburg niemals gesehen. Am 7. Juni fuhr er um 10.45 h vom Kursker Bahnhof im Zug zum Sommerhaus, wofür die Zeugenaussagen meiner Frau und meines Sohnes als Bestätigung dienen können.

Ich verlange, daß der Bericht der Sektion Barbinskoje der Ordnungspolizei, in dem vorsätzlich falsche Beschuldigungen aufrechterhalten werden, für ungültig erklärt wird.

Ich stelle fest, daß derartige Aktionen Schikanen darstellen, die sich nicht nur gegen Ginsburg, sondern auch gegen mich richten.

A. D. Sacharow
dreifacher sozialistischer Held der Arbeit
7. Juni 1976

Am 10. Februar wurde Juri Orlow, der Begründer der Helsinki-Gruppe, verhaftet und am 15. März Anatoli Schtscharanskij*. Ihn und andere Juden hatte ein früherer Zimmergenosse und Kamerad aus den Kreisen der „Refusedniks" denunziert, im Dienst des CIA zu stehen. Sacharow reagierte darauf am 19. März mit einem Appell an die Weltöffentlichkeit, den US-Kongreß und die Signatarstaaten der Schlußakte von Helsinki.*

Anatoli Schtscharanskij wurde am 15. März verhaftet. Wir alle haben den von Verleumdungen strotzenden Artikel in der „Iswestija" gelesen, der Erinnerungen an die schlimmsten stalinistischen „Hexenjagden" weckte. In diesem Artikel wird gegen Schtscharanskij und andere jüdische Aktivisten die absurde Beschuldigung der Spionage erhoben, und außer ihnen werden auch amerikanische Bürger ganz offen und fälschlich bezichtigt. Die Wahrheit hingegen ist, daß Schtscharanskij, der vor drei Jahren um Emigration nach Israel angesucht und grundlos einen abschlägigen Bescheid erhalten hatte, ein so offen daliegendes Leben führt, daß von irgendwelchen geheimen Betätigungen keine Rede sein kann. Offen protestierte er gegen die Verletzung des Rechtes auf Emigration und anderer Grundrechte, offen schloß er sich der Helsinki-Gruppe an, offen traf er sich mit ausländischen Korrespondenten und anderen Ausländern. Niemals, weder früher als Student noch jetzt, kam er mit irgendwelchen Staatsgeheimnissen in Berührung. Er hat kein Staatsverbrechen begangen. Ich bin überzeugt, daß ihn die Behörden nur wegen seines Mutes und seiner Offenheit, wegen seiner immer ehrlichen, humanen Einstellung als nächstes Opfer ausersehen haben.

In dem Bestreben, dem während der letzten Monate auf der ganzen Welt wachsenden Interesse an der Menschenrechtsproblematik entgegenzuwirken, hat der Machtapparat sich zu einem törichten Kurs entschlossen, aber sein Erfolg oder Fehlschlag wird für die ganze Welt von großer, nachhaltiger Bedeutung sein.

Schtscharanskijs Verhaftung, nach der anderer Mitglieder der Helsinki-Gruppe, ist ein neuerlicher Akt der Herausforderung im Gesamtkonnex sowjetischer Provokationen vor dem Beginn der Belgrader Konferenz. Dies kommt einem Versuch gleich, die neue US-Regierung vor der Reise von Außenminister Vance zu erpressen, einem Versuch, die US-Regierung zu zwingen, ihrem Prinzip weltweiten Einsatzes für die Menschenrechte untreu zu werden und damit den Sowjets offiziell freie Hand zur Festigung ihres Systems von Willkür und Rechtsbruch zu lassen.

Es ist ein dringendes humanitäres Gebot, für Schtscharanskij, Ginsburg, Orlow, Rudenko und Tychy einzutreten, denn ihre Verteidigung ist auch die Verteidigung des Geistes der Entspannung, des internationalen Vertrauensverhältnisses und des Friedens.

Doch unerbittlich folgten neue Verhaftungen und am 13. April rief Sacharow wieder die Weltöffentlichkeit und die Helsinki-Signatare zu internationalen Hilfsaktionen auf:

In der Sowjetunion schwillt eine neue Welle politischer Repression an. Nach den Mitgliedern der Helsinki-Gruppen in Moskau und der Ukraine im Februar und März wurden nun am 7. April in Georgien Swiad Gamsachurdia* und Merab Kostawa* verhaftet. Wieder sind zwei mutige, ehrliche Männer einem grausamen, jede Menschenwürde mißachtenden Polizeiapparat in die Hände gefallen. Welcher Delikte können sie bezichtigt werden? Jedes nur denkbaren: Devisenspekulation, Vergewaltigung, Huliganismus[1], Terrorismus, alles und jedes. Aber sie wurden verhaftet, weil sie nach der Wahrheit strebten, nach freier, offener Diskussion, und weil sie sich für die Erhaltung der nationalen Kultur ihres alten schönen Landes einsetzten, seiner Monumente, Sprache und eigenständigen Kunst. Jeder Georgier und jeder andere Mensch in unserem Land muß auf solche Mitbürger stolz sein, und wir sind über diese neuerliche Demonstration des willkürlichen Rechtsbruchs empört. Die Verhaftungen von Gamsachurdia und Kostawa sind ein weiterer Versuch der Staatsmacht, die Dissidenten zu knebeln, damit die Sowjets zur Belgrader Konferenz anreisen können, während in ihrem Land tödliches Schweigen herrscht.

Ich appelliere erneut an die Öffentlichkeit, die Führungen der Sowjetunion, Europas und der USA sowie an die Meinungsbildner in aller Welt, als Fürsprecher der verhafteten Mitglieder der Helsinkigruppe, Gamsachurdia, Kostawa, Ginsburg, Orlow, Rudenko, Tychy und Schtscharanskij aufzutreten.

Am 11. Juni wandten sich Sacharow, Schafarewitsch, Valentin Turtschin, Naum Meiman und Juri Goldfarb gemeinsam

---

[1] In der Sowjetunion gebräuchliche Bezeichnung für Rowdytum und Bandenunwesen, nach dem russischen Lehnwort „Huligan".

an ihre bei der Protwino-Konferenz 1977 über Teilchenbeschleuniger versammelten Kollegen und forderten sie auf, durch ihre Hilfe für Juri Orlow die Solidarität der Wissenschaftler unter Beweis zu stellen:

Juri Orlow, ein Physiker von Weltruf und führender Experte auf dem Gebiet der Teilchenbeschleuniger, Korrespondierendes Mitglied der Armenischen Akademie der Wissenschaften, wurde im Februar dieses Jahres verhaftet und befindet sich im Lefortowogefängnis.

Er wurde verhaftet wegen seines aktiven Einsatzes für die Menschenrechte in unserem Land und wegen seiner Funktion als Gründer und Wortführer der Helsinki-Gruppen.

Die Tätigkeit dieser Gruppen war und ist offen und legal, dennoch steht Orlow unter der absurden Beschuldigung der „Verbreitung verleumderischer Nachrichten" und ihm droht die Verurteilung zu einer dreijährigen Haftstrafe.

Auch andere Mitglieder der Gruppe wurden in Gewahrsam genommen – in Moskau Alexander Ginsburg und Anatoli Schtscharanskij, in Kiew Mykola Rudenko, Olexej Tychy, Mykola Matusewitsch* und Miroslaw Marinowitsch*, in Tiflis Swiad Gamsachurdia und Merab Kostawa. Zwei von ihnen wurden bereits vor Gericht gestellt – der Autor und Kriegsinvalide Mykola Rudenko und der Lehrer Olexej Tychy. Die Prozesse gegen sie fanden praktisch unter Ausschluß der Öffentlichkeit statt und auch ihr Recht auf Verteidigung wurde flagrant verletzt. Die Tribunale fällten folgende Urteile: Für Tychy zehn Jahre Haft und fünf Jahre Verbannung, für Rudenko sieben Jahre Haft und fünf Jahre Verbannung. Das Gruppenmitglied Malwa Landa*, eine Geologin, hat ihre zweijährige Verbannung bereits angetreten.

Wir richten an Sie, die Teilnehmer dieser Konferenz und

Fachkollegen Juri Orlows, die dringende Bitte und den Aufruf, von den Behörden die sofortige Freilassung Orlows und eine öffentliche Überprüfung der gegen ihn erhobenen Beschuldigungen in der Presse zu fordern.

Wir rufen Sie auf, die Forderung zu stellen, daß die Spitzen der sowjetischen Naturwissenschaften ihre Meinungen zum Fall Orlow äußern.

Wir würden auch Ihre Anteilnahme am Geschick der anderen unterdrückten Gruppenmitglieder zu schätzen wissen.

Vermutlich um peinliche Eindrücke bei der Belgrader Konferenz zu vermeiden, warteten die Sowjets mit der Fortsetzung der Prozesse gegen die Dissidenten das Ende der Gesprächsrunden im März 1978 ab. Marinowitsch und Matusewitsch waren die ersten, die – am 29. März – wegen „antisowjetischer Agitation" verurteilt wurden und zwar zu je sieben Jahren Lagerhaft und fünf Jahren Verbannung. Ein gleiches Urteil wurde am 18. Mai in Moskau über Juri Orlow verhängt, nachdem die Anklage gegen ihn vom Paragraphen 190/1 auf den Paragraphen 70 ausgedehnt worden war. In derselben Woche wurden in Tiflis Gamsachurdia und Kostawa zu je drei Jahren Lagerhaft und zwei Jahren Verbannung verurteilt, laut Presseberichten hatte sich zumindest Gamsachurdia vor dem Tribunal für schuldig bekannt. Während des Orlow-Prozesses hißten Wladimir Slepak und seine Frau auf dem Balkon ihrer Moskauer Wohnung ein Transparent mit der Forderung „Freie Emigration nach Israel". Daraufhin wurde das Ehepaar wegen „böswilligen Huliganismus" verhaftet. Am 21. Juni 1978 wurden Slepak und Ida Nudel, eine andere Aktivistin aus dem Kreis der „Refusedniks", die sich an einer Protestkundgebung gegen Slepaks Verhaftung beteiligt hatte, in Moskau in getrennten Verfahren zu je fünf Jah-

ren Verbannung verurteilt. Der Prozeß gegen Frau Slepak wurde zunächst wegen ihres Leidens – Magenblutungen – vertagt, später jedoch wurde sie zu einer bedingten Verbannungsstrafe verurteilt. Im Juli wurden Viktoras Petkus, Ginsburg und Schtscharanskij vor Gericht gestellt, für schuldig befunden und zu zehn resp. acht und dreizehn Jahren Haft verurteilt. So wurden vierzehn der achtundfünfzig Mitglieder der sowjetischen Helsinki-Gruppen und angeschlossener Komitees zu langfristigen Lagerstrafen verurteilt, zwei wurden verbannt und zwei, die sich gerade auf Reisen im Westen befanden, verloren die Sowjetbürgerschaft.*

Wie die beiden nächsten Appelle zeigen, maß Sacharow den Zusicherungen von Helsinki über faires Vorgehen in der Frage der Familienzusammenführung große Bedeutung zu. Am 23. Juli 1977 reagierte er voller Entrüstung auf Meldungen, daß eine solche Familie verprügelt worden war.

Gestern abend wurden Herr und Frau Tschudnowsky in Kiew auf offener Straße in der Nähe ihrer Wohnung überfallen. Einer der Angreifer schlug auf die beiden alten kranken Menschen ein, während zwei andere zusahen. Die Frau, die kürzlich einen Insulinschock erlitten hatte, trug eine Gehirnerschütterung und eine Schulterverrenkung davon, auch der Zustand ihres Gatten ist kritisch. Die Miliz traf erst viereinhalb Stunden später am Tatort ein.

Dieser Zwischenfall ereignete sich, nachdem das Geschick des Ehepaares Tschudnowsky in der Sowjetunion und im Ausland Aufmerksamkeit erregt hatte. Es gibt Gründe für die Annahme, daß der tätliche Angriff als Einschüchterung geplant und gebilligt wurde.

Im Januar dieses Jahres hatte das Paar für sich und seine beiden Söhne die Emigration nach Israel beantragt, im April wurde das Gesuch ohne Angabe von Gründen abgewiesen.

Für die Familie Tschudnowsky ist die Emigration die einzige Hoffnung auf wirksame Behandlung des jüngeren Sohnes Grigori, der seit der Kindheit an Myasthenia gravis (hochgradige Muskelschwäche) leidet und ans Bett gefesselt ist.

Grigori ist ein sehr begabter Mathematiker und ich hoffe, daß sein Geschick besonders Mathematiker auf der ganzen Welt interessieren wird. Gemeinsam mit einem anderen Autor und unabhängig löste er Hilberts äußerst schwieriges Zehntes Problem.[1] Er hat auch viele eigene, beachtliche Resultate auf den Gebieten der Theorie der Differentialgleichungen, der algebraischen Topologie und der Zahlentheorie erarbeitet.

Grigoris Eltern sind Hochschullehrer im Ruhestand, sein älterer Bruder David ebenfalls Mathematiker, Kandidat in Physik und Mathematik, Mitverfasser einiger Publikationen Grigoris und ebenfalls Körperbehinderter, der sein ganzes bisheriges Leben selbstlos der Hilfe für seinen jüngeren Bruder widmete.

Ich hoffe, daß alle Nachrichtenagenturen, Zeitungen und Rundfunkstationen die Verbreitung dieser Informationen fördern und appelliere an die Weltöffentlichkeit, an alle Mathematiker, alle staatlichen und sonstigen Organisationen, die dem Schutz der Menschenrechte dienen, gegen die Pogromisten aufzutreten und die Familie Tschudnowsky in ihrem Recht auf sofortige Emigration zu unterstützen.

Einen Monat später konnten die Tschudnowskys emigrieren, aber Naum Meiman und Juri Goldfarb, die sich an Sacharows Appell für Orlow beteiligt hatten, durften das Land nicht verlassen. Deshalb schrieb Sacharow am 9. September

---

[1] David Hilbert war ein bedeutender deutscher Mathematiker um 1900.

1977 in ihrem Namen folgenden offenen Brief an Dr. George Rathjens, den Vorsitzenden, und Dr. Jeremy Stone, den Leiter der „Federation of American Scientists":

Ich bin in großer Sorge um das Schicksal zweier Wissenschaftler, des Mathematikers Naum Meiman und des Physikers Juri Goldfarb, denen die Emigration aus der Sowjetunion nicht gestattet wird. Die für solche Ablehnungen zuständigen Behörden sagen, Meiman und Goldfarb hätten Zugang zu Geheiminformationen gehabt. Ich weiß recht gut über Meimans und Goldfarbs Tätigkeit Bescheid, also auch darüber, wieweit sie als Geheimnisträger gelten könnten und erachte es daher als meine Pflicht, zu erklären, daß die Behauptungen der Behörden jeglicher realer Grundlage entbehren.

Bis 1954 war Naum Meiman am Moskauer Institut für Physikalische Probleme bei den vom Forschungszentrum für Kernwaffensysteme in Auftrag gegebenen Computer-Projekten beschäftigt, Juri Goldfarb arbeitete bis 1956 am Physikalischen Institut der Ljebjedjew-Akademie der Wissenschaften der Sowjetunion in Moskau an ähnlichen Aufgaben. In der Regel erhielten außerhalb des Forschungszentrums für Kernwaffensysteme eingesetzte Personen keine Kenntnis über konkrete Fakten, der eigentlichen Parameter und Charakteristica dieser Systeme, das galt besonders für Mitarbeiter, die nicht mit der Leitung eines bestimmten Projektes betraut waren. Deshalb hatten die Informationen, die Meiman und Goldfarb weitergeben könnten, niemals wirklichen Wert und jetzt, mehr als zwanzig Jahre nach ihrer Arbeit an Geheimprojekten, haben Meiman und Goldfarb zweifellos keinerlei Informationen zur Verfügung, die noch unter die Geheimhaltungspflicht fallen könnten.

All die Jahre arbeiteten sie produktiv auf den abstrakten

Gebieten der theoretischen Physik und der Mathematik, ihr Wunsch nach Emigration gründet sich auf sehr gewichtige Erwägungen. Jahrelang wurden ihnen die Visa verweigert, wodurch sie in eine äußerst schwierige Lage geraten sind.

Ich appelliere an die „Federation of American Scientists“, sich für Meimans und Goldfarbs Recht auf Emigration einzusetzen.

Ende September resümmierte Sacharow seine Ansichten über die Entwicklung des Phänomens Helsinki in einem eindringlichen „Appell an die Parlamente aller Helsinki-Signatarstaaten“. Dieses am Vorabend der Eröffnung der Belgrader Konferenz (4. Oktober) geschriebene Dokument wurde in Moskau den Botschaften Österreichs, Frankreichs, der Bundesrepublik Deutschland, Großbritanniens, Italiens, der Niederlande und Norwegens übergeben. Ein Exemplar ging an die „New York Times“, die am 4. Oktober eine redigierte und gekürzte Fassung veröffentlichte. Hier der vollständige Text:

Vor zwei Jahren wurde die Schlußakte der Helsinki-Konferenz über Sicherheit und Zusammenarbeit in Europa unterzeichnet. Ihre besondere Bedeutung lag in der Proklamation einer untrennbaren Verbindung zwischen internationaler Sicherheit und offener Gesellschaftsordnung, das heißt: der Freiheit der Gewissensentscheidung.

Ist der Westen bereit, diese edlen, überaus wichtigen Grundsätze zu verteidigen? Oder wird er allmählich stillschweigend jene Auslegung der Prinzipien von Helsinki und der gesamten Entspannung hinnehmen, wie sie die Spitzenpolitiker der Sowjetunion und Osteuropas durchzusetzen versuchen?

Daß die Prinzipien von Helsinki verteidigt werden müßten, war schon von Anfang an klar. Die sowjetischen und osteuropäischen Repräsentanten waren immer bestrebt, die humanitären Bestimmungen des Helsinki-Abkommens abzuschwächen, indem sie den Grundsatz der Nichteinmischung in die inneren Angelegenheiten fremder Staaten hervorhoben. In Wahrheit aber sind solche Hinweise fehl am Platz und stehen im Widerspruch zu der UNO-Charta, der Konvention über die Bürger- und politischen Rechte, der Allgemeinen Deklaration der Menschenrechte und der Schlußakte selbst, soweit sich diese mit Verletzungen der Menschenrechte, mit generell anerkannten Begriffen von den Bürgerrechten und mit der Öffnung der Gesellschaftssysteme befaßt.

Zugleich halten es die Sowjetunion und andere sozialistische Länder für durchaus erlaubt, in eigener Sache schamlos gegen tatsächliche und erfundene Menschenrechtsverstöße des Westens zu polemisieren.

Solch einseitige Auffassung von Entspannung bleibt nicht bloß auf Worte beschränkt (und ich spreche nur über die Menschenrechte). Jeder, der wegen seiner Überzeugung oder wegen des offenen Bekenntnisses zu ihr eine Strafe in der Hölle der heutigen GULags verbüßt, jedes Oper des Mißbrauchs der Psychiatrie zu politischen Zwecken, jeder, dem die Emigration oder eine Auslandsreise verwehrt wird, ist ein lebendiger Beweis für direkte Verletzungen des Helsinki-Abkommens.

Ich spreche von der Verfolgung wegen religiöser Betätigung, von der Verweigerung der Emigration für Anhänger der Pfingst-Bewegung und Baptisten, für viele (Wolga-) Deutsche, Juden und Menschen anderer Volkszugehörigkeit; von den Repressionen gegen Kowalew, Glusman*, Wins*, Romanjuk*, Soldatow*, Ogurzow*, Semjonowa*, Sergjenko*, Kiirend*, Osipow*, Superfin*, Gajauskas*, Tschornowil*, Ruban* und Hunderte andere wegen ihres legalen humanitären Einsatzes; von den Leiden, die Menschen wegen der Versuche, aus dem Land zu flüchten, zugefügt wurden und besonders von der bestürzenden Tatsache der Unterdrückungsmaßnahmen gegen jene, die Material über Verletzungen der humanitären Bestimmungen des Helsinki-Abkommens sammeln und veröffentlichen, Beobachtergruppen für die Einhaltung organisieren oder sich solchen Gruppen angeschlossen haben.

Die monströse Grausamkeit der Urteile, die in diesem Jahr über die Ukrainer Mykola Rudenko und Olexej Tychy verhängt wurden, in Geheimprozessen und unter Verletzung ihrer Rechte auf fachjuristische Verteidigung, die Verhaftungen von Juri Orlow, Alexander Ginsburg, Anatoli Schtscharanskij, Miroslaw Marinowitsch, Mikola Matusewitsch, Swiad Gamsachurdia, Merab Kostawa, Felix Serebrow* und Viktoras Petkus und die Verbannung Malwa Landas (alle Genannten sind Mitglieder der Helsinki-Gruppen in der Sowjetunion), das sind nicht einfach Fälle der zur Routine gewordenen Verletzung des Rechtes auf Meinungsfreiheit, sondern ein herausfordernder Akt der Sowjetmacht, ein Prüfstein für die Entschlossenheit des Westens, auf der Erfüllung der Grundsatzverpflichtungen von Helsinki zu bestehen.

Eine solche Herausforderung zu ignorieren, hieße kleinmütig vor der Erpressung zu kapitulieren. Es erübrigt sich fast hinzuzufügen, daß dies weitere negative Konsequenzen für alle Aspekte der Ost-West-Beziehungen hätte, ohne Ausnahme, inclusive der Grundfragen der internationalen Sicherheit.

Ich vertrete die Ansicht, die westlichen Parlamente sollten darauf bestehen, daß ihre Delegationen bei der Eröffnungssitzung in Belgrad mit entsprechenden offiziellen Weisungen versehen sind, die jede solche Kapitulation ausschließt. Es ist wesentlich mit aller Entschiedenheit folgende

Forderungen zu stellen: Sofortige Freilassung von Personen, die wegen kritischer Äußerungen schuldig gesprochen oder verhaftet wurden, Erleichterung der Emigration und der Auslandsreisen und freier Verkauf ausländischer Bücher, Zeitungen und Zeitschriften. Dies sind Voraussetzungen für einen günstigen Verlauf und Abschluß der Belgrader Konferenz.

Ich appelliere besonders an den Kongreß der USA. Präsident Carter, gestützt auf die große Macht und den Einfluß seines Landes und geleitet von dem ausdrücklichen Wollen und den Traditionen eines freiheitsliebenden Volkes verkündete, daß der weltweite Schutz der Menschenrechte die moralische Grundlage der neuen amerikanischen Politik bilde. Nun heißt es, energisch für diese Prinzipien einzutreten.

Wir durchleben eine Geschichtsepoche, in welcher der entschlossene Einsatz für die Prinzipien der Meinungsfreiheit, der offenen Gesellschaftsordnungen und der Rechte des Menschen eine Lebensnotwendigkeit ist. Die Alternative dazu ist die Kapitulation vor dem Totalitarismus, der Verlust aller kostbarer Freiheiten und die politische, wirtschaftliche und moralische Erniedrigung.

Dies darf der Westen, dies dürfen seine politischen und moralischen Führer, seine freien, redlichen Völker nicht zulassen.

Die Veröffentlichung dieses Appells löste in der Sowjetpresse eine neue Welle der Schmähungen aus mit Blickrichtung auf den propagandistischen Effekt jenseits der Grenzen. In zwei Artikeln des Auslandsdienstes der Presseagentur Nowosti vom 19. und vom 26. Oktober wurde nochmals die Verwarnung durch Gusew aufgegriffen, an anderer Stelle hieß es mit drohendem Unterton: „... die sowjetische Öffentlichkeit kann gegen Sacharows antipatriotische und antisoziale Aktionen, die häufig im Widerspruch zu den sowjetischen Gesetzen stehen, nicht gleichgültig bleiben". Im November erhob die Zeitschrift „Nowoje Wremja" (Neue Zeit), die auch zur Verbreitung außerhalb der Sowjetunion bestimmt ist, neue Vorwürfe des „pathologischen Individualismus" und der „krankhaften Arroganz".

Doch aus Sacharows Sicht entstand der schlimmste Schaden durch Verzeichnungen seines Appells in der „New York Times". Er sah Übersetzungsfehler und Kürzungen des Textes als Beweis für eine leichtfertige journalistische Einstellung zu seiner Arbeit an, was ihn in einem anderen Zusammenhang, wie er sagte, „fast aus der Fassung brachte". In einem am 10. Oktober geschriebenen und am 4. Februar 1978 in vollem Umfang in der "New York Times" abgedruckten Brief ersuchte er die Redaktionen der „New York Times" und der „International Herald Tribune" ebenso wie die Rußland-Abteilung der „Voice of America" um die erforderlichen Berichtigungen und wiederholte am Schluß die eindringliche Bitte um korrekte, unverdrehte Verwendung der Dokumente der Regimekritik in der westlichen Presse.

Am 27. September 1977 übergab ich einem Korrespondenten Ihrer Zeitung den Text meines Appells an die Parlamente aller Signatarstaaten der Schlußakte von Helsinki zur Veröffentlichung am ersten Tag der Belgrader Konferenz. Ich freute mich, daß die Veröffentlichung erfolgte und betrachte dieses Ereignis als Erfüllung meiner und Ihrer Pflicht zum Schutz der Menschenrechte. Natürlich sollte solch ein Text in vollständiger und genauer Übersetzung des Originals publiziert werden, doch leider wies die Fassung, die in der „New York Times" und der „Herald Tribune" abgedruckt und von der „Voice of America" für die Sowjetunion gesendet wurde, gegenüber dem Original wesentliche Veränderungen auf, ohne Einverständnis des Autors dieses Appells. Sogar eine solche Veröffentlichung hatte noch entschieden positive Bedeutung, aber die Aussage war merklich abgeschwächt. Ich wünsche, daß dieser Brief, der die nötigen Korrekturen enthält, in beiden Zeitungen und im Funk gebracht wird.

1. Setzen Sie meine Überschrift ein.[1] Ich habe keinen Zeitungsartikel, sondern einen Appell an Parlamente geschrieben, der an bestimmte Adressaten gerichtet war und konkrete Stellungnahmen erforderte. Hier sei daran erinnert, daß ich persönlich den Text des Appells an die Botschaften von acht Helsinki-Signatarstaaten überreicht habe, was unter unseren Gegebenheiten ein ungewöhnlicher Akt war.

2. Mein Text lautet: „Ich appelliere besonders an den Kongreß der USA. Präsident Carter, gestützt auf die große Macht und den Einfluß seines Landes und geleitet von dem ausdrücklichen Wollen und den Traditionen eines freiheitsliebenden Volkes, verkündete, daß der weltweite Schutz der Menschenrechte die moralische Grundlage der neuen amerikanischen Politik bilde. *Nun kommt es darauf an, energisch für diese Prinzipien einzutreten.*" In dem mir zugeschriebenen Zeitungsartikel hieß es: „Vor allem appelliere ich an den Kongreß der USA und Präsident Carter, gestützt auf die enorme Macht und den Einfluß seines Landes, im Bewußtsein des klar ausgedrückten Wollens und der Traditionen eines freien Volkes, den weltweiten Schutz der Menschenrechte zu einem der moralischen Grundsätze der Politik der USA zu erklären." So wurde der Aufruf zum Handeln durch einen Aufruf zu einer weiteren Erklärung ersetzt. Ich be-

[1] In der „New York Times" lautete der Titel: „By Sakharov and About Him" / Von und über Sacharow / – Hg.

trachte solch ein Umgehen mit meinem Text als äußerst leichtfertig und als Verfälschung seines politischen Inhalts.

3. Setzen Sie meinen Originaltext ein (mit geringfügiger Korrektur der unterstrichenen Worte): „Ich spreche von der Verfolgung wegen religiöser Betätigung, von der Verweigerung der Emigration für Anhänger der Pfingstbewegung und Baptisten, für viele Deutschen, Juden und Menschen anderer Volkszugehörigkeit. Von den Repressionen gegen Kowalew, Glusman, Wins, Romanjuk, Soldatow, Ogurzow, Semjonowa, Sergjenko, Kiirend, Osipow, Superfin, Gajauskaus, Tschornowil, Ruban und Hunderte andere wegen ihres legalen humanitären Einsatzes. Von den Leiden, die Menschen wegen der Versuche, aus dem Land zu flüchten, zugefügt wurden und *besonders von der bestürzenden Tatsache* der Unterdrückungsmaßnahmen jener, die Material über Verletzungen der humanitären Bestimmungen des Helsinki-Abkommens *sammeln und veröffentlichen* ... Die monströse Grausamkeit der Urteile, die in diesem Jahr über Rudenko und Tychy verhängt wurden, die Verhaftungen von Orlow, Ginsburg, Schtscharanskij, Marinowitsch, Matusewitsch, Gamsachurdia, Kostawa, Petkus, Serebrow und die Verbannung Malwa Landas – dies sind nicht einfach Fälle der zur Routine gewordenen Verletzung des Rechtes auf Meinungsfreiheit, sondern ein herausfordernder Akt der Sowjetmacht – ein Prüfstein für die Entschlossenheit des Westens, auf der Erfüllung der Grundsatzverpflichtungen von Helsinki zu bestehen."

Bis auf fünf hat die Zeitung die Namen der Mitglieder der Helsinki-Gruppen gestrichen und damit den eigentlichen Sinn beeinträchtigt. Der Kampf und die Leiden Kowalews und der anderen, die ich erwähnte, verdienen mehr Achtung. Wir hier sind überzeugt, daß die Nennung bestimmter Personen in der Presse und im Rundfunk sehr wichtig ist und konkrete, praktische Auswirkungen hat. Angaben über die von mir erwähnten und andere Dissidenten sind jedem westlichen Redakteur zugänglich (z.B. bei der „Chronica Press“ in New York) und es ist leicht, meinen Text als solchen auch noch zu kommentieren, wenn man es wünscht. Jetzt, während der Belgrader Konferenz, führen politische Häftlinge in der Sowjetunion Hungerstreiks durch, damit kämpfen sie nicht nur für sich selbst, sondern auch für die Prinzipien, die allen freiheitsliebenden Menschen teuer sein sollten. Erzeigen wir uns als ihrer würdig!

Ich messe der Berichtigung der Streichungen und Entstellungen sehr große Bedeutung bei, denn Ähnliches geschieht viel zu oft mit meinen und den Publikationen anderer Dissidenten. Wir stehen hier in einem harten, mit schweren Opfern verbundenen Kampf um allgemeine Aufmerksamkeit. Deshalb ist es unerträglich, wenn Verfälschungen unserer Botschaften, die unter großen Schwierigkeiten bis in den Westen dringen, unseren Kampf um Teile seines Erfolges bringen.

Doch Sacharows Botschaft wurde im Westen durchaus gehört und beachtet. Ihm und Anatoli Schtscharanskij wurde der Joseph-Preis für Menschenrechte zuerkannt, den die „Liga gegen Diffamierung“, eine Organisation des humanitären jüdischen Bundes B'nai B'rith verleiht. Im November fand dazu in Washington ein Festessen statt, bei dem Vizepräsident Walter Mondale eine Ansprache hielt. Der Physiker Sidney Drell von der Universität Standford nahm den Preis entgegen und verlas ein Dankschreiben, das Sacharow am 4. November in Moskau verfaßt hatte:

Ich bin sehr dankbar für diese Ehrung. Für mich ist es bedeutsam, daß mich die Liga gemeinsam mit Anatoli Schtscharanskij auszeichnet, dem nun aufgrund falscher, absurder Anklagen ein hartes Urteil droht.

Alle Dissidenten in unserem Land und in Osteuropa, ob auf freiem Fuß oder hinter Gefängnismauern und Stacheldraht, sind seit je Opfer der Diffamierung. Die weitaus überwiegende Mehrheit der Dissidenten in der Sowjetunion lehnt aus Prinzip Gewalt ab und gebraucht als einzige Waffe das wahre, freie Wort. Die Reaktion der nach wie vor auf schärfste Formen der Gewalt und der Tyrannei eingeschworenen Staatsmacht ist in vielen Fällen die Verleumdung: in der gleichgeschalteten Presse, auf Versammlungen, bei politischen Instruktionen und im Gerichtssaal. *Diese* Waffe unschädlich zu machen ist eine edle Aufgabe zum Schutz der Menschenrechte auf der ganzen Welt. Ich hoffe, daß die Tätigkeit der Liga jetzt und in Zukunft dieser Aufgabe dient.

Nochmals möchte ich Ihnen meinen Dank aussprechen.

Eine wesentlich größere Organisation, der amerikanische Gewerkschaftsverband AFL/CIO, ehrte Sacharow durch die Einladung zu einer Ansprache auf der Jahresversammlung 1977 in Los Angeles. Da er nicht ausreisen durfte, schrieb er am 28. November folgende Rede zur Verlesung:

Die Möglichkeit, hier zu sprechen, ist für mich eine große Ehre. Ich möchte Ihnen und Ihrem Vorsitzenden, Mr. Meany, dafür herzlich danken.

Wir in der Sowjetunion wissen, welchen innen- und außenpolitischen Einfluß AFL/CIO in Ihrem Land besitzt. Unsere Hochachtung gilt Ihrer klugen Beurteilung solcher entscheidender Fragen wie die richtiger Maßnahmen auf den Gebieten der Außenpolitik, der wirtschaftlichen, wissenschaftlich-technischen und kulturellen Beziehungen und der Entwicklungshilfe. Nicht minder achten wir Ihr von Verantwortungsbewußtsein getragenes Verständnis für die Aufgaben des Wohlstandes und der nationalen Sicherheit der USA; Faktoren, von denen nicht nur die Zukunft des amerikanischen Volkes allein abhängt, sondern ebenso auch Ihre Haltung zur Verteidigung der Menschenrechte. Diese Rolle Ihrer Organisation, welche die Interessen breitester Schichten arbeitender Menschen vertritt, ist eine Manifestation des pluralistischen Wesens des amerikanischen Gesellschaftsgefüges, die für uns erstaunlich ist; erstaunlich deshalb, weil diese Manifestationen einen krassen Gegensatz zu dem bilden, was wir in unserem Land sehen. In diesem Pluralismus, in der Demokratie, liegt die enorme, wirkliche Macht Ihrer Gesellschaftsordnung, der tiefste Grund für ihre Erfolge. Natürlich trifft es zu, daß unser von einer einzigen Partei, einer einzigen Ideologie geprägtes abgeschlossenes Kastensystem sich in vielerlei Hinsicht von Ihrer Gesellschaftsordnung unterscheidet, doch nicht so sehr, daß wir nicht Ihre Probleme verstünden und Sie die unsrigen, daß wir nicht versuchen könnten, einen gemeinsamen Weg zu bahnen.

Es heißt, der Charakter des amerikanischen Volkes, seine tatkräftige Hilfsbereitschaft und sein Selbstwertgefühl finde Ausdruck in jener Frage, die zu einer allgemeinen, traditionellen Redewendung wurde: „Can I help you?" Für mich hat es den Anschein, daß Sie durch die Einladung zu dieser Versammlung im Effekt auch mir diese Frage stellen und ich werde versuchen, sie zu beantworten, denn es geht hier nicht bloß um Hilfe für uns, sondern vor allem um die Verteidigung universaler menschlicher Wertbegriffe, die universale Zukunft der Menschheit, universale menschliche Sicherheit – mit anderen Worten: Wir haben es nicht mit der Einmischung in unsere inneren Angelegenheiten zu tun.

Zunächst will ich über die Kommunikation sprechen, die für den gesamten Kampf um die Menschenrechte in der Sowjetunion und für meine öffentliche Tätigkeit entscheidend ist. Die einzige Waffe in unserem Kampf ist die publicity, das offene, freie Wort. In unserem Land sind alle Massenmedien in den Händen des Partei- und Staatsapparates. Während der gegenwärtigen Phase von Entspannung und Ausweitung des Kampfes für die Menschenrechte haben Verbindungen zum Westen, die Versorgung des Westens mit Meldungen über Menschenrechtsverletzungen und der effektivste, exakte Einsatz solcher Informationen ungeheure Bedeutung erlangt. Die sowjetischen Behörden greifen zu den schäbigsten Mitteln, um die Nachrichtenverbindung zum Westen zu blockieren und ich glaube, daß wir nur durch aktive Opposition dagegen ein erfolgreiches Zusammenwirken im Einsatz für die Menschenrechte erhoffen können.

Ist Ihnen bekannt, daß Hunderte von Menschen, die emigrieren wollen, nicht die dazu erforderlichen Einladungen aus dem Ausland erhalten, Einladungen, welche die Behörden unter Verletzung des Rechtes auf Freizügigkeit immer, ohne jede Rücksicht, zur Bedingung machen? Aus diesem Grund werden solche Personen offiziell nicht einmal der Zahl der Emigrationswilligen zugerechnet. Viele (Sowjetbürger), die Verwandte im Ausland haben, sind der Möglichkeit beraubt, mit ihnen zu sprechen, Briefe, Telegramme, Bücher, Pakete und andere ausländische Postsendungen erreichen nicht die Adressaten. Die Behörden schalten zeitweise oder auf Dauer die Telefone von Personen ab, die angeblich unerlaubte Ferngespräche führen, woraus klar hervorgeht, daß der KGB die Telefonate abhört.

Sogar im Fall der Einladung zu der heutigen Versammlung kam es zu solchen Übergriffen. Nadjeschda Mandelstamm, Alexander Podrabinek, Anatoli Martschenko* und ich erhielten keine diesbezüglichen Schreiben, stattdessen wurde mir ein Briefumschlag mit einer Karikatur des ausgestorbenen Riesentieres Brontosaurus zugestellt. Offenbar meinte der KGB damit jene Leute, die er Reaktionäre nennt, vielleicht Sie, Mr. Meany, und natürlich mich. Aber in Wahrheit ist der eigentliche Brontosaurus das repressive System, das solche Rechtlosigkeit schafft. Am Morgen des 27. November erhielt ich schließlich den Brief – nachdem ich in unserer von KGB-Ahörgeräten bestückten Wohnung mit meiner Frau laut über die ausstehende Einladung gesprochen hatte.

Welche Aktionen erwarten wir von Ihnen?

– Die Förderung einer großangelegeten Kampagne in der Presse und im Kongreß gegen Verletzungen des Rechtes auf freien Informationsaustausch.

– Hilfe bei der Lösung dieses Problems auf der Ebene zwischenstaatlicher Verhandlungen.

– Maßnahmen, um die Breitenwirkung der für die Sowjetunion und die Länder Osteuropas bestimmten Rundfunksendungen zu intensivieren. Sehr wichtig wäre die Einsetzung eines eigenen ständigen Repräsentanten der „Voice of America“ in der Sowejtunion, damit diese Station die ihr zugeleiteten Dokumente über Menschenrechtsverletzungen häufiger, in vollem Wortlaut und ohne ärgerliche Entstellungen, ausstrahlen kann.

– (Hilfe für den) unbehinderten Empfang internationaler Fernsehsendungen über Nachrichtensatelliten.

Ich baue darauf, daß AFL/CIO die Bemühungen um die Freizügigkeit (d.h. die freie Wahl des Aufenthaltsortes) weiterhin aktiv unterstützt, denn meiner Ansicht nach ist dies ein Hauptproblem im Gesamtkomplex des Kampfes für die Freiheit des Individuums von staatlicher Willkür. Voll Dankbarkeit erinnere ich mich an Präsident Meanys energische Reden für die Jackson-Vanik-Zusatzklausel.

Folgende Vorkämpfer der Menschenrechtsbewegung befinden sich zur Zeit in der Sowjetunion in Haft oder sind verbannt: Sergej Kowalew, Semjon Glusman, Anatoli Martschenko, Andrej Twerdochlebow, Malwa Landa, Mykola Rudenko, Olexej Tychy und viele andere. Ihre Prozesse erwarten Gamsachurdia, Gajauskas, Ginsburg, Kostawa, Marinowitsch, Matusewitsch, Orlow, Pailodse, Petkus und Schtscharanskij. Die Priester Wins und Romanjuk, viele Dutzende gläubiger Menschen und Igor Ogurzow, der Führer des Allrussischen Sozial-Christlichen Bundes für die Befreiung der Völker sind im Gefängnis. Viele (Sowjetbürger), die versucht haben, das Land zu verlassen, die sogenannten Leningrader Flugzeugentführer, Sosimow, Fedorenko* und Dutzende andere, sind aufgrund widerrechtlicher Beschuldigung des Landesverrats in Lagern oder psychiatrischen Kliniken interniert.

Es sollte für Amerika eine Ehrenpflicht sein, die Freilassung des ukrainischen Künstlers Pjotr Ruban zu erwirken, der verurteilt wurde, weil er als Geschenk an das amerikanische Volk zur 200-Jahrfeier der Unabhängigkeit eine Holzkassette mit einer Darstellung der Freiheitsstatue fertigte.[1]

Kürzlich faßte der Verband amerikanischer Naturwissenschaftler und Techniker, die auf dem Gebiet der Computertechnik arbeiten, den Beschluß, die Kontakte zu ihren Kollegen in der Sowjetunion abzubrechen, wenn Anatoli Schtscharanskij verurteilt werden sollte. Ich erwarte ähnliche Schritte im Fall ungerechtfertigter Ablehnung der Emigrationsansuchen Slepaks, Meimans, Goldfarbs und vieler anderer. Ich betrachte Maßnahmen wie die Verweigerung von Kontakten im Kampf um jedes einzelne Menschenleben und menschliche Schicksale als absolut vertretbar.

Entspannung ist nicht nur der Versuch, durch die Aufnahme von Kontakten, wirtschaftlichen, technischen und kulturellen Beziehungen die Gefahr allgemeiner Vernichtung zu mindern, sie bedeutet auch den vielschichtigen Wider-

---

[1] Streng genommen wurde Ruban verurteilt, wie aus den anderen Texten hervorgeht, wegen Entwendung von Staatseigentum, nämlich von Holzteilen für seine Arbeit. Anm. d. Ü.

spruch zweier Systeme, dem der Gegensatz zwischen Totalitarismus und Demokratie zugrundeliegt, zwischen Mißachtung der Menschenrechte und ihrer Wahrung, zwischen den Bestrebungen, die Gesellschaft abzuschließen und jenen, sie zu öffnen. Vom Ausgang dieser Auseinandersetzung hängt die Annäherung unserer Gesellschaftsordnungen ab – und diese ist die einzige Alternative zum Zusammenbruch der Zivilisation und zur allgemeinen Zerstörung.

Seit den Zeiten der Konferenz von Helsinki, auf der dieses wechselseitige Abhängigkeitsverhältnis offiziell beim Namen genannt wurde, hatte der Kampf für die Menschenrechte stetigen Auftrieb. Und Amerika kann stolz sein, daß sein Präsident den Schutz der Menschenrechte zur moralischen Basis des politischen Kurses der USA erklärt hat. Neue Formen des Einsatzes für die Menschenrechte traten in der Tschechoslowakei, in Polen und anderen Ländern Osteuropas in Erscheinung und auch in westlichen Ländern dringen die Ideen dieses Kampfes ins Bewußtsein der Allgemeinheit und vereinen die unterschiedlichsten Gruppierungen, von Konservativen bis zu Eurokommunisten. Vor einigen Tagen hörten wir mit großer Freude von der *politischen* Amnestie in Jugoslawien, unseres Wissens der ersten in der Geschichte der sozialistischen Staaten. Dieser kühne humane Schritt ist Beweis eines unwiderruflichen moralischen Sieges der Ideologie der Menschenrechte über die Ideologie des Totalitarismus. Nun sollten die Regierungen anderer Staaten, von der Sowjetunion bis Indonesien, diesem Beispiel folgen.

Ich bin überzeugt, daß AFL/CIO mit ihrem enormen Einfluß auf die Innen- und Außenpolitik der USA zu einem Zentrum werden kann, das Aktionen zur weltweiten Verteidigung der Menschenrechte und damit zur Sicherung unserer gemeinsamen Zukunft koordiniert und leitet. Ich danke Ihnen für Ihre Aufmerksamkeit.

XI

Politik und Menschenrechte

Den folgenden Beitrag schrieb Sacharow am 11. Mai 1978 als Nachwort zur amerikanischen Ausgabe dieses Buches.

Ganz summarisch möchte ich auf die wichtigsten Themen zurückkommen, die bereits in Dokumenten dieser Sammlung behandelt wurden. Es geht um die Bewertung der Rolle der Menschenrechtsbewegung in der Sowjetunion und in Osteuropa, um die Haltung des Westens zur Menschenrechtsfrage, aber auch um internationale und innersowjetische Probleme, einschließlich der Abrüstung, der politischen und militärischen Ost-West-Konfrontation, der Unterdrückungstaktiken und anderer Menschenrechtsverletzungen in der Sowjetunion, sowie einige soziale Belange. Doch zwangsläufig kann ich auf die meisten dieser Probleme nur ganz kursorisch eingehen.

Gegner der Menschenrechtsbewegung in der Sowjetunion und in Osteuropa bringen oft folgende Argumente vor:

1. Die Dissidenten – die „Andersdenkenden“ – vertreten niemanden. Sie sind Einzelgänger, vereinsamte, enttäuschte verbitterte Menschen.

2. Der Masse der Bevölkerung komme es in erster Linie auf soziale Wohlfahrt an und auf diesem Gebiet seien die so-

zialistischen Länder den kapitalistischen vermeintlich weit überlegen, besonders in den Sparten der kostenlosen Gesundheitsfürsorge, des kostenlosen Unterrichtswesens etc.

3. Die Zentralfrage unserer Zeit sei die Erhaltung des Friedens durch Entspannung und Abrüstungsverhandlungen einerseits und Ausbau der militärischen und wirtschaftlichen Machtmittel der sozialistischen Länder – des „Bollwerks des Friedens“ – andererseits. Indem die „Regimekritiker“ ihre künstlich geschaffenen Probleme in diese Entwicklung einschmuggeln, spielten sie den Kalten Kriegern in die Hände.

4. Die Regimekritiker kämpften nicht für konkrete Rechte zugunsten der großen Masse des Volkes, sondern nur für eine kleine Schar Gleichgesinnter, die in Schwierigkeiten gerieten. Jene, die heute aufstehen, um gegen die Verletzung der Rechte politischer Lagerhäftlinge zu protestieren, würden morgen selber in diesen Lagern sitzen und zu ihrer Verteidigung würden neue künftige Opfer antreten. Dieser Kampf führe sich – in jeder Hinsicht – selbst ad absurdum, da er nur die Abfolge von Unterdrückung und Protest zu einem Teufelskreis mache, der sozialen Stabilität ernstlich schadete, Leiden heraufbeschwöre und zur „Arbeitsbeschaffung“ für den KGB diene.

5. Die westliche Presse widme den Regimekritikern ein Übermaß an Aufmerksamkeit, das in keinem Verhältnis zu deren wirklicher Bedeutung stünde.

Was kann man zu solchen Argumenten sagen? Sie *mögen* einleuchtend klingen, doch basieren sie bestenfalls auf Halbwahrheiten, versetzt mit den Lügen und der Propaganda eines totalitären Staates. Die Argumente bezeugen eine jahrzehntelange Pervertierung von Wertvorstellungen und Grundsätzen durch ebendiesen Staat.

Regimekritiker – ob Dissidenten, religiöse Aktivisten oder Auswanderungswillige – werden oft zu Opfern der Repression in einem Staat mit minimaler Achtung vor Gerechtigkeit, aber mit der Tradition außerordentlicher Grausamkeit in einem Lager- und Gefängnissystem, das zugleich zur massenweisen Beschaffung von Arbeitskräften dient. Es ist völlig natürlich, daß die Verteidigung von Häftlingen aus Überzeugungsgründen und Versuche, ihnen und ihren Angehörigen zu helfen, ein grundlegendes Element – wenn auch nicht ein Ziel an sich – des Einsatzes für die Menschenrechte sein sollte und es ist gewiß nicht Schuld der Regimekritiker, wenn die Eigenart unseres Staatswesens die Behörden veranlaßt, ihren Einsatz ebenso streng zu ahnden wie gemeinste Verbrechen. Die Regimekritiker selbst sind die letzten, die eine solche Märtyrerrolle anstreben. (In vielen Fällen sind sogar Emigration oder das Ausscheiden aus dem Kreis der Aktivisten nicht nur gerechtfertigt, sondern lebensnotwendig und zwar für jene, die unter unseren Existenzbedingungen mit Sicherheit vor der prekären Alternative zwischen Haft oder psychiatrischer Konfinierung stehen. Zu dieser Kategorie zählen viele ehemalige Hälftlinge, die nur entlassen werden, um sofort widerrechtlichen, inhumanen Bewährungsbestimmungen unterworfen zu sein, ferner Personen, die in einem psychiatrischen Register geführt werden und noch manche andere.)

Natürlich gibt es nur wenige Regimekritiker. Wie könnte es auch anders sein in einem Staat, in dem jeder entweder in einem staatlichen Betrieb beschäftigt oder Funktionär ist und alle in völliger Abhängigkeit vom Staat leben? Man kann die Regimekritiker nicht als „Generale ohne Armee“ bezeichnen, denn sie sind weder Generale noch Offiziere irgendeiner Armee, sie stehen nur für sich selbst, für ihr eigenes freies Denken, für ihr eigenes Gewissen, aber in einer totalitären, monolithischen Umwelt ist das schon sehr viel. Ihr Wert liegt in einem befreienden Schritt vorwärts, stellvertretend für Millionen Menschen, die nur ihre tagtägliche

Arbeit leisten und nachher an ihren Transistorradios herumdrehen. Ihre Aktivität ist von Interesse für eine ganze Welt, die jahrzehntelang Tür an Tür mit einem totalitären Koloß gelebt hat.

Nun wendet der Westen seine Aufmerksamkeit endlich der (sowjetischen) Opposition zu. Wenn in den dreißiger und vierziger Jahren Millionen loyaler (Sowjet-)Bürger planmäßig herbeigeführten Hungersnöten und brutalster Unterdrückung stumm zum Opfer fielen und der Westen in seiner Gesamtheit (Regierungen, Massenmedien und die meisten Intellektuellen) kein Wort darüber verlor, so wurde solches Schweigen in den sechziger und siebziger Jahren unmöglich. Dies ist eines der Ergebnisse eines heroischen Kampfes, um die Welt wachzurütteln – des Kampfes einiger hundert Oppositioneller in einer Bevölkerung von Hunderten von Millionen. Wir sind überzeugt, daß die Kenntnis der wahren Situation in der Sowjetunion und in Osteuropa – wie in der übrigen Welt – für den Westen vor allem eine praktische Notwendigkeit ist. Die Verteidigung von Opfern der Repression, energisches Eintreten für die politischen und Bürgerrechte ist eine Voraussetzung für stabile Verhältnisse und für internationales Vertrauen. Obwohl dieses Konzept heute immer mehr Anerkennung findet, sind weitere Bemühungen erforderlich, um es restlos zu verwirklichen. Viele Persönlichkeiten des öffentlichen Lebens im Westen haben diese Wahrheit erfaßt, aber noch immer herrscht, besonders unter Politikern, ein kurzsichtiger Pragmatismus, eine leichtfertige Hoffnung, Sofortlösungen für die schwierigsten Probleme von Frieden und Gerechtigkeit erreichen zu können und zuweilen ein banales politisches Ränkespiel, bei dem brennende Menschenrechtsfragen, von denen das Schicksal der Welt abhängt, einfach ausgenützt werden.

Was den Vorwurf betrifft, die Dissidenten und ihre Menschenrechtskampagne behinderten Entspannung und Sicherung des Friedens, so galt das Hauptaugenmerk meiner öffentlichen Tätigkeit von der ersten Stunde an dem unbestrittenen Vorrang, der heute den Kernwaffen, den Problemen des Friedens und der Rüstungsbeschränkung zukommt. Es ist falsch, die Behauptung der Sowjetpresse und mancher engstirniger Männer im Westen zu akzeptieren, Friedensinitiativen und die Menschenrechtsbewegungen stünden zueinander im Widerspruch. Ich will gar nicht auf diesbezügliche Ausfälle der sowjetischen Presse eingehen, da sie keinerlei ernsthaften Versuch der Beweislegung enthalten.

Vor kurzem hörten wir in der Sowjetunion Sendungen mit Kommentaren amerikanischer und europäischer Zeitungen zu den Resultaten des Moskaubesuchs von Außenminister Vance im April 1978. Die meisten Kommentatoren stimmten darin überein, daß im Jahr zuvor der Hauptgrund für das Scheitern der SAL-Gespräche Präsident Carters entschiedenes Eintreten für die Menschenrechte gegenüber Außenminister Gromyko gewesen sei und daß die nun erzielten Fortschritte (deren tatsächliches Ausmaß unbekannt ist, aber die Kommentare befleißigten sich des optimistischen Tons offizieller Erklärungen) das Ergebnis einer „Aufweichung“ oder „Erosion“ von Carters Standpunkt seien. Für mich sind solche Analysen Musterbeispiele für den kurzsichtigen Pragmatismus und die Oberflächlichkeit, von der ich hier spreche; sie stellen die Logik auf den Kopf und fallen der Menschenrechtsbewegung in den Rücken.

Wie ich am 4. April 1977 im Interview für den schwedischen Rundfunk sagte, sind die Komplikationen, die bei den SAL-Verhandlungen im Vorjahr auftraten, schwerwiegende Probleme, denen man nicht ausweichen kann. Sie stehen im Zusammenhang mit grundsätzlichen Mängeln des Abkommens von Wladiwostok, mit traditionellen Eigenheiten der sowjetischen Politik und auch mit gewissen technischen Fragen, aber keinesfalls mit dem Problemkreis der Menschenrechte.

Heute wie damals betrachte ich die Verhandlungen von 1977 in keiner Hinsicht als Fehlschlag der amerikanischen Politik, denn sie demonstrierten klar und deutlich die dynamische, konstruktive Einstellung der USA, trugen einiges dazu bei, den Westen von gewissen gefährlichen Illusionen zu befreien und schufen die Basis für weitere Gespräche und wichtige Entscheidungen. Für mich ist offenkundig, daß durch beharrliches Einstehen für die Menschenrechte gar nichts „verdorben" werden konnte oder kann, im Gegenteil, daran zeigt sich, daß der Westen Erpressungen oder Anwandlungen von Schwäche und Unsicherheit nicht nachgeben, sondern entschlossen die Prinzipien verteidigen wird, die für unsere gemeinsame Zukunft von fundamentaler Bedeutung sind. Schwäche oder übertriebene „Anpassungsfähigkeit" in Fragen der Menschenrechte untergräbt sofort die Positionen des Westens entlang der gesamten Entspannungs-„Front".

Abrüstungsverhandlungen haben ihre eigene wesentliche Bedeutung. Bereits die Tatsache, daß sie überhaupt stattfinden, mindert einigermaßen die Wahrscheinlichkeit des Ausbruchs eines größeren Krieges, aber auch Verhandlungen können einfach nicht die Gründe politischer und militärischer Gegensätze aus der Welt schaffen. Wenn eine Kürzung der Militärausgaben bewirkt wird, ist das wichtig, aber leider scheinen solche Reduktionen konkret vor allem im Westen durchgeführt zu werden, denn bis jetzt ist es meines Wissens noch nie gelungen, durch bindende Beschränkungsvereinbarungen den sowjetischen Rüstungsblock zu zwingen, auch nur ein einziges Waffensystemprojekt aufzugeben oder die Stärke seiner Armee oder Luftwaffe, seine Panzer, Geschütze und Fernraketen zu verringern. Ich spreche hier von echtem Abbau, nicht von den sogenannten

„Plafonds" der jeweiligen Streitkräfte. Unter diesen Umständen muß sich der Westen bemühen, parallel zu den Rüstungsverhandlungen sein Potential zu verstärken. Besonders gefährlich ist die Situation in Europa, wo die Unausgewogenheit der Kräfte einer schleichenden wirtschaftlichen und politischen Abhängigkeit von der Sowjetunion Vorschub leistet.

Die bedenklichsten latenten Krisenfaktoren der sowjetischen Politik sind die Bestrebungen, in vielen Teilen der Welt eine militärische Vormachtstellung zu erlangen, der Drang, Einflußsphären auszuweiten, besonders in strategisch brisanten Zonen, und gefährlichen internationalen Unruhestiftern Schützenhilfe zu gewähren. Den systematischen Aufbau des eigenen Militärpotentials – Panzer, Raketen mit Mehrfachsprengköpfen, der stärksten U-Boot-Flotte der Welt – begleitet eine heftige demagogische Kampagne gegen die amerikanische Neutronenbombe. (Diese ist, genau gesagt, eine weiterentwickelte Strahlenwaffe, auch nicht humaner als jede andere Waffe, aber vor allem zur Defensive geeignet. Sie hat nur begrenzten Wirkungsradius und ist zum Einsatz gegen Panzerverbände und gepanzerte Nachschubkolonnen in dicht bevölkerten Regionen bestimmt, besonders in Europa, wo die mit Scheuklappen Behafteten und ihre Wortführer durch Vorurteile und Einflüsterungen dazu verleitet wurden, tatenlos mitanzusehen, wie die Zahl der NATO-Panzer gegenüber denen der Sowjetunion und ihren Verbündeten laufend ins Hintertreffen gerät.)

Ganz gleich wie wichtig Diskussionen über die Rüstungsbeschränkung sein mögen, entscheidende Resultate können sie nur dann erbringen, wenn sie mit der Lösung umfassenderer, schwererwiegender Probleme der militärisch-politischen und ideologischen Konfrontation Hand in Hand gehen; ein Teil dieses Komplexes sind die Menschenrechtsfragen. Die Möglichkeit, im Inland und über die Grenzen hinweg Informationen frei auszutauschen, die Möglichkeit, sich im Inland frei zu bewegen und unbehindert ins Ausland zu reisen oder auszuwandern, all dies gehört zu den Voraussetzungen eines internationalen Vertrauensverhältnisses, bildet die Basis für den Abbau von Feindschaften. Solange es in einem Land keine bürgerlichen Freiheiten, keine Informationsfreiheit und keine unabhängige Presse gibt, existiert kein wirksames Instrument der öffentlichen Meinung, um das Vorgehen der Regierung und ihrer Funktionäre zu kontrollieren. Solch eine Situation ist nicht nur ein Unglück für die Bürger, die keinen Schutz gegen Tyrannei und Rechtsbruch haben, sondern sie ist darüber hinaus eine Bedrohung der internationalen Sicherheit.

Weil die sowjetischen und pro-sowjetischen Propagandisten in Sachen Bürgerrechte und politische Freiheit keine stichhaltigen Argumente vorbringen können, versuchen sie gewöhnlich die Diskussion auf Sozialgesetzgebung und sogenannte soziale Rechte abzulenken. Aber in Wahrheit sind die Zustände in diesen Bereichen um kein Jota besser, es ist nur aus weiter Entfernung schwieriger, diesen Sachverhalt als eindeutige Übergriffe zu erfassen, wie z.B. Verstöße gegen die Rechte ausländischer Journalisten. Sogar ein im Land Lebender kann sich schwer ein Bild der wirklichen Lage machen, denn statistische Angaben werden nicht veröffentlicht und alles, was „schlechten Eindruck“ machen könnte, wir zensiert. In meinem Buch „Mein Land und die Welt“[1] habe ich – ohne Anspruch auf gründliche, erschöpfende Analyse – zu beschreiben versucht, wie sich unser Gesellschaftssystem von innen gesehen darstellt, und in den letzten Jahren hat sich sehr wenig verändert. Das durchschnittliche Monatseinkommen wurde etwas erhöht (laut

[1] Verlag Fritz Molden, Wien-München, 1976.

offiziellen Zahlen bis auf 150 Rubel, sogar noch darüber, wenn man Sozialversicherung und Sonderzuwendungen dazurechnet), aber dieser Mehrbetrag wird durch die gleichzeitige verdeckte Inflation wieder annulliert. (Eine Form der getarnten Inflation ist die merkliche qualitative Verschlechterung von Verbrauchsgütern, die weiterhin zum alten Preis verkauft werden, während in Sonderläden für Spitzenfunktionäre Waren besserer Qualität erhältlich sind. Natürlich sind die Preise mancher Artikel erheblich gestiegen, Kaffee z.B. auf das Viereinhalbfache.)

An dem System der angeblich kostenlosen Gesundheitsfürsorge ist für westliche Leser interessant: daß die Patienten – auch im Krankenhaus! – ihre Medikamente selbst besorgen müssen, von den vielen Nebenkosten ganz zu schweigen, die ein Durchschnittspatient selbst tragen muß. Andere alarmierende Phänomene unserer Existenzform bleiben nicht nur bestehen, sondern zeichnen sich immer deutlicher ab: weitverbreitete Trunksucht, allgemeine schäbige Korruption, das schwindende Prestige in Lehre und Medizin, namentlich unter jungen Menschen, das Anwachsen der Kriminalität, die Gegensätze zwischen den ethnischen Volksgruppen, das grausame und oft ungerechte Justizsystem, der bürokratische Apparat, die Aufspaltung der Gesellschaft in Kasten. Unlängst veröffentlichte die Helsinki-Gruppe auf Grund genauen Studiums einer beträchtlichen Zahl von Gesetzestexten, Verfügungen und anderer Dokumente eine authentische Darstellung der Situation von Rentnern und Invaliden. Die Lektüre dieser Untersuchung lege ich dem Leser dringend nahe. Meiner Meinung nach muß der Westen die wirkliche soziale Situation unserer Bevölkerung bis in alle Einzelheiten kennen und verstehen, um die Nebelwand der sowjetischen Propagandamärchen zu durchdringen und ein klares Bild der Realität zu gewinnen. Ohne solche Sachkenntnis wäre es zudem schwierig, Eigentümlichkeiten unserer Lebensweise zu begreifen, die sowjetische Innen- und Außenpolitik und die Aussichten des Sozialismus in anderen Ländern und ähnliche Fragen richtig zu beurteilen.

Die Jahre 1977 und 1978 standen im Zeichen wichtiger Ereignisse in der Kampagne für die Menschenrechte. Die Ideen dieses Kampfes haben sich weiterentwickelt und verbreitet und der Kampf selbst hat neue Formen angenommen. Auf der Ebene des internationalen Zeitgeschehens war es u. a. die Belgrader Konferenz, bei der den Menschenrechtsfragen eine zentrale Stellung eingeräumt wurde. Der Geist einer unbestreitbaren engen inneren Verbundenheit der Mittel und der Gesinnung gab der Menschenrechtsbewegung in der Tschechoslowakei (die großartige „Charta 77"), in Polen (das Komitee zum Schutz der Arbeiter und andere) und in der Sowjetunion (die Helsinki-Gruppen) neuen Auftrieb. Obwohl all das sich ohne jegliche organisatorische Verbindung oder sonstige Kontakte vollzog, ist es nun möglich, von einer sowjetisch-osteuropäischen Bewegung zu sprechen. Die Eurokommunisten Spaniens, Italiens und Frankreichs haben einen neuen Standpunkt zu den Menschenrechten gefunden, in den USA benützte Präsident Carter die Gelegenheit seiner Antrittsrede um zu erklären, die weltweite Verteidigung der Menschenrechte werde die moralische Grundlage künftiger amerikanischer Politik sein. Die Organisation „Amnesty International" erhielt den Friedensnobelpreis 1977, und die politischen Amnestien in Jugoslawien, Indonesien und Chile sind ein noch konkreteres Zeichen für den Sieg des Menschenrechtsgedankens.

Ungeachtet dessen gingen gleichzeitig in einer Reihe von Ländern politische Unterdrückung, Verfolgung aus ethnischen oder religiösen Gründen und andere Verletzungen der Menschenrechte weiter, teils sogar in verstärktem Maß. (Ich beziehe mich auf gewissen Vorfälle aus der letzten Zeit, die in vorliegender Dokumentation noch nicht berücksichtigt wurden. Hier schreibe ich nur über Vorgänge in der Sowjetunion und nicht über Dinge, die ich nur aus dem Rundfunk und aus Zeitungen weiß.) Es darf kein Vergessen für die Leiden und das Sterben so vieler geben, für die krassen Verstöße gegen die Menschenrechte in Ländern wie Kambodscha, Vietnam, Uganda, Brasilien, mehreren afrikanischen und lateinamerikanischen Staaten, im Iran – die Liste ist lang . . .

Lawko Lukjanenko, ein Mitarbeiter der Helsinki-Gruppe, der bereits eine fünfzehnjährige Gefängnisstrafe wegen politischer Delikte verbüßt hat, wurde in der Ukraine verhaftet, desgleichen in Armenien zwei Helsinki-Beobachter, Robert Nasarian und Schagan Arutunian. In Georgien sind es zwei, Valentina Pailodse und Viktor Rtschkiladse, die ins Gefängnis kamen, ebenso Awtandil Imnadse. Das Gruppenmitglied Pjotr Wins*, der Sohn des eingekerkerten Baptistenführers Georgi Wins* wurde selbst auch zu einem Jahr Haft verurteilt und zwar auf Grund einer künstlich aufgebauten Anklage wegen Parasitentums, der „Weigerung, sich an sozial produktiver Arbeit zu beteiligen". Grigori Goldstein*, Naturwissenschaftler und Erfinder, wurde zur gleichen Strafe verurteilt wegen des gleichen Delikts, in Wahrheit aber wegen seiner Mitarbeit in der georgischen Helsinki-Gruppe und seines Wunsches, nach Israel zu emigrieren. Die gleiche Beschuldigung, sehr häufig als Repressalie gegen Mißliebige verwendet, wurde vorgebracht, um Iwan Wagner, einem Arbeiter mit zweiunddreißigjähriger Dienstzeit, der um Auswanderungserlaubnis nach Westdeutschland angesucht hatte, den Prozeß zu machen. Mykola Matusewitsch* und Miroslaw Marinowitsch*, beide ukrainische Helsinki-Beobachter, wurden in Kiew zu je sieben Jahren Lagerhaft und fünf Jahren Verbannung verurteilt. In Litauen wurde über Balys Gajauskas* wegen seiner

Mitwirkung bei der Finanzhilfe für politische Gefangene das empörend harte Urteil von zehn Jahren Haft und fünf Jahren Verbannung verhängt, und das, obwohl er bereits mehr als fünfundzwanzig Jahre (1949–1976) in den Lagern der Stalin-Ära und der Folgezeit verbracht hatte. In Taschkent wurden sieben Mitglieder der „Kongregation der Adventisten des Siebenten Tages" verhaftet, die neuesten Opfer der langjährigen Verfolgung dieser Sekte wegen ihrer unabhängigen religiösen Haltung. Unter den Eingekerkerten befindet sich Wladimir Schelkow, der dreiundachtzigjährige geistige Führer der Glaubensgemeinschaft, der bereits Haftstrafen von insgesamt dreiundzwanzig Jahren hinter sich hat. Kurz nach dem Ende der Belgrader Konferenz erfuhren wir von Dekreten des Präsidiums des Obersten Sowjets, in denen grundlose Vorwürfe erhoben werden, um Generalmajor Pjotr Grigorenko*, einem der besten führenden Köpfe der Menschenrechtsbewegung, vielfach ausgezeichnetem hohen Offizier und Invaliden des II. Weltkriegs, sowie dem weltberühmten Cellisten Mstislaw Rostropowitsch und seiner Frau Galina Wischnewskaja die Sowjetbürgerschaft abzuerkennen. Wegen seiner öffentlichen Erklärungen hatte Grigorenko, der Mitglied der Moskauer und der ukrainischen Helsinki-Gruppe ist, schon seinen militärischen Rang verloren und mehr als vier Jahre in Irrenanstalten verbringen müssen.

Wie seit vielen Jahren geht die Verfolgung von Baptisten, Pfingstbrüdern und Anhängern anderer unabhängiger Glaubensgemeinschaften weiter, ebenso die Unterdrükkung und Diskriminierung der Krimtataren, die nur das Recht anstreben, auf der Krim zu leben. Immer wieder kommt es zu Unterdrückungen aus ethnischen, religiösen oder anderen Gründen. Hunderte politische Häftlinge, deren Zahl sich in diesen Monaten um die ukrainischen Helsinki-Beobachter Mykola Rudenko* und Olexej Tychy* vermehrt hat (die Urteile: sieben bzw. zehn Jahre Lager und fünf Jahre Verbannung), gehen weiterhin ihren Leidensweg in Straflagern, Gefängnissen und psychiatrischen Kliniken, tagtäglich der Kälte und dem Hunger preisgegeben, zu härtester Fronarbeit gezwungen, den Einschränkungen ihres Rechtes auf Besuche und Briefe ihrer Angehörigen und anderen Willkürakten unterworfen.

Die Freizügigkeit, das Recht der Wahl des Landes, in dem man leben möchte, wird ebenfalls nach wie vor erheblich beschnitten, obwohl solche Restriktionen direkte Verletzungen der Menschenrechtskonvention und des Abkommens von Helsinki sind. Diese Verstöße beeinträchtigen das internationale Vertrauensverhältnis und die gegenseitige Verständigung und setzen Juden, (Wolga-)Deutsche, Ukrainer, Russen, Litauer, Armenier und Menschen anderer Volksgruppen Qualen und Ängsten aus.

Ich habe jene Helsinki-Beobachter genannt, die während der letzten Monate verhaftet und schuldig gesprochen wurden, aber Juri Orlow*, Alexander Ginsburg*, Swiad Gamsachurdia* und Merab Kostawa* werden seit mehr als einem Jahr ohne Gerichtsverfahren in Gewahrsam gehalten und Viktoras Petkus* wurde vor mehr als neun Monaten verhaftet. Der Vertrag von Helsinki garantiert zwar die Beachtung der Menschenrechte, aber in jenen der fünfunddreißig Signatarstaaten, wo diese Rechte systematisch verletzt werden, haben die Machthaber spezielle Taktiken zur Unterdrückung der Männer und Frauen entwickelt, die mit ihren Namen und ihrer bürgerrechtlichen Tätigkeit für (dieses bereits zum Begriff gewordene) Helsinki eintreten. Solche Taktiken zielen zunächst darauf ab, den Informationsfluß einzudämmen, was allerdings nicht gelingen wird. In diesem Sinn kann man die Repression als „bürokratischen Reflex“ bezeichnen. In der Sowjetunion macht das seelenlos Mechanische die politische Verfolgung besonders grausam und willkürlich, vor allem wenn kaum bekannte Personen oder bereits „Vorbestrafte" davon betroffen sind.

Aber zur Zeit scheinen die KGB-Strategen ein weiter gestecktes Ziel zu verfolgen: Durch Verhaftung von Mitgliedern der Helsinki-Gruppen und Aburteilung einiger von ihnen mit einer Härte, die nirgends unbemerkt bleiben kann, fordert der sowjetische Machtapparat die westlichen Helsinki-Signatare und die Teilnehmer der Belgrader Konferenz schärfstens heraus und konfrontierte sie mit dem peinlichen Dilemma, entweder die Prinzipien von Helsinki ihrerseits mit der kompromißlosen Forderung nach Freilassung aller Inhaftierten zu verteidigen und damit erhöhte Spannungen in den Beziehungen zum Osten zu riskieren oder aber zu kapitulieren, vor dem Provokateur zurückzuweichen und so ihre eigenen Positionen zu schwächen, nicht nur in bezug auf die Menschenrechtsfragen, nicht nur in Belgrad, sondern in allen Belangen der Entspannung.

Als weiteren Vorteil, selbst wenn das Unternehmen in manchem ein Fehlschlag wäre, konnten die Drahtzieher damit rechnen, daß die „neuen" Unterdrückungen die Aufmerksamkeit von anderen schweren, ständigen Menschenrechtsverletzungen in der Sowjetunion ablenken würden. Dabei darf die Tatsache nicht übersehen werden, daß die ganze Taktik ein Bluff ist. Immerhin sind es die Sowjets, für die bei dem Verhandlungskomplex von Helsinki – die Menschenrechte ausgeklammert – am meisten auf dem Spiel steht und es ist der Westen, dessen vordringliches Interesse des freien Verkehrs von Informationen und Menschen und den anderen bürgerlichen und politischen Freiheiten gilt. Obwohl ich und andere Dissidenten diese Gedanken wiederholt in einer ganzen Reihe von Dokumenten ausgesprochen haben, erscheint es geboten, sie hier nochmals zu äußern.

Der Abschluß der Belgrader Konferenz beendete eine

Episode des Dramas von Helsinki. Dies ist nicht der Ort für eine ausführliche Bewertung ihrer Auswirkungen auf die sozialistischen und die kapitalistischen Länder und der Gesamtbedeutung dieses Treffens. Die schlaffe Haltung einiger größerer europäischer Staaten in der Menschenrechtsfrage und das Fehlen jeder direkten Erwähnung dieses Problems im Belgrader Schlußdokument war tief enttäuschend, aber trotzdem betrachte ich diese Gespräche als ein enorm wichtiges Ereignis mit weitreichenden Konsequenzen. Zum erstenmal wurden Verstöße gegen die Menschenrechte in solch einem repräsentativen internationalen Forum erörtert und die Debatten fanden in der Presse, bei der Prominenz und in der Weltöffentlichkeit Beachtung. Trotz einiger Irrtümer und Kompromisse stellte der Westen prinzipiell klar, daß die Wahrung der Menschenrechte von fundamentaler Bedeutung ist und ein Zentralthema bleiben wird. Die Nötigung zu ständiger Beschäftigung mit den Menschenrechten war ein Hauptgrund für die Entscheidung der Delegierten, 1980 in Madrid wieder zusammenzutreten.

In dieser neuen Phase, kurz vor der nächsten Welle von Prozessen gegen Mitglieder der Helsinki-Gruppen, wende ich mich wieder an die Öffentlichkeit, an die Spitzenpolitiker des Westens und an alle, die an kulturellen, wissenschaftlichen, wirtschaftlichen und technischen Kontakten mit der Sowjetunion und Osteuropa beteiligt sind, ich rufe sie auf, die Berichte über dortige Verletzungen der Menschenrechte genau zu lesen, wachsam zu bleiben und alles in ihrer Macht Stehende zu tun, um solche Verstöße zu verhindern oder rückgängig zu machen. Es ist wichtig, dafür alle nur tauglichen Hebel in Bewegung zu setzen – geheime und offene Diplomatie, die Presse, Demonstrationen und andere Mittel, die das Prestige treffen, Boykotts, Kündigung der Zusammenarbeit auf diesem oder jenem Gebiet, Einschränkungen des Handels und der Kontakte auf der Basis parlamentarischer Beschlüsse ähnlich der Jackson-Vanik-Zusatzklausel, Gefangenenaustausch –, all dies, um die einzelnen Opfer der Tyrannei und der Gesetzlosigkeit und ganze Menschengruppen zu retten, die Unrecht und Diskriminierung erleiden, um der Herrschaft der Willkür ein Ende zu bereiten.

Ich muß nochmals betonen, wie wichtig der Einsatz für alle inhaftierten Mitglieder der Helsinki-Gruppen ist. Unter den gegebenen Umständen ist ihre Verteidigung der Prüfstein für die Entschlossenheit und Beharrlichkeit des Westens und ebenso ein Test des guten Willens und der Vernunft auf sowjetischer Seite. Es ist dies eine Frage von größerer internationaler Bedeutung. Bei allen Hilfsaktionen kommt es unbedingt darauf an, die Verhafteten und Verurteilten nicht in getrennte Kategorien einzustufen – etwa einerseits die Wichtigen, für die man leicht Unterstützung und Pressekampagnen mobilisieren kann und andererseits die anderen, die im zweiten Glied, mit denen die (sowjetischen) Behörden, wie sie a priori glauben, in aller Stille tun können was sie wollen. Um die bereits aktiven Kräfte zusammenzufassen, plädiere ich für die Schaffung eines gemeinsamen internationalen Komitees zur Verteidigung aller Helsinki-Gruppen.

Was den Gefangenenaustausch betrifft, so habe ich mich rückhaltlos zu dem Austausch von Luis Corvalan gegen Wladimir Bukowsky* bekannt. Das war ein kluger, menschenfreundlicher Akt, der zwei Männern die Freiheit brachte und ich hoffe auf weitere Austauschverfahren, um Schwerkranke, Frauen und jene politischen Häftlinge zu retten, die besonders krassen Schikanen ausgesetzt sind. Ich betrachte den Austausch als humanitäre Aktion, völlig unabhängig von politischen oder streng juristischen Erwägungen. Leider ist nicht zu übersehen, daß im Westen auch eine andere, rein formaljuristische Auffassung vertreten wird, die sich gegen einen Austausch richtet. Sogar in unparteiischen, humanitären Organisationen wie Amnesty International gibt es Anhänger dieser Theorie. Ich glaube, sie alle können sich einfach nicht vorstellen wie schwierig es ist, in einem totalitären Staat einen Menschen aus dem Gefängnis buchstäblich loszueisen und welch ein Glücksfall es ist, wenn dies gelingt. Da der Gefangenenaustausch kein Handel mit Waren ist, braucht man sich über den präzisen Ausgleich von Wert und Gegenwert nicht den Kopf zerbrechen. Aus diesem Grund stimmt mich die Nachricht traurig, daß Repräsentanten des State Department Anatoli Schtscharanskijs* Unschuld an der ihm zur Last gelegten Spionage als mögliches Hindernis betrachten, für ihn einen Austausch in die Wege zu leiten.

Nach meiner Meinung liegt die Hauptbedeutung vorstehender Sammlung in ihrem dokumentarischen Charakter, in der vollständigen, authentischen Präsentation von Originaltexten, ergänzt durch die ausführlichen Kommentare des Herausgebers. Für uns ist solch eine Publikation besonders wichtig angesichts der Verhältnisse in unserem Land, wo uns, anders als in den darin glücklicheren Staaten ohne totalitäres System, viele Möglichkeiten der Kommunikation und des Zugangs zu (frei) veröffentlichten Druckwerken verwehrt sind.

Die meisten der in diese Sammlung aufgenommenen Dokumente hatte ich ursprünglich in den Westen weitergegeben, damit sie dort in der Presse erscheinen und, wie ich hoffte, auch vom Rundfunk übernommen würden. Diese ausländischen Sendungen sind für Menschen in unserem Land fast die einzige Nachrichtenquelle über die Probleme, die unsere Medien mit Schweigen übergehen. Leider mache ich – wie viele meiner Freunde, für die, ebenso wie für mich, die Publicity das einzige Mittel für Bürgerrechtsaktionen ist – die Erfahrung ständiger Schwierigkeiten und Enttäuschungen in der Zusammenarbeit mit den für uns so wichtigen westlichen Medien. Allzuoft verschwinden unsere Erklärungen spurlos, selbst dann, wenn sie sehr tragische Fälle betreffen. Manchmal werden sie ungenau oder arg verfälscht veröffentlicht, wodurch Millionen von Menschen falsch informiert werden. Namen verfolgter Personen bleiben ungenannt, wesentlichste Einzelheiten werden übergangen, woran manchmal pure Nachlässigkeit schuld ist. Unser Kampf um das Interesse der Allgemeinheit geht unter schwierigsten Umständen vor sich und fordert große Opfer. Es ist zumutbar, wenn uns die Leichtfertigkeit (von Journalisten) auch nur um Teilerfolge dieses Ringens prellt. Ich habe des öfteren über dieses Problem geschrieben und gesprochen, besonders seitdem meine eigene öffentliche Tätigkeit einschneidend behindert ist, da die Behörden seit 1974 meine Leitung für Auslandstelefonate blockiert haben.

Diese Textsammlung kann natürlich nicht die Unmittelbarkeit von Rundfunksendungen oder Zeitungsabdrucken haben; heute eignet den meisten Dokumenten bereits eher der Charakter einer Rückschau, aber wegen der umfassenden, genauen Wiedergabe halte ich dieses Buch für nützlich und nötig.

Ich schreibe dies, während die Welt vor dem abscheulichen, kaltblütigen Mord an Aldo Moro erschauert, einem der besten Männer Italiens. Der Westen hat viel Grund zu großer Sorge: Das Leben ist schwierig, voller Tragik, auch dort in keiner Hinsicht ohne Schatten. Ich weiß das und ich empfinde es heute deutlicher denn je. Aber ich weiß auch etwas anderes: Die meisten der Probleme und Tragödien, die sich im Westen ergeben, ebenso wie jene in totalitären Ländern, betreffen die gesamte Menschheit. Ereignisse wie der Mord an Moro schockieren und erschüttern jene von uns, denen demokratische Freiheiten verwehrt sind, nicht minder als jene, deren Demokratie den wütenden Angriffen der Roten Brigaden und anderer Terroristen ausgesetzt ist. In Wahrheit sind wir alle durch ein gemeinsames Ziel vereint. Darauf beruht unser Glaube und unsere Hoffnung!

XII

Was uns allen gemeinsam ist

Sacharow veröffentlichte den folgenden Artikel über „Die Menschenrechtsbewegungen in der Sowjetunion und in Osteuropa" in der Zeitschrift „Kontinent", Heft 11 (Februar 1979).

Die im Untertitel dieses Artikels gewählte Vokabel „Bewegung" darf nicht zu der Annahme verleiten, es handele sich um irgendeine Organisation oder Vereinigung, geschweige denn um eine Partei. Es geht einfach um Menschen, die durch eine gemeinsame Denk- und Handlungsweise verbunden sind. Obwohl ich einer dieser Menschen, dieser „Andersdenkenden" oder Dissidenten, bin, trete ich keinesfalls als ihr Ideologe oder Führer auf; jede meiner öffentlichen Verlautbarungen, darunter auch dieser Artikel, drückt ausschließlich meine persönliche Meinung zu den mich bewegenden Fragen aus.

Die gesellschaftspolitische Ideologie, welche die Menschenrechte an die erste Stelle rückt, scheint mir im Rahmen der relativ begrenzten Aufgaben, die sie sich stellt, in vieler Hinsicht die allervernünftigste zu sein. Ich bin davon überzeugt, daß alle Ideologien, die sich auf Dogmen oder metaphysische Konstruktionen gründen oder sich allzusehr auf die gegenwärtige Gesellschaftsstruktur stützen, der Kompliziertheit, dem raschen Wandel und der Unberechenbarkeit der Entwicklung der Menschheit nicht gerecht werden können. Die imperativen und dogmatischen Konzeptionen der verschiedenen Weltveränderer, ebenso wie die irrationalen Luftschlösser des Nationalismus und des Nationalsozialismus sind in der Praxis bis zum heutigen Tage auf die Vergewaltigung der inneren Freiheit der Menschen und auf die nackte physische Gewaltanwendung hinausgelaufen, so wie sie sich im XX. Jahrhundert in den Schrecknissen von Völkermord und Revolution, in internationalen Kriegen und Bürgerkriegen, in anarchistischem und staatlichem Terror, in den Höllen von Kolyma und Auschwitz manifestiert haben.

Die kommunistische Ideologie mit ihren Versprechungen einer zukünftigen Weltgesellschaft der sozialen Harmonie, der Arbeit, des materiellen Wohlstandes und der Freiheit hat sich praktisch in den Staaten, die sich sozialistisch nennen, in eine Ideologie des parteibürokratischen Totalitarismus verkehrt, die meiner Überzeugung nach in die tiefste Sackgasse der Geschichte führt.

Ebenso gibt es heute nirgendwo mehr in Reinkultur die kapitalistische Philosophie eines rationalen Individualismus. Die Erschütterungen des XX. Jahrhunderts – die große Weltwirtschaftskrise, die verheerenden Kriege, das Gespenst einer ökologischen und demographischen Katastrophe – haben ihre Unzulänglichkeit bewiesen.

Ich halte den technisch-ökonomischen Fortschritt, der das Problem der Verteilung materieller Güter bedeutend entschärfen kann, für einen besonders wichtigen positiven Faktor des gesellschaftlichen Lebens; doch ebenso klar bin ich mir der damit zusammenhängenden Gefahren bewußt und erkenne die Unzulänglichkeit der technokratischen Ideologie für die Lösung der vielschichtigen und komplexen Probleme unseres Lebens.

Im Gegensatz zum imperativen Anspruch der meisten politischen Philosophien ist die Ideologie der Menschenrechte ihrem Wesen nach pluralistisch – sie gestattet es, das gesellschaftliche Leben in verschiedenen Formen zu organisieren, sie toleriert das Nebeneinander dieser verschiedenen Formen und bietet dem Menschen ein Höchstmaß an Freiheit der persönlichen Entscheidung. Ich bin davon überzeugt, daß gerade diese Freiheit und nicht der Druck des Dogmas der Autorität, der Tradition, der Staatsmacht oder der öffentlichen Meinung die vernünftige und richtige Lösung der unendlich komplizierten und widersprüchlichen Probleme gewährleistet, die sich unvorhersehbar aus den persönlichen, sozialen, kulturellen und vielen anderen Lebensäußerungen ergeben; nur diese Freiheit schenkt dem Menschen jenes unmittelbare Lebensglück, das den vornehmsten Sinn der menschlichen Existenz ausmacht.

Die Ideologie der Verteidigung der Menschenrechte nahm unter den gesellschaftlichen Bewegungen in der Sowjetunion und in den Ländern Osteuropas einen besonderen Platz ein. Das hängt mit der geschichtlichen Erfahrung der Völker dieser Länder zusammen, die während der Lebenszeit einer einzigen Generation zuerst die stürmische und kurze Rausch-Periode des kommunistischen Maximalismus erlebten (das bezieht sich vor allem auf die Sowjetunion), begleitet von Unduldsamkeit und Dogmatismus, von allgemeinem Verfall und Leiden, von den Verbrechen der Weißen und Roten im Namen dessen, was sie für ihr großes Ziel hielten. Dann kam der blutige Alptraum des stalinistischen Faschismus, der Dutzende Millionen Leben vernichtete und dann allmählich in die heutige stabile Phase des Totalitarismus von Partei und Staat einmündete.

Vor dem Hintergrund solcher Erfahrungen sind wir natürlich ganz besonders für eine Ideologie empfänglich, die die Verteidigung konkreter Menschen und konkreter

Rechte an die erste Stelle setzt; und das grundsätzlich mit gewaltlosen, nicht zerstörerischen Methoden, indem man sich auf die Gesetze und die von den Regierungen unterschriebenen internationalen Dokumente beruft.

Die Verwandtschaft der ideellen Standpunkte aller Andersdenkenden und auch die Art ihres Kampfes für die Menschenrechte erlauben es uns, von einer einheitlichen Menschenrechtsbewegung in der UdSSR und den osteuropäischen Ländern zu sprechen – und das trotz des Fehlens organisatorischer Verbindungen zwischen der Bewegung in der UdSSR und denen in den Staaten Osteuropas und trotz der praktischen Unmöglichkeit einer Kommunikation: Briefwechsel, Telefonate, gegenseitige Besuchsreisen werden von den Machthabern vereitelt.

Ich möchte bemerken, daß eine der Reaktionen der Machthaber dieser Länder auf unseren absolut gesetzlichen und konstruktiven Standpunkt darin bestand, daß ausgerechnet die Machthaber ihre eigenen Gesetze zu verletzen begannen, insbesondere bei Gerichtsverhandlungen, daß sie sich in immer größerem Umfang illegaler Methoden der Provokation bedienten und sogar Mittel des individuellen Terrors innerhalb und außerhalb des Landes anwandten. Das ungesetzliche Vorgehen der Machthaber verstärkte wiederum das Bestreben der Andersdenkenden, sich an die Gesetze zu halten.

In der CSSR stellte die Verteidigung der Menschenrechte ein wesentliches Element des „Prager Frühlings“ dar und bildete in den letzten Jahren die Grundlage der bekannten Charta 77, die in Zielsetzung und Ausdrucksform vielen Dokumenten der Dissidentenbewegung in der UdSSR und den anderen osteuropäischen Ländern sehr ähnlich war. In Polen entstanden das Komitee zur Verteidigung der Arbeiter und andere Vereinigungen. In der UdSSR bildeten sich vor zehn Jahren als Reaktion auf ungerechte Gerichtsverfahren und andere Menschenrechtsverletzungen die Initiativgruppe zur Verteidigung der Menschenrechte und in letzter Zeit die Förderungsgruppen zur Erfüllung der Beschlüsse von Helsinki. Eine besonders wichtige Etappe der Menschenrechtsbewegung in der UdSSR war die Gründung eines bemerkenswerten Informationsblattes des Samisdat, „Chronik der Laufenden Ereignisse", das ungeachtet zahlloser Repressionen und unbeschreiblicher Schwierigkeiten bereits zehn Jahre lang regelmäßig erscheint, und zwar mit dem Text des Artikels 19 der Allgemeinen Menschenrechtserklärung als Leitwort. Ich glaube, daß diese Zeitschrift in besonderem Maße den Geist der Bewegung widerspiegelt – ihre Unvoreingenommenheit und ihren unpolitischen Charakter, ihren Pluralismus, ihr Streben nach Genauigkeit und Zuverlässigkeit und ihr vordringliches Interesse an konkreten Menschenrechtsverletzungen und konkreten Schicksalen von Menschen, die das Opfer von Ungerechtigkeit wurden.

Die Menschenrechtsbewegung in der UdSSR und in den osteuropäischen Ländern räumt den bürgerlichen und politischen Rechten eine grundsätzliche Priorität ein, und zwar als Gegengewicht zur offiziellen staatlichen Propaganda dieser Länder, die bewußt (und das widerspricht sogar den Äußerungen der Väter der marxistischen Theorie) den Akzent immer mehr auf die ökonomischen und sozialen Rechte verlegt. Ich bin davon überzeugt, daß unter den heutigen Bedingungen gerade die bürgerlichen und politischen Rechte (das Recht auf Meinungsfreiheit und das Recht auf die Weitergabe von Informationen, das Recht auf freie Wahl des Wohnortes im Ausland und Inland, die Freiheit des Glaubensbekenntnisses, das Streikrecht, das Recht auf Vereinsgründung, das Verbot von Zwangsarbeit) die Garantie abgeben für die Freiheit der Person, für die Verwirklichung der sozialen und ökonomischen Rechte des Menschen und für Vertrauen und Sicherheit in den zwischenstaatlichen Beziehungen.

Diese bürgerlichen und politischen Rechte werden in den totalitären Staaten besonders systematisch und offen verletzt. Ebenso wird auch das Grundrecht auf freie Wahl des Wohnsitzes verletzt; in besonders brutaler Weise geschieht das in der UdSSR und in der DDR durch die Berliner Mauer.

Die Bedeutung der freien Wahl des Landes, in dem man lebt, liegt nicht nur in der Möglichkeit der Wiedervereinigung getrennter Familien (wobei ich die Bedeutung dieser Frage nicht herabsetzen möchte), sondern auch darin, daß dieses Recht es grundsätzlich jedem ermöglicht, ein Land zu verlassen, das die nationalen, ökonomischen, religiösen, politischen, bürgerlichen und sozialen Rechte seiner Bürger nicht gewährleistet, um dann nach einer Veränderung der persönlichen oder gesellschaftlichen Umstände wieder zurückkehren zu können. Das würde zwangsläufig zu einem allgemeinen sozialen Fortschritt führen.

In der UdSSR darf nur bei Vorliegen einer Anforderung naher Verwandter ein Antrag auf Ausreise gestellt werden; diese Einschränkung steht in direktem Widerspruch zum Pakt der UNO über die staatsbürgerlichen und politischen Rechte, der geltendes internationales Recht ist. So wird „im Vorbeigehen" eine große Zahl von Menschen, die das Land aus wirtschaftlichen, religiösen, nationalen, politischen, kulturellen, medizinischen und anderen Gründen für immer oder zeitweilig verlassen wollen, einfach beiseite gefegt.

Doch auch die Ausreise derjenigen, die solche Anforderungen von Verwandten vorweisen können, insbesondere der Deutschen, Juden, Litauer, Esten, Letten, Armenier, Ukrainer, stößt immer wieder auf enorme Schwierigkeiten, und nicht zu Unrecht gibt es die Bezeichnung „Abgelehnter". Es unterliegt meiner Ansicht nach auch keinem Zweifel, daß die ständigen Verhaftungen und ungerechten Verurteilungen von Auswanderungswilligen den Versuch darstellen, die Emigrationsbewegung zu zerschlagen, die potentiellen Auswanderer einzuschüchtern und auf halbem Wege aufzuhalten. In den Strafgesetzbüchern der RSFSR (Russische Sozialistische Föderative Sowjetrepublik) und anderer Unionsrepubliken wird im Paragraphen „Landesverrat" neben den üblichen Tatbestandsmerkmalen dieses Verbrechens auch „Flucht ins Ausland oder Weigerung, aus dem Ausland in die UdSSR zurückzukehren" genannt. Aufgrund dieses Tatbestandes wurden Hunderte von Menschen mit grausamen Strafen belegt und viele in psychiatrische Gefängniskliniken eingewiesen.

In jüngster Zeit wurde das Schicksal der jüdischen „Abgelehnten" Schtscharanskij*, Slepak, Ida Nudel, Goldstein* und Begun weithin bekannt, ebenso wie zuvor die Beteiligten an der Leningrader Flugzeugentführung. Besonders viele Absagen und alle möglichen Verfolgungen gab es bei den ausreisewilligen Deutschen (von den 30er bis in die 50er Jahre hinein kamen Hunderttausende von Deutschen infolge der Stalinschen Deportationen und Repressionen um). Tragisch ist auch das Schicksal dreier Generationen der Bauernfamilie Peter Hermann, die sich seit mehr als 50 Jahren erfolglos um die Ausreise nach Deutschland bemüht haben.

In der UdSSR gibt es – im Widerspruch zum allgemeingültigen Grundsatz der Freizügigkeit im Inland (Artikel 13 der Deklaration der Menschenrechte und der entsprechende Artikel des Paktes über die staatsbürgerlichen und politischen Rechte) – ein besonderes Paßsystem mit der Verpflichtung zur sogenannten „Anmeldung" (Gewährung der Wohnerlaubnis durch die Organe des MWD). Besonders stark ist dabei die Bewegungsfreiheit der Kolchosbauern eingeschränkt. Die Kolchos-Satzung kennt keine Garantie für das freie Ausscheiden aus dem Kolchos und verwandelt dadurch praktisch Dutzende Millionen Menschen in Leibeigene. Die Tatsache, daß es einem Teil von ihnen irgendwie dennoch gelingt, die Genehmigung zum Verlassen des Kolchos zu bekommen, ändert nichts an der Intoleranz dieser Regelung im allgemeinen.

Ein besonderes Kapitel der Menschenrechtsverletzungen in der UdSSR hängt mit den nationalen Problemen zusammen. Die Krimtataren waren im Jahre 1944 gemeinsam mit vielen anderen Völkerschaften Opfer des Stalinschen Genozids geworden (bei der Deportation der Greise, Frauen und Kinder aus der Krim – die Männer befanden sich an der Front – kam fast die Hälfte aller Krimtataren um). Bis heute sind sie diskriminiert und dürfen nicht in ihre Heimat zurückkehren.

Die Schikanen und Grausamkeiten, die denjenigen Familien zugefügt wurden, die sich entschlossen hatten, auf die Krim zurückzukehren, spotten jeder Beschreibung. Die Verweigerungen der „Anmeldung" und die Einweisung ins Gefängnis wegen Nichtbeachtung der für die „Anmeldung" geltenden Vorschriften, die Verweigerung von Kaufgenehmigungen für Häuser und die Zerstörung schon gekaufter Häuser (worauf ganze Familien mit Kindern und Greisen auf der Straße standen), gewaltsame Vertreibungen, die Weigerung der Behörden, ihnen eine Arbeit zu geben – all das sind Elemente einer konsequenten Politik der Diskriminierung.

Im Sommer des Jahres 1978 hat der Krimtatar Mussa Mamut sich selbst verbrannt, um damit die Öffentlichkeit auf die tragische Situation der Krimtataren aufmerksam zu machen. Als man ihn sterbend ins Krankenhaus brachte, sagte er: „Irgend jemand mußte das tun."

Die Verfassung der UdSSR sieht formell Gewissensfreiheit sowie die Trennung von Kirche und Staat vor. Tatsächlich jedoch befinden sich die offiziell anerkannten Kirchen in einer unwürdigen Lage totaler Abhängigkeit vom Staat, und das sowohl in administrativer wie auch materieller Hinsicht; sie sind des Rechtes der Verkündigung des Gotteswortes beraubt, des Rechtes karitativer Betätigung, ihre Priester und Kirchenältesten werden von sowjetischen Behörden ernannt.

Diejenigen, die sich gegen die Abhängigkeit der Kirche von den Behörden auflehnen, sind besonders grausamen Verfolgungen ausgesetzt; es kommt sogar dazu, daß man den Eltern die Kinder wegnimmt; es kommt zur Einlieferung in psychiatrische Anstalten, zur Vermögensbeschlagnahme und sogar zu terroristischen Akten, die von den Behörden nie untersucht werden.

Ich habe bisher über die Lage in der UdSSR gesprochen, die besonders unerträglich ist. Bekanntlich haben die heroischen Bemühungen der Gläubigen und Kirchenführer, beispielsweise Mindszenty in Ungarn und Wyszynski in Polen, in einigen Ländern Osteuropas dazu beigetragen, daß es dort zu einer wesentlich normaleren Situation gekommen ist. Die Autorität, die die Kirche in diesen Ländern genießt, erwies sich dabei als einer der Faktoren, die zur Verringerung des Druckes auf die Menschen beigetragen haben.

In gleichem Maße wie vom Recht auf freie Wahl des Wohnortes wird der Charakter einer Gesellschaft am stärksten vom Recht auf Meinungsfreiheit und freie Weitergabe von Informationen geprägt. Diesem Recht widersprechen diejenigen Paragraphen der Strafgesetzbücher der Sowjetrepubliken, die es gestatten, gerade solche gewaltlosen und in jedem demokratischen Staat legalen Handlungen gerichtlich zu verfolgen (die Paragraphen 70 und 190/1 des Strafgesetzbuches der RSFSR). Hunderte von Gefangenen aus Gewissensgründen, unter ihnen auch einer der Redakteure der „Chronik der Laufenden Ereignisse", der bedeutende Wissenschaftler und Biologe, mein guter Freund Sergej

Kowalew, befinden sich aufgrund dieser Paragraphen in Haft.

Zudem werden derartige politische Prozesse in der UdSSR und in den Ländern Osteuropas unter gröbster Verletzung des Rechtes des Angeklagten auf eine gründliche und sachliche Prüfung seines Falles, auf Schutz gegen bestellte Verleumdungen und unter Verletzung des Grundsatzes der Öffentlichkeit durchgeführt. Niemand außer den allernächsten Angehörigen der Angeklagten wird zu den formal öffentlichen Verhandlungen zugelassen, und bei zahlreichen Prozessen der letzten Zeit durften nicht einmal die Frauen und Mütter der Angeklagten zugegen sein – und in der Tat gibt es etwas zu verheimlichen (ebenso wie in den Lagern und Gefängnissen, doch davon später).

Kürzlich richtete sich die Aufmerksamkeit der Weltöffentlichkeit auf ähnlich gesetzwidrige Prozesse gegen die Mitglieder der Förderungsgruppen zur Erfüllung der Beschlüsse von Helsinki, die nach eben diesen Paragraphen verurteilt wurden. Orlow*, Ginsburg*, Schtscharanskij*, Petkus*, Lukjanenko, Kostawa* und zuvor Rudenko*, Tychy*, Marinowitsch*, Matusewitsch*, Gajauskas* und andere.

Eine unzulässige Verletzung der Menschenrechte sind zweifellos auch die Bedingungen, unter denen die anderthalb Millionen Häftlinge ihre Strafen in sowjetischen Lagern und Gefängnissen verbüßen (diese Zahl ist nur ein Annäherungswert, die genaue Zahl ist unbekannt), unter ihnen auch Hunderte von politischen Häftlingen. Zwangsarbeit unter schwersten Bedingungen, wobei die Nichterfüllung der die Kraft übersteigenden Arbeitsnormen Repressionen zur Folge hat, beispielsweise die Folter des Karzers mit Hunger und Kälte, dazu das Fehlen einer auch nur in etwa hinlänglichen medizinischen Betreuung und die ständigen Provokationen und Schikanen der Verwaltung – das ist ihr

Alltag. Auf einer Pressekonferenz am 30. Oktober 1978, die dem seit 1974 traditionellen „Tag des politischen Häftlings" gewidmet war, übergab ich den ausländischen Korrespondenten einen Brief aus einem Lager mit besonderem Regime in Sosnowka, in welchem diese Arbeitsbedingungen beeindruckend konkret und glaubwürdig beschrieben wurden.

Zu den für das normale Funktionieren einer Gesellschaft äußerst wichtigen Rechten, die in der UdSSR und den Ländern Osteuropas nicht verwirklicht sind, gehören auch das Streikrecht und das Recht auf die Gründung von Vereinigungen, die vom Staat unabhängig sind. Am Beispiel dieser Rechte wird besonders deutlich, daß ohne die Verwirklichung der politischen und bürgerlichen Rechte keine effektive Lösung der sozialen und ökonomischen Probleme möglich ist.

Die sowjetische Propaganda bezeichnet unser Land als einen entwickelten sozialistischen Staat mit maximaler Fürsorge für die Menschen. Die Wirklichkeit ist von solchen Reklamesprüchen weit entfernt. Es existiert eine beträchtliche soziale Ungleichheit zwischen der großen Masse der Werktätigen, vor allem in den besonders häufigen geistigen Berufen, wie bei den kleineren und mittleren Angestellten, Ärzten und Lehrern, und der sogenannten Obrigkeit, die eine Vielzahl von Privilegien genießt.

In den meisten Städten fehlen die wichtigsten Lebensmittel, insbesondere Fleisch, aber auch Medikamente und viele notwendige Industrieerzeugnisse. Die Leute kommen aus allen Ecken des Landes nach Moskau gereist, opfern Geld, Zeit und Kraft, um das Allernotwendigste einzukaufen.

Die Menschheit steht vor einer Reihe sehr komplizierter Probleme, die das normale Leben und das Glück der kommenden Generationen bedrohen, ja sogar das Fortbestehen der Zivilisation. Eine besonders tückische und schwer abzuwendende Gefahr für die fortschrittliche und freie Entwicklung der Menschheit ist die Ausweitung des Totalitarismus. Gerade dieser Gefahr versucht der Kampf für die Menschenrechte entgegenzuwirken. Die sich immer mehr ausbreitende Einsicht in diese Tatsache spiegelt sich in solchen historischen Dokumenten der letzten Jahre, wie die Schlußakte von Helsinki, die, von 35 Staatsoberhäuptern unterschrieben, den unlösbaren Zusammenhang zwischen internationaler Sicherheit und der Beachtung der wesentlichsten Menschenrechte fixiert. Dieser Wandel in der öffentlichen Meinung fand auch seinen Widerhall, als der Präsident der USA im Januar 1977 die grundsätzliche Verteidigung der Menschenrechte in der ganzen Welt zum tragenden moralischen Prinzip der amerikanischen Politik erklärte.

An dieser Konzeption ist ihr globaler Charakter besonders wichtig, das Bestreben, Menschenrechtsverletzungen in jedem beliebigen Lande der Welt mit den gleichen juristischen und moralischen Maßstäben zu messen – in Lateinamerika, in Afrika, in Asien, in den sozialistischen Ländern und in seinem eigenen Land. Ich weiß von wichtigen und segensreichen Folgen dieser Haltung in Süd- und Mittelamerika und anderswo. Ich neige keineswegs dazu, die Wichtigkeit des Kampfes um Menschenrechte überall dort, wo solche verletzt werden, zu unterschätzen; ich strebe auch nicht danach, diesen Kampf auf die UdSSR und Osteuropa zu beschränken. Doch gleichzeitig möchte ich betonten, daß die Gefahr der Ausbreitung des Totalitarismus ihr Epizentrum in der UdSSR hat und daß man dies unbedingt berücksichtigen muß.

Die Ideologie der Verteidigung der Menschenrechte ist offensichtlich die einzige, die mit so verschiedenartigen Ideologien vereinbar ist wie mit der kommunistischen, sozialdemokratischen, religiösen, technokratischen, national-„bodenbewußten“; sie kann sogar denjenigen Menschen eine Grundlage bieten, die sich nicht an theoretische Feinheiten und Dogmen binden wollen, weil sie der Vielzahl von Ideologien müde sind, die den Menschen das schlichte irdische Glück nicht beschert haben.

Die Verteidigung der Menschenrechte – das ist der klare Weg zur Vereinigung der Menschen in unserer verwirrten Welt, der Weg zur Linderung der Leiden.

Sacharow gab am 17. Dezember 1979 zwei Studenten der Brown-University (in Providence, Rhode Island, USA) ein Interview, in dem er die zunehmend repressive Politik der sowjetischen Behörden auf die Krise im Iran und auf einen Machtkampf im Kreml zurückführte.

Wir betrachten die wachsende Repression in der UdSSR als eine Reaktion der Behörden auf die Erfolge der Menschenrechtsbewegung, auf die schwierige Lage der USA und der ganzen Welt im Zusammenhang mit der Krise im Iran aber auch als Widerhall auf den Machtkampf an der Spitze der bürokratischen Pyramide, über den wir allerdings wenig wissen ... In Wirklichkeit verteidigen die USA (im Iran) die Ehre der Demokratie. Die Einheit des amerikanischen Volkes ist unter den gegebenen Umständen von außergewöhnlicher Wichtigkeit. Ich betrachte die starke und zugleich zurückhaltende Politik des Präsidenten (Carter) in diesem Konflikt als absolut richtig. Der entschlossene Standpunkt der USA wird nicht nur die Bemühungen zur Rettung der Geiseln (in der Teheraner US-Botschaft) unterstützen, sondern auch die Prinzipien der Zivilisation und der internationalen Beziehungen sowie auch die Verteidigung der Welt gegen eine Kettenreaktion von Terrorismus und Gewalt ... Der Schah (des Iran) verletzte die Menschenrechte, aber dieser Khomeini tötet ohne Prozeß. Der Schah veränderte die Lebensbedingungen im Iran zum besseren. Es ist wesentlich, daß der Schah nicht an die Terroristen ausgeliefert wird. Die Sowjetunion wird sich nicht militärisch im Iran engagieren, weil sie sich in einer schwierigen Situation in Afghanistan befindet.

XIII

Gorki

Nach dem Einmarsch sowjetischer Truppen in Afghanistan Ende Dezember 1979 protestierte Sacharow energisch gegen diese Verletzung des Grundsatzes der Nichteinmischung in die inneren Angelegenheiten und der Unverletzbarkeit des Territoriums eines anderen Staates und bezeichnete die Aktion als einen Verstoß gegen den Geist von Helsinki. Er appellierte an die Vereinten Nationen und die Regierung der UdSSR, unverzüglich den Rückzug der sowjetischen Truppen aus Afghanistan einzuleiten. Die Situation sei so tragisch, dramatisch und gefährlich, daß man sich darauf konzentrieren müsse, eine Kettenreaktion zu verhindern, die im Nuklearzeitalter unvorhersehbare Folgen für die Menschheit haben könne. Da die Sowjetunion keine Anstalten machte, sich aus Afghanistan zurückzuziehen, appellierte er an alle Nationen, die für August 1980 geplanten Olympischen Sommerspiele in Moskau zu boykottieren (im September 1978 sprach sich Sacharow gegen einen Boykott der Olympischen Spiele aus; die ausländischen Sportler sollten mit den sowjetischen in engen Kontakt treten, jede ausländische Mannschaft sollte sich eines verfolgten Dissidenten annehmen; auf diese Weise sollte die Regierung der UdSSR zu einer Amnestie politisch Verfolgter gezwungen werden).

Sacharow wurde am 22. Januar auf dem Weg von seiner Moskauer Wohnung in der Tschkalow-Straße 48 in die

Akademie der Wissenschaften festgenommen und in die für Ausländer gesperrte Industriestadt Gorki, 400 km östlich von Moskau, gebracht. Am 27. Januar veröffentlichte er ein Grundsatzdokument, das von seiner Frau Jelena Bonner am 28. Januar in Moskau westlichen Korrespondenten übergeben wurde. In diesem Dokument nimmt Sacharow Stellung zu den gegen ihn durchgeführten Maßnahmen, zur Situation der Menschenrechtsbewegung in der UdSSR, zur gegenwärtigen sowjetischen Politik, deren letzten Höhepunkt die Besetzung Afghanistans darstellt, zu den gegen ihn in sowjetischen Zeitungen erhobenen Vorwürfen sowie zu den Grundsätzen seines Denkens und Handelns. Das Dokument hat folgenden Wortlaut:

Am 22. Januar wurde ich auf der Straße verhaftet und in das Büro des Staatsanwalts der UdSSR gebracht. Der Erste Stellvertretende Staatsanwalt der UdSSR, R. Rekunkow, informierte mich darüber, daß mir die Titel eines Helden der Sozialistischen Arbeit, alle Auszeichnungen und Preise durch ein Dekret des Präsidiums des Obersten Sowjet der UdSSR aberkannt wurden. Ich wurde aufgefordert, die Medaillen, Orden und Urkunden zurückzugeben. Dies lehnte ich in der Überzeugung ab, daß ich diese aus guten Gründen erhalten hatte. Rekunkow teilte mir auch die Entscheidung mit, ich sei in die Stadt Gorki verbannt, welche für Ausländer gesperrt ist.

Am gleichen Tag wurde ich mit meiner Frau Jelena Bonner, der man erlaubte, mit mir zu gehen, in einem Spezialflugzeug nach Gorki gebracht. Dort teilte mir der Stellvertretende Staatsanwalt der Stadt die Bedingungen meines Aufenthaltes mit: Ständige Überwachung, Verbot, die Stadt zu verlassen, Verbot, mich mit Ausländern und „kriminellen Elementen“ zu treffen, Verbot, mit Ausländern schriftlich und telefonisch zu verkehren, auch nicht in wissenschaftlichen und rein persönlichen Angelegenheiten. Dies betrifft sogar meine Kinder und Enkelkinder, Matvei (6) und Ana (4). Ich muß mich dreimal im Monat bei der Polizei melden, wobei mir ein Gefängnisaufenthalt angedroht wurde, falls ich die Bedingungen nicht erfüllen sollte. Die Behörden verhängen über uns eine vollständige Abschließung von der Außenwelt. Das Haus ist 24 Stunden pro Tag von Polizei und KGB umgeben, welche Besuche von jedermann, einschließlich unserer Freunde, verhindern. Die Telefonverbindungen mit Moskau und Leningrad sind vollständig unterbrochen. Wir konnten nicht einmal meine Schwiegermutter anrufen, um ihr über unseren Zustand zu berichten. Ich war nicht in der Lage, einen befreundeten Physiker anzurufen. Diese Einschränkungen betreffen auch meine Frau, welche offiziell „frei" ist. Sie hat ein Telegramm an unsere Kinder in den Vereinigten Staaten geschickt, erhielt aber keine Antwort. Der Kontakt mit unseren Kindern wurde also unterbrochen.

Sogar im Gefängnis gibt es mehr Möglichkeiten einer Kontaktaufnahme mit der Außenwelt.

Wir sind nicht mehr die Jüngsten, und auch unsere Gesundheit ist nicht die beste. Wir sind völlig abgeschnitten von der Hilfe unserer Freunde und von medizinischer Betreuung unserer Ärzte.

Diese repressiven Maßnahmen wurden gegen mich unternommen in einer Zeit der allgemeinen Verschlechterung der internationalen Situation und der verstärkten Verfolgung von Dissidenten in unserem Land.

Die Verschlechterung der internationalen Situation wurde durch folgende Maßnahmen der UdSSR verursacht:

1. Sie unternimmt in Europa eine breite und demagogische Kampagne mit dem Ziel der Stärkung ihrer militärischen Überlegenheit.

2. Sie versucht, die jüngsten Friedensbemühungen in Nahost und Südafrika zu zerstören.
3. Sie unterstützt terroristische Regierungen in Äthiopien und einigen anderen Ländern.
4. Sie unterhält militärische Einheiten auf Kuba.
5. Sie unterstützt die Maßnahmen der quasi-gouvernementalen Terroristen im Iran, die die Prinzipien diplomatischer Arbeit verletzt haben.
6. Der Gipfel dieser gefährlichen Politik war die Invasion Afghanistans, wo sowjetische Soldaten einen unbarmherzigen Krieg gegen Aufständische, gegen das afghanische Volk führen.

Innerhalb unseres Landes haben die Behörden neue Maßnahmen gegen das Herz der Menschenrechtsbewegung unternommen. Welikanowa und Nekipelow wurden eingesperrt, Landa* wurde mit Gefängnis bedroht. Die Zeitschrift „Poiski" wurde verboten. Abramkin, Sokirko, Grimm wurden eingesperrt.

Die Bewegung für religiöse Freiheit wird verfolgt und die Geistlichen Dudko und Jakunin wurden eingesperrt. Regelson wurde eingesperrt. In der Ukraine und im Baltikum werden Prozesse und Verhaftungen durchgeführt. Die Verfolgung der Krimtataren hat sich verstärkt. Reschat Dschemilew wurde verurteilt.

In dieser Situation zielen die Maßnahmen der Behörden gegen mich darauf hinaus, die Fortsetzung meiner öffentlichen Aktivitäten vollständig unmöglich zu machen. Sie sollen mich demütigen und unglaubwürdig machen, um zur gleichen Zeit eine weitere Verfolgung aller Dissidentengruppen in diesem Lande zu ermöglichen. Sie zielen auf noch geringere Information der Welt über diese Dissidenten sowie auch auf weitere internationale Abenteuer.

Am 24. Januar veröffentlichte die „Isvestia" einen verleumderischen Artikel gegen mich, in dem meine Einstellung vorsätzlich verzerrt wird. Meine Einstellung hat sich nicht geändert. Ich bin für eine pluralistische, offene, demokratische und gerechte Gesellschaft; für Annäherung, Abrüstung und Frieden; für die Verteidigung der Menschenrechte in der ganzen Welt – in unserem Lande, in den Ländern Osteuropas, in Indonesien, China, Chile und überall; für eine weltweite Amnestie für aufgrund ihrer Überzeugung Gefangener; für die Abschaffung der Todesstrafe. Ich bin für die bevorzugte Behandlung von Problemen des Friedens, des Problems der Verhinderung eines Nuklearkrieges.

Aus dem Artikel in der „Isvestia" geht klar hervor, daß der Hauptgrund der Repression gegen mich in dieser besonders unruhigen Zeit meine Verurteilung der Intervention in Afghanistan war, welche eine Gefahr für die ganze Welt darstellt, und meine Forderung des Rückzugs der sowjetischen Truppen aus diesem Lande, unter Umständen im Austausch mit Einheiten der Vereinten Nationen, aber auch meine Unterzeichnung eines Dokuments der Moskauer Helsinki-Gruppe in dieser Angelegenheit[1].

Da ich mich in einem Zustand vollständiger Isolation und Sorge für die Mitglieder meiner Familie und meine Schwiegertochter, Lisa Alekseyeva, der ich keinerlei Schutz mehr zukommen lassen kann, befinde, verlange ich, daß sie sofort

---

[1] In dem Artikel der „Isvestia" heißt es u. a.: „In einer langen Reihe von Jahren hat Sacharow seine Wühlarbeit gegen den Sowjetstaat durchgeführt. In Verbindung damit wurde er mehrmals vor der Unzulässigkeit solchen Handelns ebenso gewarnt wie vor den Folgen, und zwar von den Vertretungen entsprechender Organe der Behörden, gesellschaftlicher Organisationen und von angesehenen Wissenschaftlern. Diese Warnungen ignorierend, hat Sacharow in der letzten Zeit darauf beharrt, auf dem Wege offener Aufrufe reaktionäre Kreise imperialistischer Staaten zur Einmischung in die inneren Angelegenheiten der Sowjetunion aufzufordern. In Anbetracht vielfachen Verlangens der sowjetischen Gesellschaft hat ihm das Präsidium des Obersten Sowjets der UdSSR den Titel ‚Held der sozialistischen Arbeit' entzogen, ebenso alle Auszeichnungen – und die Sowjetministerien die mit den Ehrentiteln verbundenen Prämien."

die Möglichkeit erhalten sollen, die UdSSR zu verlassen und zu ihren Kindern und Enkeln zu reisen. Obwohl meine Frau theoretisch frei ist, bin ich natürlich besorgt nicht nur um ihre Gesundheit, sondern auch um ihr Leben, wenn sie gezwungen wird, zu ihnen zu reisen. Leider wissen wir, daß die Staatssicherheitsorgane mafiaähnlicher Methoden fähig sind.

Die Maßnahmen der sowjetischen Behörden stellen eine grobe Verletzung meiner grundlegenden Menschenrechte, Informationen zu erhalten und weiterzugeben, dar (Artikel 19 der Menschenrechtscharta). Vertreter der Sowjets versuchen die öffentliche Meinung der Welt zu beruhigen, indem sie verbreiten, ich könne meine wissenschaftliche Arbeit fortsetzen und es würde kein Strafverfahren gegen mich eingeleitet. Aber ich bin bereit, mich einem öffentlichen Gerichtsverfahren zu stellen. Ich brauche keinen goldenen Käfig. Was ich brauche, ist das Recht, meinen sozialen Pflichten dienen zu können, so wie es mir mein Gewissen befiehlt.

Ich bin allen jenen dankbar, die mich verteidigen. Ich hatte ein glückliches Schicksal: Ich hatte das Glück, gehört zu werden. Aber ich bitte, jene nicht zu vergessen, die selbstlos für die Verteidigung der Menschenrechte gearbeitet haben und noch arbeiten, jene, die ich in diesem Brief erwähnt habe, und alle jene, die ich nicht erwähnt habe.

Jelena Bonner Sacharowa übergab am 4. Februar in Moskau westlichen Journalisten eine weitere Erklärung Sacharows, in der dieser gegen die Verletzung seiner staatsbürgerlichen und politischen Rechte protestiert:

Während meine Frau am 28. Januar in Moskau war, drangen zwei Männer, die vorgaben, betrunkene Arbeiter zu sein, in meine Wohnung ein und zogen eine Makarov-Pistole, obwohl gewöhnliche Sowjetbürger solche Waffen nicht tragen dürfen. Sie drohten, ein „Afghanistan" aus meiner Wohnung zu machen und sie total zu zerstören. Sie sagten: „Glaube nicht, daß du lange hier sein wirst; es gibt für dich bereits einen Platz in einer psychiatrischen Klinik 30 km außerhalb von Gorki."

Eine offizielle Warnung kam am 30. Januar. Ich wurde in das Büro eines Stellvertretenden Regionalstaatsanwalts namens Perelygin geladen und informiert, daß meine öffentliche Erklärung von vor drei Tagen eine Anordnung des Präsidiums des Obersten Sowjet der UdSSR verletze, wonach es mir verboten sei, direkte oder indirekte Kontakte mit Ausländern aufzunehmen. Es war das erste Mal, daß ich von einer Anordnung des Obersten Sowjet erfuhr, die mir irgendetwas, außer meine staatlichen Auszeichnungen, aberkannte. Ich schrieb eine Erklärung, in der ich meinen grundsätzlichen Einwand gegen eine solche Einschränkung meiner staatsbürgerlichen und politischen Rechte ohne Gerichtsbeschluß zum Ausdruck brachte und stellte meine persönliche Verantwortung für alle meine Erklärungen fest. Perelygin erklärte, im Falle weiterer Verletzungen von Anordnungen werde der Ort meines Exils und die Lebensbedingungen verändert und es würden Sanktionen auch gegen meine Frau ergriffen. Am 31. Januar schickte ich eine Erklärung an den Stellvertretenden Generalstaatsanwalt Rekunkow, der mir die Aberkennung meiner staatlichen Auszeichnungen und die Verbannung nach Gorki mitgeteilt hatte, aber darüber hinaus eben nichts. In dem Brief verlangte ich ein Gerichtsverfahren.

Ich betrachte die Maßnahme gegen mich als Willkürakte des KGB und ich lehne es ab, mich diesen zu unterwerfen.

Dabei bin ich mir der Folgen bewußt, die dieses Verhalten für mich und meine Frau haben kann.

Ich fürchte, daß viele Menschen, die versuchen, mich zu besuchen, ernsthafte Schwierigkeiten bekommen könnten. Da ich das nicht möchte, bitte ich, meine Warnung durch den Rundfunk über die UdSSR zu verbreiten.

Am 19. Februar übergaben Verwandte Sacharows westlichen Journalisten in Moskau eine Erklärung, in der er sich über „rohe körperliche Gewalt“ beschwert, mit der Polizisten gegen ihn und seine Frau vorgegangen seien. Er habe sogleich an den Chef des Staatssicherheitsdienstes KGB ein Protesttelegramm gerichtet. Am 15. Februar habe ein Freund Sacharow besuchen wollen und sei dabei von der Polizei festgenommen worden. Sacharow und seine Frau seien dann in dieser Angelegenheit zum nächsten Polizeirevier gegangen, wo sie beide von den Beamten niedergeschlagen worden seien. Seiner mit einem Augenleiden behafteten Frau sei auf die Augen geschlagen worden, bevor sie beide gewaltsam aus dem Revier entfernt worden seien.

Biographischer Anhang

Nachstehend in alphabetischerReihenfolge ergänzende Angaben über Personen, für die sich Sacharow öffentlich eingesetzt hat, Einzelheiten über ihre Tätigkeiten als Dissidenten, Prozesse etc.

Paruir Airikian, armenischer Patriot, 1960 als Zwanzigjähriger erstmals verhaftet und zu vier Jahren Straflager verurteilt, weil er eine illegale Gruppe zum Studium der armenischen Geschichte, Kultur und Sprache organisiert hatte. 1973 kehrte er nach Eriwan zurück, wurde aber ein Jahr später wegen Verstoßes gegen die Meldevorschriften neuerlich in Haft genommen und zu zwei Jahren Arbeitslager verurteilt. Während Verbüßung dieser Strafe wurde er im Herbst 1974 wegen antisowjetischer Propaganda erneut zu sieben Jahren verschärfter Lagerhaft und drei Jahren Verbannung verurteilt. Vor Gericht erklärte er, seit 1967 sei er Mitglied der Vereinigten Nationalpartei Armeniens und verfechte weiterhin deren Zielsetzungen und Programm, da diese Partei im Einklang mit der Sowjetverfassung für die Selbstbestimmung Armeniens eintrete.

Iwan Wasiljewitsch Biblenko, wie Nikolaj Nikolajewitsch Deinega und Jaroslaw Iwanowitsch Schkraba (s. d.) Mitglied der Evangelisch-Christlichen Baptistenkirche. Die drei Genannten starben unter ungeklärten Umständen; nach Ansicht baptistischer Dissidenten wurden sie und viele andere Glaubensbrüder von Organen des Machtapparates ermordet.

Zum Unterschied von der offiziellen Baptistenkirche weigert sich diese Sekte, ihre Versammlungen bei den Behörden anzumelden, deshalb werden häufig Mitglieder wegen solcher illegaler Versammlungen verhaftet.

Biblenko, 49, trennte sich am 13. September 1975 in Kriwoirog von seiner Familie, um an einem Erntefest in Dnjepropetrowsk teilzunehmen. Als religiöser Aktivist, der eine Gefängnisstrafe wegen Verstoßes gegen das Bekehrungsverbot verbüßt hatte, stand er, wie die Polizei seinen Angehörigen mitteilte, als diese am 16. September nach ihm zu suchen begannen, während der Fahrt zum Erntefest unter Beobachtung. Bis seine Frau und seine Mutter am 26. September verständigt wurden, daß Biblenko im Metschnikow-Spital in Dnjepropetrowsk gestorben sei, bestritten Polizei und Verkehrsbehörden den beiden Frauen gegenüber jede Kenntnis seines Verbleibs und behaupteten, am 13. und 14. September hätten sich auf den Verbindungsstraßen zwischen beiden Städten keine Verkehrsunfälle ereignet. Doch laut klinischem Befund war Biblenko am 17. September mit einem am 13. September bei „einem Unfall im Rahmen des Verkehrs“ erlittenen Schädelbruch eingeliefert worden. Obwohl als Todesursache Lungenentzündung und Gehirnblutung angegeben wurde, unterschrieben neunundzwanzig Mitglieder der inoffiziellen Baptistengemeinde von Kriwoirog folgende Erklärung: „(Unbekannte) Personen haben Biblenko vorsätzlich so lange geschlagen, bis sicher war, daß er nicht überleben würde. Dann brachten sie ihn als Todgeweihten ins Krankenhaus, wo seine Angehörigen ihn nicht mehr lebend sehen durften, damit er ihnen nicht mehr sagen konnte, welche Untat an ihm verübt worden war."

Konstantin Bogatyrew, 53, Übersetzer deutscher Lyrik, wurde am 26. April 1976 auf der Treppe vor seiner Moskauer Wohnung überfallen und brutal zusammengeschlagen. Am 18. Juli erlag er in einem Moskauer Krankenhaus seinen Verletzungen, der oder die Täter wurden noch nicht ermittelt. Zwar gibt es keine greifbaren Beweise dafür, daß hinter diesem tödlichen Anschlag die Staatsmacht stand, aber es ist bekannt, daß Bogatyrew im Mai 1968 von der Moskauer Sektion des Schriftstellerverbandes „energisch verwarnt" worden war, weil er Petitionen für Alexander Ginsburg und Juri Galanskow unterzeichnet hatte, die sich in jenem Jahr vor Gericht zu verantworten hatten. Außerdem hatte er im Februar 1974 dem Sekretariat der Moskauer Gruppe seines Verbandes einen Protestbrief gegen den Ausschluß des Satirikers Wladimir Wojnowitsch geschrieben.

Igor Brusnikin, aus dem Dorf Sajan in der Dscheskasgajanskaja Oblast[1] wurde am 27. Mai 1975 verhaftet, zwei Tage nach einem der in jenem Gebiet häufigen Raufhändel zwischen kasachischen und russischen Jugendlichen. Laut Angaben seiner Mutter starb er einen Monat nach der Verhaftung an den Folgen von Mißhandlungen während der Verhöre. Ein Foto von Brusnikins Leiche zeigt zahlreiche Stichwunden an den Händen und, wie seine Mutter aussagte, wies auch sein ganzer Körper ähnliche Verletzungen auf. Die Mutter, Galina Petrowna Brusnikina, erklärte aufgrund von Mitteilungen der Zellengenossen ihres Sohnes, Pol-

[1] Oblast: Die größte Verwaltungseinheit nächst der SSR, gewöhnlich mit „Gebiet" übersetzt.

jenko und Tscheward, daß er nach jedem Verhör in die Zelle getragen werden mußte.

Wladimir Bukowskij war wegen seiner politischen Ansichten erstmals 1963 in einer psychiatrischen Klinik. Gegen Ende des Jahres 1965 wurde er wieder zwangsweise eingeliefert, diesmal als Mitorganisator des ersten öffentlichen Protestes von Moskauer Dissidenten, jener Demonstration am 5. Dezember 1965 auf dem Puschkin-Platz, bei der die Forderung erhoben wurde, die Prozesse gegen die Schriftsteller Andrej Sinjawskij und Juli Daniel allgemein zugänglich zu machen. Nach einigen Monaten aus dem Irrenhaus entlassen, wurde er bei einer Protestdemonstration am 22. Januar 1967 neuerlich aufgegriffen und zu drei Jahren Lagerhaft verurteilt; wieder auf freiem Fuß, verbrachte er fast ein Jahr damit, die erste ausführliche Dokumentation über die Anwendung der sowjetischen Psychiatrie gegen politische und andere Nonkonformisten zu erarbeiten. Dieses Material schickte er im März 1971 in den Westen, zehn Monate später wurde er zu zwei Jahren Gefängnis, fünf Jahren Lagerhaft und fünf Jahren Verbannung verurteilt. Unter dem ständigen Druck der öffentlichen Meinung erklärten sich die sowjetischen Behörden schließlich im Dezember 1976 bereit, Bukowskij gegen den eingesperrten chilenischen KP-Führer Luis Corvalan auszutauschen, was in Zürich stattfand, wohin Bukowskij, noch in Handschellen, direkt aus dem Wladimir-Gefängnis eingeflogen wurde. Im Westen bewertete man diesen Austausch mit Genugtuung als sowjetisches Eingeständnis, daß die UdSSR tatsächlich politische – und nicht lediglich kriminelle! – Häftlinge festhalte, und Sacharow sah in der Entscheidung einen ersten Schritt zur Befreiung von Bukowskijs vielen Schicksalsgenossen, den Gefangenen aus Überzeugungsgründen (siehe Kapitel XI). Im Februar 1977 war Bukowskij der erste sowjetische Dissident, den ein Präsident der USA im Weißen Haus empfing.

Viktor Chaustow, Arbeiter im Moskauer Edelstahlwerk, wurde erstmals am 22. Januar 1967 während einer Demonstration auf dem Moskauer Puschkin-Platz verhaftet. Die Demonstranten protestierten gegen die Verhaftungen von Juri Galanskow, Alexej Dobrowolskij, Vera Laschkowa und Pawel Padsiewskij. (Binnen eines Jahres wurden Galanskow, Dobrowolskij und Laschkowa gemeinsam mit Alexander Ginsburg unter der Beschuldigung „antisowjetischer Agitation und Propaganda“ vor Gericht gestellt, der bekannte „Prozeß der Vier“.)

Ein zweiter Beweggrund für die Demonstration kam in dem Satz zum Ausdruck: „Wir fordern Revision des verfassungswidrigen Erlasses und des Paragraphen 70!“

§ 70 des Strafgesetzbuches der RSFSR (ähnliche oder identische §§ sind in den Gesetzbüchern aller anderen Republiken der Union enthalten) betrifft „sowjetfeindliche Agitation und Propaganda“. Er stellt unter Strafe: „Herstellung“ und „Verbreitung von verleumderischen Schriften, die das sowjetische Gesellschafts- und Staatssystem diskreditieren mit der Absicht, die Sowjetmacht zu untergraben oder zu schwächen, oder jegliche gleichartige Verbreitung oder Herstellung oder auch der Besitz von Schriften ähnlichen Inhalts in derartigen Absichten.“

Durch das Dekret des Präsidiums des Obersten Sowjets der RSFSR vom 16. September 1966 wurden §§ 190/1 und 190/3 in das Strafgesetzbuch aufgenommen. § 190/1 weicht vom § 70 vor allem darin ab, daß die Erwägung antisowjetischer Absichten bei der Beurteilung der Aktionen des Beschuldigten eliminiert ist, d.h. die Frage, ob er den Vorsatz hatte, die Sowjetmacht zu schwächen oder zu untergraben. Doch wenn Anklagen nach einem dieser beiden Paragraphen erhoben werden, folgt der Gerichtshof in der Regel keiner wissenschaftlichen Rechtsauslegung, vielmehr ist bekannt, daß in der Mehrzahl politischer Prozesse gemäß § 70 die Anklagevertretung den sowjetfeindlichen Vorsatz des Angeklagten nicht nachweist, ja nicht einmal den ernsthaften Versuch dazu unternimmt. Schon die bloße Tatsache der Verbreitung oder Herstellung inkriminierten Schrifttums (oftmals Informationen über die Verletzung der Menschenrechte in der Sowjetunion) dient als ausreichender Beweis des Vorsatzes.

Gegen das verfassungsgemäße Recht der Versammlungsfreiheit und des Demonstrationsrechts verstieß nach Ansicht der Demonstranten § 190/3: „Die Organisierung von oder jede ähnlich aktive Teilnahme an Gruppenaktionen, welche die bestehende Ordnung gröblich stören oder in offenkundig vorsätzlichem Ungehorsam den Weisungen eines gesetzlich befugten Vertreters der Obrigkeit zuwiderlaufen oder die Funktion der Verkehrsmittel, der öffentlichen Einrichtungen oder des Wirtschaftslebens behindern ..." aufgrund dieses § und wegen der Beteiligung an dieser Demonstration wurde Viktor Chaustow zu seiner ersten Strafe von drei Jahren Lagerhaft verurteilt.

Die zweite Verurteilung – zu vier Jahren verschärfter Lagerhaft und zwei Jahren Verbannung – erfolgte im März 1974 durch das Stadtgericht von Orel. In diesem Fall wurde Chaustow beschuldigt, die „Chronik der Laufenden Ereignisse" mit Informationen über die Gründung einer Gruppe in Orel versorgt zu haben, die, soweit festgestellt werden konnte, die Herausgabe einer maschinengeschriebenen Zeitung „Die Russische Patriotische Front" beabsichtigte. (Die drei Gründer der Gruppe wurden Ende 1972 verhaftet und „wegen antisowjetischer Agitation und Propaganda" zu fünf bzw. vier Jahren Gefängnis verurteilt.) Ferner wurden ihm zur Last gelegt: Teilnahme an einem gemeinsamen Appell für Bukowskij und Jakir, sowie Abschrift und Weitergabe der „Gefängnistagebücher“ des Leningrader „Flugzeugentführers“ Eduard Kusnezow (s.d.) an den Westen. Chaustow lebt gegenwärtig in einem Verbannungsort in der Region Tomsk.

Nikolaj Nikolajewitsch Deinega, Baptist aus der ukrainischen Provinz Tschernigow, wurde am 9. September 1976 im Alter von siebenundfünfzig Jahren an einer Bushaltestelle ermordet. Seit er für sich, seine Frau und seine Kinder formell um Auswanderungsgenehmigung angesucht hatte, war er schweren Schikanen der lokalen Behörden ausgesetzt gewesen.

Wasili Fedorenko, Klempner, geb. 30. März 1928 im Oblast Tschernigow, hatte bereits zwei Lagerstrafen verbüßt, als er im September 1974 auf der Flucht in den Westen ergriffen wurde, zu der er sich entschlossen hatte, weil ihm die Emigration in die BRD zu seiner Schwester verweigert worden war. Im Mai 1975 wurde er wegen „Vaterlandsverrat“ und „antisowjetischer Agitation und Propaganda“ zu fünf Jahren Gefängnis und zehn Jahren verschärfter Lagerhaft verurteilt. Laut Urteilsbegründung des Stadtgerichtes von Uschgorod beschäftigte sich Fedorenko „... nach seiner Entlassung (zuletzt war er 1972 aus dem Lager zurückgekommen) weiterhin mit der Verbreitung antisowjetischer Schmähschriften unter seinen Arbeitskollegen ... er billigte Aktionen Solschenizyns und Sacharows zum Schaden der Sowjetunion, außerdem erklärte er, die beiden Genannten würden von den sowjetischen Behörden widerrechtlich unterdrückt ... die Schmähungen richteten sich vor allem gegen die Kommunistische Partei der Sowjetunion, gegen die Sowjetregierung, gegen die Arbeiterklasse und gegen die Freundschaft zwischen den Völkern der Sowjetunion ... er flüchtete über die Grenze ... mit der Absicht, in einem kapitalistischen Land Asyl zu suchen und auf dessen Territorium feindselige Akte gegen die sozialistischen Länder zu unternehmen mit dem Zweck, die Sowjetherrschaft auf dem Territorium der Sowjetunion zu beseitigen." Sofort nach seiner Einlieferung in das Wladimir-Gefängnis im April 1975 begann Fedorenko einen Hungerstreik. Noch im Dezember 1976 wurde er zwangsernährt.

Juri Fjodorow, einer der Angeklagten des Leningrader Flugzeugentführungsprozesses im Dezember 1970, wurde zu fünfzehn Jahren verschärfter Lagerhaft verurteilt, obwohl er vor Gericht aussagte, alle Angeklagten hätten „nur ein einziges Ziel – die Sowjetunion zu verlassen". Bereits früher hatte er eine Strafe wegen „antisowjetischer Agitation und Propaganda" verbüßt.

Balys Gajauskas, Litauer. Als er 1976 freigelassen wurde, war er fünfzig und hatte die Hälfte seines Lebens wegen seines Einsatzes für den litauischen Nationalismus in Gefängnissen und Zwangsarbeitslagern verbracht. Er betätigte sich redaktionell für die Untergrundzeitschrift „Chronik der Litauischen Kirche" und verwaltete Gelder des von Solschenizyn für die Gefangenenhilfe begründeten „Russischen Sozialfonds", bis er im April 1977 wegen „antisowjetischer Propaganda" neuerlich verhaftet wurde. Im April 1978 erfolgte der Schuldspruch und Gajauskas wurde zu zehn Jahren Lagerhaft und fünf Jahren Verbannung verurteilt.

Swiad Gamsachurdia, Georgier, geb. 1939, war Schriftsteller und Lektor für englische Literatur an der Universität Tiflis, Mitglied von Amnesty International, Mitbegründer der georgischen Helsinki-Gruppe und Herausgeber zweier Samisdat-Zeitschriften. Am 7. April 1977 wurde er verhaftet, im Herbst desselben Jahres zwecks „psychiatrischer" Untersuchung in das Moskauer Serbsky-Institut überstellt und im Mai 1978 zu drei Jahren Lagerhaft und zwei Jahren Verbannung verurteilt, einer milderen Strafe, als sie sonst über Helsinki-Beobachter in der Sowjetunion verhängt wird. Wie man annimmt, erwirkte er dies dadurch, daß er zumindest einige seiner Ansichten vor Gericht und im sowjetischen Fernsehen widerrief.

Alexander Ginsburg, geb. 21. November 1936, Mitglied der Moskauer Helsinki-Gruppe und Verwalter von Solschenizyns Gefangenenhilfsfonds, wurde im Februar 1977 verhaftet und im Juli 1978 wegen antisowjetischer Propaganda zu acht Jahren Lagerhaft verurteilt. Schon als Student der Moskauer Universität hatte Ginsburg die Samisdat-Literaturzeitschrift „Syntax" herausgegeben und einen ausführlichen Bericht über die Prozesse gegen Andrej Sinjawskij und Juli Daniel (1966) erarbeitet. Nach seiner ersten Lagerhaft (1960–62) wurde er 1967 unter Beschuldigung antisowjetischer Propaganda neuerlich verhaftet und verbüßte eine fünfjährige Strafe in Arbeitslagern. Im Frühjahr 1979 wurde er gemeinsam mit Eduard Kusnezow, Valentin Moros, Georgi Wins (s. d.) und Mark Dimschiz auf Intervention Washingtons im Austausch gegen zwei sowjetische Spione freigelassen und emigrierte in die USA.

Semjon Glusman, geb. 1946, wurde im Dezember 1972 auf Grund der Aussagen von Zeugen, er habe ihnen antisowjetisches Schrifttum gezeigt oder vor ihnen davon gesprochen, vom Kiewer Oblast-Gericht zu sieben Jahren verschärfter Lagerhaft und drei Jahren Verbannung verurteilt. Viele glauben, die Sowjetmacht habe sich an dem jungen Psychiater rächen wollen, weil er die Diagnose geistiger Zerrüttung, die den Vorwand zu General Grigorenkos (s. d.) zwangsweiser Einlieferung geboten hatte, in einem Aufsatz widerlegte. Im Frühjahr 1976 drohte Dr. Glusman, damals noch im Straflager in Perm, ein zweiter Prozeß gemäß § 70 im Zusammenhang mit dem Erscheinen des Buches „A Dissident's Guide to Psychiatry" im Westen, das er gemeinsam mit Wladimir Bukowskij in der Haft geschrieben hatte.

Grigori Goldstein, 49, Physiker und Mitbegründer der georgischen Helsinki-Gruppe, wurde im März 1978 wegen „Parasitentums" zu einem Jahr Lagerhaft verurteilt. Er und sein Bruder Isai hatten lange und erfolglos um die Erlaubnis zur Auswanderung nach Israel angesucht.

Generalmajor Pjotr Grigorjewitsch Grigorenko, geb. 1907, einer der aktivsten und bekanntesten Verfechter der Menschenrechte in der Sowjetunion, war von 1969 bis 1975 in einer psychiatrischen Sonderklinik, laut Diagnose wegen „paranoider Entwicklung der Persönlichkeit, mit reformistischen (fixen) Ideen". Als Gründer der Moskauer und der ukrainischen Helsinki-Gruppe wurde ihm während eines Aufenthaltes in den USA 1978 die sowjetische Staatsbürgerschaft aberkannt.

Mati Kiirend, 41, estnischer Ingenieur, betätigte sich in der Estnischen Demokratischen Bewegung. 1975 wurde er wegen „antisowjetischer Agitation" zu fünf Jahren verschärfter Lagerhaft verurteilt.

Merab Kostawa, geb. 1939, georgischer Musikwissenschaftler, Mitglied der georgischen Helsinki-Gruppe und Mitbegründer der Samisdat-Zeitschrift „Der Georgische Rufer". Am 7. April 1977 wurde er mit Gamsachurdia verhaftet und ebenfalls zur „psychiatrischen" Untersuchung in das Serbsky-Institut gebracht. Im Mai 1978 verurteilte ihn ein Gericht in Tiflis zu drei Jahren Lagerhaft und zwei Jahren Verbannung.

Eduard Kusnezow, geb. 1939 als Sohn jüdischer Eltern. 1961, während er an der Universität Moskau Philosophie studierte, wurde er verhaftet, vor Gericht gestellt, der „antisowjetischen Propaganda" für schuldig befunden und verbrachte die nächsten sieben Jahre in Arbeitslagern und im Wladimir-Gefängnis. Als einer der Initiatoren des Planes, in einem kleinen sowjetischen Flugzeug nach Schweden zu flüchten, wurde er im Dezember 1970 wegen Hochverrats zum Tod verurteilt und später zu fünfzehn Jahren Haft begnadigt. Der Leningrader Flugzeugentführungsprozeß erlangte Bedeutung als eines der markantesten Symbole für die sowjetische Emigrationsbewegung. Kusnezow gelang es, seine „Gefängnistagebücher" heimlich ins Ausland zu befördern. („Prison Diaries", Stein and Day, New York, 1975). Seine Frau und engste Vertraute Silva Salmanson wurde zu acht Jahren Lagerhaft verurteilt, aber 1974 entlassen und lebt heute in Israel. Er selbst wurde im Frühjahr 1979 gemeinsam mit Alexander Ginsburg, Valentin Moros, Georgi Wins (s.d.) und Mark Dimschiz auf Intervention Washingtons im Austausch gegen zwei sowjetische Spione freigelassen und reiste in die USA.

Malwa Landa, 59, Geologin und Technikerin, war das erste Mitglied der Helsinki-Gruppe, das vor Gericht gestellt wurde (16. Mai 1977). In ihrem Zimmer war am 18. Dezember 1976, dem Tag der Haftentlassung Wladimir Bukowskijs, ein Brand ausgebrochen. Frau Landa selbst hatte dabei schwere Verbrennungen erlitten. Sie wurde sträflicher Fahrlässigkeit für schuldig befunden und zu zwei Jahren Verbannung in Sibirien verurteilt. Im März 1978 wurde sie amnestiert und durfte ins europäische Rußland zurückkehren, aber nicht nach Moskau.

Kronid Ljubarsky, Astrophysiker und ehemaliger wissenschaftlicher Sekretär der Moskauer Abteilung der Gesamtsowjetischen Gesellschaft für Astronomie und Geodäsie, wurde im Januar 1972 verhaftet und im Oktober in Moskau wegen der Verbreitung von Samisdat-Schriften, namentlich der „Chronik der Laufenden Ereignisse", zu fünf Jahren verschärfter Lagerhaft verurteilt. Im Oktober 1974 wurde er in das Wladimir-Gefängnis überstellt, wo er bis zu seiner Entlassung im Januar 1977 verblieb. Obwohl er nachher in der Stadt Tarusa bei Moskau unter Polizeiaufsicht stand, fungierte er als einer der Verwalter des von Alexander Solschenizyn zur Unterstützung politischer Gefangener und ihrer Angehörigen errichteten „Russischen Sozialfonds", bis ihn die Androhung neuerlicher Verhaftung gegen Ende des Jahres 1977 zur Emigration zwang. Er lebt heute mit seiner Frau in München.

Stase Lukschaite, ehemalige Nonne, hatte das Studium der technischen Wissenschaften absolviert. Die litauische katholische Aktivistin, die trotz schwerer staatlicher Repressalien gegen religiöse Erziehung weiterhin Kinder im Katechismus unterwiesen hatte, wurde am Morgen des 30. Oktober 1975 mit vielen lebensgefährlichen Verletzungen bei einer Njemen-Brücke in Kaunas gefunden. Als sie kurz vor ihrem Tod am 5. November im Spital aus der Bewußtlosigkeit erwachte, sagte sie, daß sie ihrem Mörder verzeihe. Bei der gerichtlichen Untersuchung teilte man ihrer Schwester, laut Nr. 23 der „Chronik der Katholischen Kirche in Litauen", mit, „irgend etwas Schreckliches ist geschehen. Beim Treppensteigen glitt Frau Lukschaite aus und kam zu Schaden".

Mihail Makarenko flüchtete als Achtjähriger vor den Judenverfolgungen aus seiner Heimat Rumänien, später gab er bewußt ein falsches Alter an, um gegen Ende des II. Weltkrieges als Rotarmist kämpfen zu können. Zwischen 1948 und Juli 1969 wurde er zehnmal verhaftet und viermal zwangsweise psychiatrischer Behandlung unterzogen. Im selben Sommer trug ihm sein energischer Einsatz bei der Organisation von Ausstellungen nonkonformistischer Künstler, einschließlich eines Versuchs, Werke Marc Chagalls zu zeigen, neuerliche Verhaftung ein. Im September 1970 verurteilte ihn ein Moskauer Stadtgericht nach dem Schuldspruch wegen „antisowjetischer Agitation und Propaganda" und mehrerer krimineller Delikte, darunter „Verstoß gegen die Devisenbestimmungen" und „Betätigung in einem verbotenen Berufszweig" zu acht Jahren verschärfter Lagerhaft. Vom September 1974 bis zu seiner Entlassung im Juli 1977 verbüßte er seine Strafe im Wladimir-Gefängnis.

Miroslaw Marinowitsch, 31, Ingenieur und Redakteur technischer Publikationen, war Mitglied der ukrainischen Helsinki-Gruppe. Er wurde am 23. April 1977 verhaftet und im März 1978 wegen antisowjetischer Propaganda zu sieben Jahren Lagerhaft und fünf Jahren Verbannung verurteilt.

Anatoli Martschenko. Seit seiner ersten politischen Aburteilung im März 1961 (Hochverratsklage wegen versuchter Flucht in den Iran) im Alter von dreiundzwanzig Jahren verbrachte er doppelt so viel Zeit in Gefängnissen, Arbeitslagern und in sibirischer Verbannung als in Freiheit. Ein Arbeiter, der sich weiterbildete, ist dieser in Sibirien geborene Sohn eines Eisenbahnarbeiters, im Westen am besten als Autor von „My Testimony" (Dutton, New York, 1969) bekannt, dem ersten Bericht – und noch immer einem der zwingendsten – über die Verhältnisse im Strafvollzugssystem der nachstalinistischen Ära. Dieses Buch und Martschenkos andere Schriften – darunter eine bereits im Juli 1968 an tschechoslowakische Zeitungen gerichtete Warnung vor einer drohenden sowjetischen Intervention – trugen ihm zu seinen sechs Vorstrafen noch eine weitere ein: drei Jahre Lagerhaft. Nach seiner Entlassung (1971) siedelte sich Martschenko 1972 wieder in Tarusa bei Moskau an. Dort bemühten sich KGB-Funktionäre neuerlich, ihn zu bewegen, sich um die Emigration nach Israel zu bewerben, eine übliche Taktik, um Dissidenten, auch Nichtjuden, ins permantente Exil abzuschieben. Martschenko lehnte dieses verfängliche Angebot ab, aber die in seinem Fall 1974 angeordnete strenge Überwachung (eine Form für die Bewährungsfrist) zwang ihn, die sowjetische Staatsbürgerschaft niederzulegen und um Emigration in die USA anzusuchen. Wegen angeblicher Übertretungen seiner Bewährungsauflagen, z.B. des Ausgangsverbotes nach 20 Uhr, wurde er im Februar 1975 abermals verhaftet und zu vier Jahren Verbannung in der Stadt Tschuna verurteilt. Laut Informationen aus letzter Zeit versuchen die lokalen Behörden, ihm jetzt fälschlich Goldspekulationen anzulasten.

Mikola Matusewitsch, 34, Arbeiter (vom Universitätsstudium der Geschichte ausgeschlossen), Mitglied der ukrainischen Helsinki-Gruppe. Er wurde gemeinsam mit Marinowitsch am 23. April 1977 verhaftet und im März 1978 zum gleichen Strafmaß verurteilt.

Valentin Moros, ukrainischer Historiker, verbüßte vier Jahre (1965–69) eine fünfjährige Haftstrafe wegen antisowjetischer Agitation und Propaganda, wurde aber als Autor mehrerer Bücher, darunter des im Westen vielgelesenen „Report from the Beria Preserve“ (Chicago, Cataract Press,

1974), im Juni 1970 wieder verhaftet. Er wurde zu fünf Jahren Gefängnis, drei Jahren verschärfter Lagerhaft und fünf Jahren Verbannung verurteilt, doch nachdem ihn ein Zellengenosse im Wladimir-Gefängnis mit einem Messer verletzt hatte –, kam er 1974 in eine Isolierzelle, wo er einen 145 Tage dauernden Hungerstreik durchführte. Während des Sommers 1976 wurde Moros im Serbsky-Institut psychiatrischer Behandlung unterzogen, auf empörte westliche Proteste für gesund erklärt und in ein mordwinisches Straflager überstellt. Im Frühjahr 1979 wurde er gemeinsam mit Alexander Ginsburg, Eduard Kusnezow, Georgi Wins (s. d.) und Mark Dimschiz auf Intervention Washingtons im Austausch gegen zwei sowjetische Spione freigelassen und emigrierte in die USA.

Igor Wjatscheslawowitsch Ogurzow, Orientalist, geb. 1937, wurde im Februar 1967 in Leningrad verhaftet und im November als Führer der „Allrussischen Christlichsozialen Union für die Befreiung des Volkes" (russ. Abk.: VSChSON) zu fünfzehn Jahren Haft und fünf Jahren Verbannung verurteilt. (Auf VSChSON geht John Dunlop in seinem Buch „The New Russian Revolutionaries", Belmont, Mass., Nordland 1976, ein.) Insgesamt wurden im Zusammenhang mit Maßnahmen gegen diese Organisation rund sechzig Personen in Haft genommen, einundzwanzig von ihnen kamen in zwei Prozessen vor Gericht. Ogurzow und seine drei Mitangeklagten wurden als Organisatoren und Anführer der Union des Hochverrates in der Form einer geplanten bewaffneten Erhebung für schuldig befunden, obwohl das „Arsenal" der Union offenbar nur aus einem verrosteten Gewehr und einer Anzahl von Büchern bestand, vor allem Werken des Philosophen Berdjajew. Ogurzow verbrachte die ersten sieben Jahre seiner Strafe im Wladimir-Gefängnis. Im März 1974 wurde er in das Lager 35 in

Perm versetzt, aber bald darauf in den Spitalskomplex der mordwinischen Lager für politische Häftlinge überstellt, laut Meldung aus dem Perm-Lager 36 mit der Diagnose „Gehirnrheumatismus“.

Juri Orlow, geb. 1924, namhafter Physiker, korrespondierendes Mitglied der Armenischen Akademie der Wissenschaften und Vorsitzender der Moskauer Helsinki-Gruppe. Im Februar 1977 wurde er verhaftet und im Mai 1978 wegen antisowjetischer Propaganda vor Gericht gestellt, schuldig gesprochen und trotz massiver Intervention westlicher Physiker und Menschenrechtsorganisationen zu sieben Jahren Lagerhaft und fünf Jahren Verbannung verurteilt.

Wladimir Osipow, 42. Als Herausgeber der russisch-nationalen Zeitschrift „Wetsche“ wurde er, bereits in seinem zweiten Prozeß, 1975 der antisowjetischen Propaganda beschuldigt und zu acht Jahren verschärfter Lagerhaft verurteilt.

Petras Paulaitis, geb. 1904, litauischer Lateinlehrer, Doktor der Philosophie, im II. Weltkrieg Führer einer Widerstandsgruppe gegen die Deutschen. Seine Treue zum eigenen Volk setzte ihn harten Vergeltungsmaßnahmen der Sowjets aus. Nachweislich entscheidend an der Rettung litauischer Juden beteiligt und aus einem deutschen KZ geflüchtet, war er ebenso aktiv im Widerstand gegen die sowjetische Okkupation Litauens, bis ihn ein Militärtribunal 1946 zu fünfundzwanzig Jahren Haft verurteilte. Er wurde nach Wiederaufnahme seines Verfahrens 1956 freigelassen, mußte aber als Heizer in einer Konservenfabrik in Kaunas arbeiten, denn der Staat verweigerte ihm den Lehrauftrag, wenn er nicht seinem „Bürgerlichen Nationalismus“ abschwöre. 1957 wurde er neuerlich verhaftet, der subversiven Umtriebe unter Studenten des Polytechnischen Institutes von Kaunas für schuldig befunden und in ein Lager eingeliefert, um den Rest seiner Strafe zu verbüßen, die 1958 um weitere fünfundzwanzig Jahre erhöht wurde, so daß Paulaitis 1983 als Neunundsiebzigjähriger entlassen werden dürfte. Eine Verordnung von 1960, nach welcher das Höchstmaß der Haftstrafen für die meisten Fälle mit fünfzehn Jahren festgesetzt wurde, findet auf Paulaitis und eine Anzahl anderer politischer Gefangener, deren Delikte (Hochverrat und antisowjetische Agitation) als besonders schwerwiegend gelten, keine Anwendung.

Viktoras Petkus, litauischer katholischer Aktivist, Küster einer Pfarrgemeinde, war Mitglied der litauischen Helsinki-Gruppe. Bereits 1947 war er verhaftet worden, wahrscheinlich wegen Betätigung in der katholischen Jugend, 1957 wurde er wegen „antisowjetischer Propaganda" zu sieben Jahren Gefängnis verurteilt. Am 24. August 1977 erfolgte seine neuerliche Verhaftung und im Juli 1978 verurteilte ihn ein Gericht zu zehn Jahren Haft und fünf Jahren Verbannung.

Jewgeni Pronjuk, Mitarbeiter des Philosophischen Instituts der Ukrainischen Akademie der Wissenschaften, im Juli 1972 während einer Phase umfassender repressiver Aktionen gegen ukrainische Intellektuelle in Kiew verhaftet. Im November 1973 wurde er wegen „antisowjetischer Propaganda" zu sieben Jahren Lagerhaft und fünf Jahren Verbannung verurteilt und befindet sich nun in einem Straflager in Perm.

Pater Wasili Romanjuk, orthodoxer Priester aus dem Dorf Kosmatsch (Westukraine), wurde erstmals 1944, im Alter von neunzehn Jahren, unter dem Verdacht der Verbindung zu ukrainischen Nationalisten verhaftet. „Sie (die lokalen ukrainischen Kommunisten) schilderten mich als Nationalisten und Klerikalen und das genügte, um mir zehn Jahre zu geben", schrieb er selbst. „Meine Eltern wurden nach Sibirien verbannt, wo mein Vater an Erschöpfung und Hunger starb und mein kleiner Bruder bei einer kommunistischen Strafexpedition getötet wurde, nur deshalb, weil er aus dem Haus lief, als sie die Familie verschleppten." Noch im Lager wurde er zum zweitenmal wegen antisowjetischer Agitation und Propaganda verurteilt, aber später rehabilitiert. 1972 stellte man ihn wieder vor Gericht. Das Urteil: zwei Jahre Gefängnis, fünf Jahre verschärfte Lagerhaft und drei Jahre Verbannung, vermutlich wegen seines Protestes gegen den Schuldspruch im Fall Valentin Moros, vielleicht auch wegen seiner Predigten.

Mykola Rudenko, 60, ukrainischer Schriftsteller und Kriegsteilnehmer, war Vorsitzender der ukrainischen Helsinki-Gruppe, ehemaliges Mitglied des Ukrainischen Schriftstellerverbandes und der KP. Er verbreitete seine eigenen Samisdat-Schriften zur Kritik am Marxismus sowie Dokumente der Helsinki-Gruppe. Im Februar 1977 verhaftet, wurde er im Juli wegen „antisowjetischer Agitation und Propaganda" zu sieben Jahren verschärfter Lagerhaft und fünf Jahren Verbannung verurteilt.

Rafkat Schaimuchamedow aus Pschewalska in der Kirgisischen SSR, wurde wegen Mordes an einer Verkäuferin und Raubes in einem Großmarkt zum Tod verurteilt und hingerichtet. Der Schuldspruch erfolgte aufgrund der Aussagen seiner angeblichen Komplizen Sultanow und Scharkow. Sultanow stellte sich einen Tag nach der Tat der Polizei und bezeichnete Schaimuchamedow als den „Anstifter und Täter". Obwohl während des Raubüberfalls vermutlich einzig und allein Scharkow einige Worte sprach, behaupteten Zeugen, Schaimuchamedow nach seiner Stimme identifizieren zu können. Das Beweismittel für den Schuldspruch waren Blutspuren an Schaimuchamedows Hose, doch laut Gutachten der gerichtsmedizinischen Sachverständigen stimmten sie nicht mit der Blutgruppe der Getöteten überein. Schuhe und Kleidungsstücke der „Komplizen" wurden nicht einmal untersucht und das Gericht verzichtete auf die Einvernahme jener Zeugen, die mit dem sterbenden Opfer gesprochen hatten oder der Nachbarn, die das Alibi des Angeklagten hätten bestätigen können. Sultanow und Scharkow wurden zu acht bzw. fünf Jahren Gefängnis verurteilt. Rafkat Schaimuchamedow beharrte während des Ermittlungsverfahrens und des Prozesses auf seiner Erklärung, er sei unschuldig, und später lehnte er es ab, um Begnadigung zu bitten. Im Todeszellentrakt führte er einen viermonatigen Hungerstreik durch und forderte – vergeblich – eine neuerliche Untersuchung, und auch alle Bemühungen seiner Mutter um Wiederaufnahme des Verfahrens schlugen fehl. Sie erhielt insgesamt zwanzig vorgedruckte Bescheide der Staatsanwaltschaft der Sowjetunion, es lägen keine Gründe vor, die eine Revision des Urteils rechtfertigen würden.

Jaroslow Schkraba aus der fernöstlichen Hafenstadt Chabarowsk, starb im Oktober 1976 als achtzehnjähriger Rekrut. Wie so viele Baptisten hatte er wohl der Einberufung zum Wehrdienst Folge geleistet, nicht aber dem Befehl, den Soldateneid zu schwören. Erst nach Gesuchen an die Staatsanwaltschaft und an Leonid Breschnew wurde den Eltern die Leiche ihres Sohnes in einem Zinksarg übergeben, den sie nicht öffnen durften. Doch die Eltern hielten sich nicht an diese Weisung und konnten feststellen, daß der Leichnam Verbrennungen und Spuren von Schlägen auf den Kopf aufwies. Später forderte der Kommandeur der Militärsektion 64 571 Schkrabas Vater auf, die offizielle Meldung, Tod durch Ertrinken, zu bestätigen und weitere Nachforschungen zu unterlassen.

Anatoli Schtscharanskij, geb. 1948, Computertechniker, jüdischer „Refusednik“ und Mitglied der Moskauer Helsinki-Gruppe, wurde am 15. März 1977 verhaftet und wegen Spionage angeklagt. Diese Beschuldigung gründete sich offenbar auf seine Verbindungen zu ausländischen Korrespondenten, besonders zu Robert Toth von der „Los Angeles Times“. Im Juli 1978 wurde Schtscharanskij, trotz der Proteste von Regierungen, unabhängigen Organisationen, Nobelpreisträgern und einflußreichen Persönlichkeiten des Westens, für schuldig befunden und zu dreizehn Jahren Haft verurteilt. Im Sommer 1979 intervenierten die USA für ihn.

Danilo Schumuk, geb. 30. Dezember 1914 in dem von Ukrainern besiedelten Dorf Borjemtsche in Wolhynien, wurde erstmals 1931 verhaftet und von den polnischen Behörden als Kommunist für acht Jahre eingekerkert. (Damals gehörte seine Heimat zur Republik Polen.) Bei Kriegsende verurteilte ihn dann ein sowjetisches Gericht wegen seines Partisaneneinsatzes zu zwanzig Jahren Haft. Während er seine Strafe in Lagern in Norilsk verbüßte, trat er als einer der Rädelsführer einer Gefangenenrevolte im Juni 1953 in Aktion und wurde zum Tod verurteilt, jedoch begnadigt und 1956 auf freien Fuß gesetzt. Aber bald darauf wurde er in der Ukraine wieder verhaftet und am 5. Mai 1958 wegen antisowjetischer Agitation und Propaganda zu zehn Jahren verschärfter Lagerhaft in Mordwinien verurteilt. Da er nach der Entlassung einen Bericht über seine Erlebnisse als Gefangener schrieb und verbreitete, wurde er im Januar 1972 in Boguslawl bei Kiew, wo er als Aufseher in einem Kinderheim arbeitete, erneut verhaftet und am 7. Juli zu zehn Jahren verschärfter Lagerhaft und fünf Jahren Verbannung verurteilt.

Marija Semjonowa, geb. 1925, verbüßt laut Meldungen ihre dritte Strafe wegen des Bekenntnisses zur Wahren Orthodoxen Kirche, einer religiösen Sekte, die von der Sowjetmacht als illegal verfolgt wird. Frau Semjonowas zweite Haft von zehn Jahren endete im Oktober 1971 und man vermutet, daß sie im Dezember 1974 wieder in einem mordwinischen Lager war.

Felix Serebrow, ehemaliger politischer Häftling, war Mitglied des Arbeitsausschusses für Ermittlungen über Mißbrauch der Psychiatrie. Im Oktober 1977 wurde er wegen des Besitzes eines gefälschten Arbeitsbuches, in dem seine Vorstrafe nicht angegeben war, in Moskau zu einem Jahr Lagerhaft verurteilt.

Alexander Sergjenko, Kiewer Künstler und Restaurator, gehört zu jener großen Zahl ukrainischer Intellektueller, die unter der massiven Kampagne von 1972 zur Unterdrückung des Dissidententums in der zweitgrößten Republik der Sowjetunion zu leiden hatten. Im Juni 1972 erfolgte seine Verurteilung zu sieben Jahren Lagerhaft und drei Jahren Verbannung, der Mithilfe bei „Vorbereitung antisowjetischer“ Schriften für schuldig befunden, weil er in das Samisdat-Manuskript des Buches „Russifizierung oder Internationalismus“ von Iwan Dschuba (englisch u. d. T. „Russification or Internationalism“ 1968 bei Weidenfeld & Nicholson, London, erschienen. Der Autor wurde im März 1972 zu fünf Jahren Haft verurteilt.) Randbemerkungen eingefügt hatte. Ferner wurde Sergjenko zur Last gelegt, er habe über das Recht der Ukraine auf Selbstbestimmung gesprochen und gegen die Intervention in der ČSSR protestiert. Im Dezember 1973 wurde er – als Strafverschärfung – aus einem Lager in Perm in das Wladimir-Gefängnis überstellt, wo er manchmal trotz seiner chronischen Lungentuberkulose in einer Korrektionszelle eingewiesen wurde. Im Januar 1977 brachte man ihn in das für rigorose Führung bekannte Lager 36 in Perm.

Sergej Soldatow, 47, russischer Ingenieur, betätigte sich aktiv in der Estnischen Demokratischen Bewegung. 1975 wurde er wegen „antisowjetischer Agitation und Propaganda" zu sechs Jahren verschärfter Lagerhaft verurteilt.

Mihail Stern, Endokrinologe in Winniza. Er wurde am 31. Dezember 1974 zu acht Jahren Lagerhaft verurteilt und zwar laut Schuldspruchs wegen Nötigung seiner Patienten, ihm Schmiergelder zu zahlen. Doch die Belastungszeugen in seinem Prozeß machten auf viele Beobachter den Eindruck, als seien sie gezwungen worden, gegen diesen geachteten Arzt auszusagen, dessen eigentliches Vergehen in den Augen der Sowjetmacht darin lag, daß er seinen erwachsenen Söhnen erlaubt hatte, nach Israel auszuwandern. Dieses Verfahren, als Warnung für andere Emigrationswillige und deren Verwandte gedacht, bewirkte im Westen viele öffentliche Proteste. Im März 1977, am Vorabend der Sitzung eines „Internationalen Tribunals", das diesen Fall vor den Massenmedien aufrollen wollte, gaben die Sowjets bekannt, das Strafmaß sei wegen guter Führung, fortgeschrittenen Alters und Krankheit des Häftlings auf die bereits verbüßte Zeit – zwei Jahre und neun Monate – verringert worden. Dr. Stern wurde auf freien Fuß gesetzt und durfte aus der Sowjetunion emigrieren.

Gabriel Superfin, Moskauer Historiker und Literaturwissenschaftler. Zwei Monate nach dem Prozeß gegen Viktor Chaustow (s.d.) verurteilte derselbe Gerichtshof in Orel den seit Juli 1973 in Untersuchungshaft gehaltenen Superfin zu fünf Jahren verschärfter Lagerhaft – einen großen Teil der Strafe verbüßte er im Wladimir-Gefängnis – und zwei Jahren Verbannung. Unter anderem war ihm zur Last gelegt worden, er habe Material für die „Chronik der Laufenden Ereignisse" gesammelt und verarbeitet, diese Zeitschrift redigiert und die Unterlagen für das Buch „Uncensored Russia" von Peter Reddaway (New York, American Heritage Press, 1972) geliefert. Außerdem habe er sich in Briefen für die Angeklagten im „Prozeß der Vier" eingesetzt.

Iwan Swetlitschnij, Literaturkritiker, im Januar 1972 während der planmäßigen Aktionen gegen die ukrainischen Intellektuellen in Kiew verhaftet. Im April 1973 wurde er wegen „antisowjetischer Agitation und Propaganda" zu sieben Jahren Lagerhaft und fünf Jahren Verbannung verurteilt und befindet sich zur Zeit in einem Straflager in Perm.

Mindaugas Tamonis, 37, litauischer Ingenieur. Seine Leiche wurde einige Tage nach Stase Lukschaites Tod (s.d.) in Wilna (Vilnius) neben einem Bahngleis gefunden (vermutlich Selbstmord). Die Vorgeschichte: Tamonis war in einer Psychiatrischen Klinik mit Insulinschocks behandelt worden, weil er sich im April 1974 geweigert hatte, in Litauen ein Denkmal für „Die Rote Armee – die Befreierin" zu errichten mit der Erklärung, er verfechte für den einst unabhängigen Staat die Selbstbestimmung und ein Mehrparteiensystem. Im Juni 1975 wurde er wieder eingeliefert und etwa zwei Monate festgehalten – während dieser Zeit starb seine Mutter an einem Herzinfarkt –, der Anlaß dazu war ein Brief an das Zentralkomitee der Litauischen KP, in dem Tamonis vor den drohenden Gefahren eines Neo-Stalinismus warnte und energisch für die christliche Kultur des Landes eintrat.

Wjatscheslwa Tschornowil, geb. 1.Januar 1938, ukrainischer Journalist, wurde 1967 inhaftiert, weil er eine frühe Sammlung von Samisdat-Protesten gegen die sowjetische Unterdrückung der ukrainischen Kultur insgeheim in den Westen befördern ließ, wo diese Texte als „The Chornovil Papers“ erschienen (McGraw-Hill, New York, 1968). 1972 stand er wieder vor Gericht; das Urteil: fünf Jahre verschärfte Haft und drei Jahre Verbannung.

Olexej Tychy, 53, ukrainischer Lehrer, war Mitglied der ukrainischen Helsinki-Gruppe. 1957 wurde er wegen Verbreitung von Samisdat-Dokumenten zu sieben Jahren Lagerhaft und 1977 wegen „antisowjetischer Propaganda“ (Weitergabe von Schriften der Helsinki-Gruppe) zu zehn Jahren verschärfter Lagerhaft und fünf Jahren Verbannung verurteilt.

Georgi Wins, Sekretär des „Rates der Evangelisch Christlichen Baptistenkirchen“, einer in der Sowjetunion nicht anerkannten, Schikanen und Repressalien ausgesetzten Religionsgemeinschaft. Wins’ erste Aburteilung zu drei Jahren Lagerhaft, erfolgte 1966 wegen Vergehen gegen die „Gesetze der Trennung von Kirche und Staat, sowie von Kirche und Schule“. Im Januar 1975 wurde er wieder in ein Straflager deportiert; Grund dafür war seine Tätigkeit als Sekretär der „illegalen“ Glaubensgemeinschaft, als Organisator für die kirchliche Publikation „Der Christ“ und den „Rat der Verwandten inhaftierter Baptisten“ sowie als Verfasser der Charta dieser Kirche und als Herausgeber von Bibeltexten. Im Frühjahr 1979 wurde Wins gemeinsam mit Alexander

Ginsburg, Eduard Kusnezow, Valentin Moros (s. d.) und Mark Dimschiz auf Intervention Washingtons im Austausch gegen zwei sowjetische Spione freigelassen und reiste in die USA.

Pjotr Wins, 23, der Sohn des Baptistenführers Georgi Wins und selbst Mitglied der ukrainischen Helsinki-Gruppe, wurde am 6. April 1978 wegen „Parasitentums" zu einem Jahr Lagerhaft verurteilt.

Personenregister

Der Name des Autors, Andrej Dimitrijewitsch Sacharow, wurde nicht in das Register aufgenommen.

Abankin 33
Abramkin 270
Afanasjew 33
Airikian, Paruir 33, 60, 275
Aksjonow, Wassili 6
Albrecht, Wladimir 97
Alekseyeva, Lisa 271
Altman 34
Amalrik, Andrej 102
Andrejew, Leonid 171
Andrzejewski, Jerzy 205
Antonjuk 33
Arschakian 33
Arutunian, Schagan 244

Babjonischewa, Sara 6
Balachonow 34
Baschenow 171
Baschkirow 100, 102
Bebkojew 63, 175
Beecher-Stowe, Harriet 87
Begun 259
Berdjajew, Nikolai 289
Bernitschuk 34
Bethe, Hans 177, 179
Biblenko, Iwan W. 75, 93, 184, 275f.
Birger, Boris 6
Bjelow 33
Bogatyrew, Konstantin 75, 93, 107, 184, 202, 277
Bolonkin 34
Bondar 34
Bonner, Jelena 36, 58, 123, 126, 129ff., 135, 200, 268, 272
Borodin, Leonid 96
Breschnew, Leonid 85, 142, 204, 293
Brunow, Jewgeni V. 93, 107, 184, 187
Brusnikin, Igor 63, 277
Brusnikina, Galina Petrowna 277
Brzezinski, Zbigniew 86
Budulak-Scharigin 34
Bukowskij, Wladimir 33, 57, 60ff., 65, 94, 249, 278, 281, 284f.
Butman 33

Callaghan, James 61
Carter, Jimmy 48, 67, 69ff., 76ff., 82, 84ff., 88ff., 119f., 154, 157, 165f., 223, 225, 238, 243, 265
Chagall, Marc 287
Chamberlain, Neville 12
Chandiba 33
Chaustow, Viktor 33, 57, 135, 279ff., 297
Chnoch 34
Chodorowitsch, Tatjana 38
Chruschtschow, Nikita S. 10f.
Corvalan, Luis 249, 278

Daladier, Edouard 12
Daniel, Juli 278, 283
Davidowitsch, Efim 129ff.
Dawidow 34, 171
Deinega, Nikolaj N. 184, 275, 281
Demidow 34
Dimschiz, Mark 34, 283, 285, 289, 299
Dobrowolski, Alexej 279
Dobrynin, Anatoljew 85, 89
Dostojewsky, Feodor 171

Drell, Sidney 227
Drot, Alexander 40
Dschemilew, Mustafa 34, 53 ff., 55, 60 f., 76, 100, 102, 124, 127 f., 132
Dschemilew, Reschat 270
Dschuba, Iwan 295
Dschwarscheischwili 103
Dudko, Dimitri 270
Dunlop, John 289
Dworjansky, Wladimir 55

Faibischenko 173
Fedorenko, Wasili 73, 76, 232, 281 f.
Fedosejew 34
Feldman 34, 103
Fjodorow, Juri 34, 76, 282
Ford, Gerald R. 58, 70, 84

Gajauskas, Balys 221, 226, 232, 244, 262, 282
Galanskow, Juri 277, 279
Galitsch, Alexander 93
Gamsachurdia, Swiad 93, 214 ff., 222, 226, 232, 246, 282
Garbus, Martin 73
Gelj 33
Gernet 171
Ginsburg, Alexander 79, 81, 83, 94, 122, 167, 194, 208 ff., 213 ff., 217, 222, 226, 232, 246, 262, 277, 279, 283, 285, 289, 299
Giscard d'Estaing Valéry 26
Gladko 33
Glusman, Semjon 33, 57, 60 f., 65, 76, 221, 226, 231, 283 f.
Gnedin, Jewgeni 6
Goldfarb, Juri 214, 218 ff., 232
Goldowsky 171
Goldstein, Grigori 244, 259, 284
Goldstein, Isai 284
Gorbatschow 34
Gorodezkij 34
Graschtschis 33
Grigorenko, Pjotr G. 66, 97, 245, 284
Grimm 270
Grinkuw 34
Gromyko, Andrej 168, 238
Gudas 43
Gusew, Sergej I. 104 f., 107 ff., 112, 114 f., 118 ff., 122, 223

Harkewitsch, Nina 203
Heifetz 33
Hermann, Peter 259
Hilbert, David 218
Hitler, Adolf 13, 144
Hoyle, Fred 180
Hugo, Victor 171

Ignotas, Richter 41
Igrunow 33, 100
Imnadse, Awtandil 244

Jakir 281
Jakowljew, Alexander F. 188 f.
Jakunin, Gleb 270
Jankelewitsch, Ana 269
Jankelewitsch, Jefrem 7, 97, 99, 101, 122 f., 137 ff.
Jankelewitsch, Matwej 138, 269
Janouch, František 175, 177
Jaugelis 34
Juschkevitsch, Artem 33, 54

Kaiser, Robert K. 87
Kalinitschenko 34
Kapiza, Petr L. 9
Karapetian, Anait 33
Karawanskij 33
Khomeini, Ayatollah 266
Kiirend, Mati 33, 54, 221, 226, 284
King, Martin Luther 143, 159

Kirow, Sergej M. 75
Kleischin 176
Kline, Edward 76
Kolinez 33
Kolinez-Stasiw, Irina 33
Kolomin 34
Kornilow, Juri 109
Kornilow, Wladimir 6
Korolenko, Wladimir 171
Kostawa, Merab 214 ff., 222, 226, 232, 246, 262, 284
Kowalew, Sergej A. 34, 37 ff., 53, 57, 60 ff., 64, 76, 81, 83, 124, 164, 192, 221, 226, 231, 262
Kowgar 33
Kraft, Joseph 87
Krimsky, George 123 ff., 131, 133 f.
Krjutschkow, Nikolaj N. 185, 189
Kudirka, Simas 58 f.
Kusnezow, Eduard 34, 65, 133, 135, 281, 283, 285, 289, 299

Landa, Malwa 215, 222, 226, 231, 270, 285
Laschkowa, Vera 279
Lerner, Alexander 65, 72
Lert, Raissa 6
Lewitsch, Benjamin 65, 72
Lichatschow, Dimitri S. 185, 189 f.
Lisowoj 34
Liwtschak, Vera 204 f.
Ljubarskij, Kronid 33, 38, 57, 97, 286
Ljubarskij, Lazar 34
Louis, Victor 91, 94 ff., 107, 202
Lukjanenko, Lawko 33, 244, 262
Lukschaite, Stase 93, 184, 286, 297
Lupinos 33

Makarenko, Mihail 34, 76, 287
Maljarow, M. P. 105, 108, 174
Malkin 34
Maltschewskij 33
Mamut, Mussa 260
Mandelstamm, Nadjeschda 230
Marinowitsch, Miroslav 215 f., 222, 226, 232, 244, 262, 287 f.
Markosian 33
Markow 108
Martschenko, Anatoli 34, 57 f., 230 f., 287 f.
Martschenko, Valeri 33
Marx, Karl 148
Matusewitsch, Mikola 215 f., 222, 226, 232, 244, 262, 288
Meany, George 228, 230 f.
Meiman, Naum 140, 214, 218 ff., 232
Mendeljewitsch 34
Meschener 33
Mihajlow, Mihajlo 76, 123
Mindszenty, Joszef 261
Mirauskas 33
Mjattik, Kalja 33, 54
Mo-Chun 33
Mondale, Walter 227
Moro, Aldo 251
Moroš, Valentin 33, 60, 65, 76, 283, 285, 288 f., 292, 299
Murschtschenko 34

Nasarian, Robert 244
Naschpiz 34
Nasser, Gamal Abdel 181
Nawasardian 34
Nekipelow 270
Nikolajew, Jewgeni B. 114
Nixon, Richard 84, 189
Nobel, Alfred 17
Nudel, Ida 216, 259

Ogurzow, Igor W. 33, 76, 221, 226, 232, 289
Orlow, Juri 50, 79, 81, 94, 97, 122, 167, 194, 212 ff., 218, 222, 226, 232, 246, 262, 290

Orlowa, Raissa 6
Orwell, George 100
Osadtschij 34
Osipow, Wladimir 33, 53 f., 221, 226, 290

Padsiewskij, Pawel 279
Pahlevi, Schah Mohammed Reza 58, 265 f.
Pailodse, Valentina 232, 244
Paulaitis, Petras 33, 60, 290 f.
Pawlenkow 33
Penson 34
Perelygin 273
Petkus, Viktoras 38, 217, 222, 226, 232, 246, 262, 291
Petrow 34
Plachotnjuk 33
Pljuschtsch, Leonid 33, 44
Plumpa 34
Podrabinek, Alexander 230
Poljenko 277
Pomeranz, Grigori 6
Ponomarew 101 ff.
Popow, Wladimir 207
Postnikowa, Tatjana 98
Prischljak, Grazhis 33
Pronjuk, Jewgeni 33, 76, 291
Puze 34

Rathjens, George 219
Reddaway, Peter 297
Regelson 270
Rekunkow, R. 268, 273
Reston, James 86
Richter, Swjatoslaw 136
Rode 33
Rojtburt 34, 103
Rokotow 173
Romanjuk, Wasili 33, 60 f., 76, 192, 221, 226, 232, 291
Rosanow 171
Rosenthal, A. M. 48
Rostropowitsch, Mstislaw 245
Rtschkiladse, Viktor 244
Ruban, Pjotr W. 33, 67 ff., 76, 122, 221, 226, 232
Rubzow, Alexander 98 f., 104
Rubzow, Wladimir 97 ff., 103
Rudenko, Mykola 79, 81, 83, 122, 167, 194, 208, 213 ff., 222, 226, 231, 245, 262, 292
Rumatschek 33

Saarst 34
Sacharow, Dimitri 137
Sacharow, I. N. 171
Sacharow, Jelena Bonner, siehe Bonner, Jelena
Sadunaite, Nijola 33
Sagrobian 33
Salmanson, Israel 34
Salmanson, Silvia 135, 285
Salmanson, Wulf 34
Samjatin, Jewgeni 100
Sapeljak 33
Sawurow, Amner 73
Schabatura, Stefanija 33
Schachwerdian 33
Schafarewitsch, Igor 208, 214
Schaimuchamedow, Rafkat 63, 174 f., 292 f.
Schakirow 33
Scharkow 292 f.
Schelkow, Wladimir 245
Schkolnik 34
Schkraba, Jaroslaw I. 184, 275, 293 f.
Schlesinger, Arthur Jr. 86
Schowkownij 34
Schtscharanskij, Anatoli 167, 212 ff., 217, 222, 226 f., 232, 250, 259, 262, 294
Schtschekolow, Nikolaj A. 47
Schtschukauskas 34
Schuchewitsch 33
Schuledkow, Sergej 6

Schumuk, Danilo 33, 60 f., 294
Sdorowij 33
Semjonow, Alexej 6, 123, 139 ff.
Semjonowa, Marija 33, 76, 221, 226, 295
Semjonowa, Katja 140
Semjonowa, Tanja 121, 123, 137 ff.
Senik, Irina 33
Senjikin 34
Serebrow, Felix 222, 226, 295
Sergjenko, Alexander 33, 65, 76, 221, 226, 295
Simutis 33
Sinjawskij, Andrej D. 278, 283
Slepak, Wladimir 65, 72, 78, 216 f., 232, 259
Smirnow, Lew N. 40
Sofranow 33
Sokirko 270
Soldatow, Sergej 33, 54, 221, 226, 296
Solowjew 171
Solschenizyn, Alexander I. 42, 56, 100, 208, 281, 283, 286
Sosimow, Valentin 58 ff., 232
Stalin, Josef W. 24
Stern, Mihail 34, 65, 76, 103, 296
Stone, Jeremy 219
Stus 33
Sultanow 292 f.
Superfin, Gabriel 33, 38, 57, 73, 76, 135, 221, 226, 296
Suprej 33
Suslenskij 33
Swerstjuk 33
Swetlitschnaja, Nadjeschda 33
Swetlitschnij, Iwan 33, 76, 297
Swetow, Feli 6

Tamm, Igor J. 10, 23
Tamonis, Mindaugas 93, 184, 297 f.
Terelja, Josef 186
Timtschuk 103
Tolstoy, Leo 171
Toth, Robert 294
Towmasian 33
Tschalidse, Valeri 117
Tschekalin 34
Tschernoglas 33
Tscherward 278
Tschornowil, Wjatscheslaw 34, 221, 226, 298
Tschudnowsky, David 218
Tschudnowsky, Familie 217 f.
Tschudnowsky, Grigori 218
Tschukowskaja, Lidia 6
Turik 34
Turtschin, Valentin 50, 214
Twerdochlebow, Andrej 34, 54, 56 f., 62, 64, 100, 124, 132, 231
Tychy, Olexej 79, 81, 122, 167, 194, 208, 213 ff., 222, 226, 231, 245, 262, 298

Uboschtschko 33

Vance, Cyrus 79, 89 f., 165, 167 f., 238

Wagner, Iwan 244
Waldheim, Kurt 54
Waldman 33
Warlamowa, Inna 6
Welikanowa, Tatjana 38, 270
Werchow 34
Wins, Georgi 33, 60 f., 65, 75 f., 221, 226, 232, 244, 283, 285, 289, 298 f.
Wins, Pjotr 244, 299
Wischnewskaja, Galina 245
Wladimow, Georgi 6
Woinowitsch, Wladimir 6, 138, 277
Worobjow 33
Wudka, Juri 34
Wyszynski, Stefan 261

Zitljonok 34